U0690314

2023

湖北省社会科学院 主办

张忠家 主编

长江学研究

长江出版社
CHANGJIANG PRESS

Contents 目录

目录

Contents

长江学
纵谈

荆楚文化在长江文明发展史上的地位

刘玉堂①

从某种意义上说,荆楚地域是南方的"中原",早在春秋战国时期,就有作为长江文明表率的楚文化横空出世,不仅与中原诸夏文化竞相媲美,而且与西方古希腊文化争奇斗艳。秦汉以后,这里仍有丰厚的文化积淀、宽松的文化环境和应时的文化机缘,因而得以成为道家的摇篮、禅宗的温床、南学的中心和新学的重镇,在科技领域和艺文园地也不乏奇思妙想和佳构鸿篇。

习近平总书记 2018 年 4 月 27 日参观湖北省博物馆精品文物展时指出,"荆楚文化是悠久的中华文明的重要组成部分,在中华文明发展史上地位举足轻重。"这是对荆楚文化的精辟阐释和高度评价,是我们继承和弘扬荆楚优秀文化乃至中华优秀传统文化,促进其创造性转化和创新性发展的自信之基、立足之本和动力之源。

荆楚文化在长江文明史上的地位与影响,在政治与伦理、思想与学术、文学与艺术、科学与技术等诸多领域都有突出表现。

一、政治与伦理

屈原风骨对中华民族精神锻造所起的巨大而深远的作用,是荆楚文化对长江文明最显著的贡献。楚国伟大的政治家、思想家、文学家屈原,堪称跨越时空而体现中华民族精神的光辉典范。他"志洁行廉"的政治品格、"九死未悔"的爱国精神、"上下求索"的创新意识、"哀民多艰"的民生情怀,在不同的时代、不同的社会、不同的国度,都具有异乎寻常的感染力和影响力。正因为如此,1953 年世界和平理事会所倡议纪念的"世界四大文化名人"中,屈原赫然在列,是中国

---

①湖北省社会科学院原副院长、荆楚文化暨中国传统文化中心主任。

也是亚洲唯一的入选者,这是中华民族的荣光,也是荆楚儿女的骄傲!

楚国首创县制对中国行政建制设置的发凡起例作用,是荆楚文化对长江文明的重要赋能。春秋早期,楚武王熊通在灭掉位于江汉平原西部的权国后,在其基础上设立了权县,这是中国历史上第一次将县作为一级行政单位设置。自秦王朝统一以来,作为地方行政机构的州、郡、府、县时有变易,唯有县一直保存至今(州之名虽存,但其政区意义已变,即仅用作少数民族地级行政区名称),成为中国行政建制中一个最关键的环节和最具标志性意义的文化符号,而其发明者正是极具开创精神的楚人。

"湖北新政"对中国近代社会转型的促进,是荆楚文化对长江文明的重大影响。在晚清"新政"中,湖广总督张之洞的"湖北新政"独树一帜,其内容主要有办实业、兴教育、练新军、修铁路,无一不是开中国近代社会转型风气之先,其可谓"缔造多从江汉起"。尤其是他组建的汉冶萍公司,是当时亚洲第一家大型钢铁联合企业,曾经得到毛泽东主席的高度评价:"提起中国民族工业、重工业,不能忘记张之洞。""湖北新政"对中国近代社会转型影响之大由此不难想见。

辛亥武昌首义对中国制度变革的推动,是荆楚文化对长江文明作出的一个十分突出的成就。被誉为"此复神州第一功"的辛亥武昌首义,推翻了统治中国两千多年的君主专制制度,以巨大的震撼力和深刻的影响力推动了近代中国社会变革。首义后颁布的第一个具有近代宪法性质的文件《鄂州约法》,在我国法制史上第一次公开承认人民民主权利,开启了民主共和建设的大门。这一破一立所体现的中国政体变革,对中国政治的影响十分深远,是中华民族伟大复兴征程中一座巍然屹立的丰碑。

荆楚文化对中华伦理的浸润,从荆楚"五孝"已足可寻绎,孝老爱亲是中华民族的传统美德,由此形成的孝亲文化是中华传统文化的重要组成部分。在我国广为流传的"二十四孝"中,就有"五孝"同荆楚密切相关,即老莱子"彩衣娱亲"、丁兰"刻木事亲"、董永"卖身葬父"、黄香"温衾凉席"和孟宗"哭竹生笋"。故老相传,老莱子是春秋晚期今湖北荆门人,丁兰是汉代今湖北南漳人,董永虽为汉代今山东人,但其卖身葬父则事发今湖北孝感。据文献记载,黄香是东汉时期今湖北云梦人,孟宗是三国时期今湖北孝昌人。毫无疑问,荆楚是中华孝文化典型最集中、底蕴最深厚、影响最深远的地区。

二、思想与学术

季梁"民为神主"学说和楚庄王"止戈为武"的理念,分别代表着荆楚文化在中国古代民本意识和人类和平思想形成过程中无可替代的地位。

季梁是春秋早期位于今湖北随州一带的随国的一位思想家、政治家和军事家。据《左传·桓公六年》所记,季梁的学说以"民为神主"为中心:"夫民,神之主也……故务其三时,修其五教,亲其九族,以致其禋祀,于是乎民和而神降之福,故动则有成。""上思利民,忠也;祝史正辞,信也。"根据此前的认知,是神为民之主,民需忠于君而信于神。而按照季梁的理论,则是民为神之主,君须忠于民而信于神。这种意识出现在春秋早期,可谓空谷足音!战国中期孟子著名的"民贵君轻"的理论,很可能受到了季梁的启发。

如果说"民为神主"是民本意识的先声,那么,楚人"止戈为武"的理念,则是人类和平思想的前导。"止戈为武",是春秋五霸之一楚庄王的名言。"止",即停止;"戈"即干戈,指兵器,象征战争。"止戈为武"的字面意思是说"武"这个字由"止"和"戈"两个字构成,实际上是指使用武力的目的是为了停止战争,换言之,战争的目的不是挑起更大的战争,而是为了实现和平。楚庄王对战争与和平关系的认识,堪称人类和平思想的经典表达,不仅代表了中国古代战争与和平观念的最高认知水准,即使在当下乃至未来,仍然具有十分重要的世界性的理论意义和实践价值。

荆楚文化对长江乃至中华学术的贡献,突出体现在茶文化和佛道文化两个方面。

虽说神农氏已发明茶饮,但将饮茶上升到文化层面则始于唐代竟陵(今湖北天门)人陆羽。陆羽醉心茶事,遍访神州,写下了世界上第一部茶学专著——《茶经》。其内容从茶的起源到种茶、制茶、烹茶之法,从饮茶器具到名茶产地和品茗之道,条分缕析,广博精深,标志着中华茶文化的形成,陆羽也因之被世人称为"茶圣"。《茶经》还被译成英、法、俄、日等多种文字出版,打开了中华茶文化海外传播的门户。19世纪前后,以蒲圻(今赤壁)羊楼洞砖茶为标志的湖北茶叶开始输往俄、英等国,中外"茶叶之路"正式开通,全国最大的茶叶贸易市场汉口也被称为"东方茶港"。

禅宗唐代初期正式形成于今湖北黄梅东山,因而又称"东山法门"。其始于四祖道信,兴于五祖弘忍,成于六祖慧能。唐玄宗时,慧能的弟子神会入洛阳大行禅法,神宗因而成为中国佛教最大的宗派,以至有"天下禅林,皆出东山法门"之说,其影响及于宋明理学。武当山位于今湖北十堰市,自唐太宗李世民敕建五龙祠始,历代帝王莫不极力推崇武当真武神。明成祖朱棣更是奉真武为护国之神,依"皇室家庙"的规格和法式广建宫观,武当山由此以"治世玄岳"的崇高地位成为全国道教中心。

三、文学与艺术

楚辞和"优孟衣冠""汉调进京",分别代表着荆楚文化对长江乃至中国文学和艺术巨大而深远的影响。

以屈原、宋玉为代表的楚国作家群体所创作的楚辞,既是同《诗经》并峙的中国文学的两大高峰之一,又是中国文学的两大源泉之一。相比于《诗经》,楚辞的节奏韵律更善于变化,状物写景更富于想象,表情达意更趋于委婉。历代第一流的人文学者,几乎没有不受楚辞浸润的,用刘勰《文心雕龙·辨骚》的话说,是"气往轹古,辞来切今,惊采绝艳,难与并能","其衣被词人,非一代也!"

春秋时期,楚国乐人优孟以善于摹仿人物声形表演而闻名于此,"优孟衣冠"因之成为中国戏曲表演艺术的代名词。清代乾隆时期,荆楚"汉调"偕徽班进京,京城流传的京剧"班曰徽班,调曰汉调",正是指的京剧唱腔主要承袭汉调皮黄腔即西皮、二黄而来。京剧界享有盛誉的"荆楚三杰",即崇阳米应先、罗田余三胜和江夏谭鑫培,对京剧的成熟和发展做出了举世公认的成就。不仅如此,与京剧、越剧、评剧、豫剧并称为中国五大剧种的黄梅戏,也因发源于清代中晚期鄂皖赣交界处的黄梅多云山而得名。荆楚文化对中国戏曲艺术的贡献由此可见一斑。

四、科学与技术

荆楚文化对长江乃至中华科学与技术的贡献,集中体现在农耕、青铜、活字印刷和医药几个方面。

炎帝神农氏是与黄帝轩辕氏并称于世的两位中华民族人文始祖之一,是海内外中华儿女景仰的我国原始社会氏族部落的杰出首领。众多文献记载表明,湖北随州是炎帝神农部落的发祥地,该部落正是以随州为中心,沿汉水向长江流域和黄河流域南北拓展的。相传炎帝神农有八大功绩,其中最重要的是制造生产工具和种植五谷,不愧为中华农耕文明的开创者,为中华民族和中华文明的绵延壮大做出了卓越的贡献。

湖北大冶铜绿山古铜矿上起商末,下至汉初,是我国迄今发现的开采时间最长、矿石品位最高、采冶技术最先进、炼炉保存最完整、青铜产量最大的古铜矿遗址。青铜是上古时期的头等经济资源和战略资源,大冶铜绿山古铜矿的开发,对楚国的迅速崛起和保障周王朝以及中原地区的用铜需求,尤其是古代中国青铜文明的繁荣发展,乃至近代汉冶萍公司的组建等,都发挥了十分关键的作用,在长江乃至中华青铜文明发展史上的地位至关重要。

宋代今湖北英山人毕昇发明的活字印刷术,是中国古代"四大发明"之一,标志着印刷史上重大变革的完成,极大地促进了中华文化传播的速度。这一重大技术还相继传到日本、朝鲜和欧洲,对世界印刷发展和文化传播与交流都产生了难以估量的影响,马克思称其变成科学复兴的手段,变成精神发展创造的必要前提和最强大的推动力。

明代荆楚蕲州(今蕲春)人李时珍穷尽毕生心血撰写的《本草纲目》,在海内外影响巨大,被进化论鼻祖达尔文誉为"中国古代百科全书"和"东方医学巨典"。宋代荆楚蕲水(今浠水)人庞安时所著《伤寒总病论》、明代荆楚罗田人"医圣"万全所著《万密斋医学全书》、清代荆楚广济(今武穴)人杨济泰所著《医学述要》等,无一不是中国医药史上的杰作,对长江乃至中国医药学的贡献令世人瞩目。

如果说,荆楚政治伦理形塑了长江文明的风骨韵致、荆楚思想学术涵化于长江文明的人文特质,那么,荆楚文学艺术无疑催生出长江文明的浪漫奇谲、荆楚科学技术则激活了长江文明的创新因子。一言以蔽之,荆楚文化在长江文明发展史上的地位不容低估。

长江流域
文明演进

论南宋长江中游战局对湖北省省域形成的影响

张骏杰①

摘　要: 自先秦楚国以来,今湖北省地区长期处于不同行政区划管辖之下,宋代亦如是。以转运使漕司路为准,宋代湖北省地区分属荆湖北路、京西南路、淮南西路、江南西路等路。然而南宋依托长江流域立国的史实,让今湖北地区进行了初步整合,改变了长久以来的分治局面。从宋高宗到南宋末,在抗金、抗蒙的实际战争中,相继出现京湖制置使,夔路策应使,沿江制置使等官职,实际上让长江中游地区形成了以今武汉、襄阳、荆州为中心,今鄂西南,鄂东为侧翼的政治格局。这种政治格局让南宋形成了较为顽强的抵抗力,亦使现代湖北省疆域初现端倪。

关键词: 南宋;长江中游;湖北

南宋长江中游地区的战争史研究是国内外学界早就研究过的课题,相关成果较为丰富。如王增瑜《岳飞和南宋前期政治与军事研究》(河南大学出版社2002年版)、粟品孝等著《南宋军事史》(上海古籍出版社2008年版)、汤文博《南宋初期江淮战区研究》(天津古籍出版社2013年版)等著作对南宋长江中游地区的战局有详尽的介绍。专题论文如周宝珠《南宋抗蒙的襄樊保卫战》(《史学月刊》1982年第6期)、周燕来《南宋两淮地区军事防御体系研究——以宋金和战时期为中心》(西北大学2010年博士论文)、熊燕军《南宋端平襄阳兵变及相关问题》(《宋史研究论丛》2011年辑)、熊燕军《南宋抗金之江防机构考》(《江汉学术》2013年第1期)、邓京《南宋国防中的荆襄地区》(中国社会科学院研究生院2017年硕士论文)、张行刚《南宋初年沿江防御相关问题研究》(西北大学2017年硕士论文)、郭天翔《南宋初期京湖战区军事领导体制变迁——以岳家军的起步与发展为中心》[《河北大学学报(哲学社会科学版)》2018年第5期]、申亚平《南宋沿江制置司研究》(河北大学2018年硕士论文)、王颖《南宋荆襄战区

---

① 湖北省社会科学院文史研究所助理研究员。

军事防御体系研究(1234—1275)》(浙江师范大学 2019 年硕士论文)等专门探讨了南宋长江中游的战争问题。另外,日本学者寺地遵《南宋初期政治史研究》(溪水社 1988 年版)对此问题的研究也有一定参考价值。而无论是通史性的专著,[①]还是专题问题研究,[②]湖北省政区研究也得以充分展开。目前学界已经注意到这样一个现象:宋代设置荆湖北路,简称湖北路,往往被视作现代湖北省的雏形。但是实际上,无论是北宋还是南宋,今湖北许多地区,并不归属荆湖北路管辖。荆湖北路有"湖北"之名,而无"湖北"之实。南宋长江中游战局对现代湖北省省域形成应该起到了促进作用,这是以往南宋战争史、湖北政区史所没有充分注意到的。拙文试就南宋长江中游战局导致的职官演变,探讨湖北省省域的初步形成问题。

一、南宋前湖北地区长期分治情况

现代湖北省省域经历了漫长发展演变过程,在相当长的历史阶段内,湖北地区并不属于一个相对独立的行政区划,常属于分治状态中。先秦时期的楚国已经具有郡县制,且包括今湖北省绝大部分地区。但楚国并没有哪一郡县可以包括今湖北省地区,整个楚国的疆域又远大于今湖北省。[③]

秦朝今湖北省地区分属汉中郡、南阳郡、南郡、衡山郡等政区。两汉时期,今湖北省地区则属于郡、王国并立局面。汉武帝执政时期,曾经设置荆州(后逐渐演变成新的行政区划)。汉代荆州面积非常广大,包括今湖北、湖南、河南、贵州、广西、广东部分地区。但如此广大的荆州,却并没有囊括今湖北省全部。今

---

①相关成果可见潘新藻:《湖北省建制沿革》,湖北人民出版社 1987 年版;罗运环等:《荆楚建制沿革》,武汉出版社 2013 年版;周振鹤等:《中国行政区划通史》,复旦大学出版社 2017 年版等。

②关于湖北政区的专题研究,异常丰富,其中研究最深入的为两湖分省研究,相关研究成果可见:谭天星:《湖广分省时间小议》,《江汉论坛》1987 年第 5 期;张建民:《湖广分省问题论述》,《江汉论坛》2003 年第 12 期;傅林祥:《江南、湖广、陕西分省过程与清初省制的变化》,《中国历史地理论丛》2008 年第 2 期;段伟:《清代江南、湖广、陕甘分省标准的异同》,《中国地方志》2013 年第 4 期;傅林祥:《从分藩到分省——清初省制的形成和规范》,《历史研究》2019 年第 5 期等。

③相关史实可见周振鹤、李晓杰:《中国行政区划通史·总论·先秦卷》,复旦大学出版社 2017 年版。

武穴、房县、竹山等部分地区就不在荆州地理范围之内。①

三国两晋南北朝时期，今湖北地区所属州、郡越来越细碎，如晋武帝统一中国后的290年，今湖北地区分属三州近二十郡。南朝萧梁时期，今湖北地区至少被三十余州所分治。②

隋唐统一后，推进州县（或郡县）二级制，湖北地区依然被二十余州（郡）所分治。安史之乱后，今湖北地区又被以今襄阳为中心的山南东道节度使、以荆州为中心的荆南节度使、以今武汉为中心的鄂岳都团练观察使（武昌军节度使）等藩镇分开治理。唐朝灭亡后，今湖北地区更成为诸多政治势力争夺对象，政局更显混乱。③

北宋统一全国后，一方面继承唐代州县制，另一方面加强中央集权，虚化节度使，设计出独特的路制。北宋的路一般分为漕司（长官为转运使）、宪司（长官为提点刑狱官）、帅司（长官为各种军事长官）、仓司（长官为提举常平官）四路。就湖北地区而言，除帅司路外，路的辖区基本相同，但长官彼此并不互相统属，常驻地点也不一致。北宋统治者不仅继续保留今湖北地区分治局面，并且形成地方权力多元化模式。

以转运使漕司路为准，北宋末年今湖北地区分路情况如下：

京西南路：今襄阳、谷城、南漳、宜城、老河口、丹江口、十堰、房县、竹山、京山、钟祥、随州、枣阳等地区。

永兴军路：郧西县部分地区。

夔州路：恩施、建始等地区。

荆湖北路：武汉、荆州、公安、松滋、石首、监利、潜江、枝江、荆门、当阳、秭归、巴东、兴山、宜昌、远安、宜都、长阳、安陆、广水、应城、孝感、云梦、天门、汉川、咸宁、鄂州、赤壁、嘉鱼、崇阳、通城等地区。

淮南（西）路：蕲春、黄梅、浠水、武穴、罗田、黄冈、黄陂、麻城等地区。

江南西路：阳新、通山、大冶等地区。④

①相关史实可见周振鹤、李晓杰、张莉：《中国行政区划通史·秦汉卷》，复旦大学出版社2017年版。

②相关史实可见胡阿祥、孔祥军、徐成：《中国行政区划通史·三国两晋南朝卷》，复旦大学出版社2017年版。

③相关史实可见施和金：《中国行政区划通史·隋代卷》，复旦大学出版社2017年版；郭声波：《中国行政区划通史·唐代卷》，复旦大学出版社2017年版；李晓杰：《中国行政区划通史·五代十国卷》，复旦大学出版社2017年版。

④相关史实可见李昌宪：《中国行政区划通史·宋西夏卷》，复旦大学出版社2017年版。

从以上史实可以看出,荆湖北路虽然囊括今湖北省许多地区,但毕竟与现代湖北省省域相差遥远。

二、高宗时期湖北战局与相关职官的变化

北宋靖康二年(1127),金人攻破开封,北宋灭亡,同年赵构称帝,是为宋高宗,建立南宋政权。南宋政权建立伊始,今湖北外有金人不断进逼,内有乱军盗贼不停袭扰,处于十分混乱的状态中。今湖北地区遭受重大打击:"自鄂渚至襄阳七百里,经乱离之后,长途莽莽,杳无居民。"①

宋高宗为了挽救政权,一方面不断南退,企图依托长江天险以自固,早在建炎三年(1129)就曾设置沿江制置使,统一指挥长江沿线军事。另一方面,一定程度上打破北宋地方分权体制,逐步将地方军政大权集于一身。建炎四年(1130),宋高宗曾下令:

> 除茶盐之利,国计所系,合归朝廷置官提举外,它监司并罢。上供财赋权免三年,余令帅臣移用。管内州县官,许辟置知、通,令帅臣具名奏差,朝廷审量除授。遇军兴,听从便宜。其帅臣,不因朝廷召擢,更不除代。如能捍御外寇,显立大功,当议特许世袭。②

在这种背景下,今湖北地区政治格局发生重大改变。长江流域的战略价值日益凸显,地方集权呼之欲出。而今湖北地区的战乱局面因岳飞而改变。

因岳飞的战功,绍兴三年(1133),宋高宗"手书'精忠岳飞'字,制旗以赐之。授镇南军承宣使、江南西路沿江制置使"③。江南西路包括今湖北阳新、通山、大冶等地区。

绍兴四年(1134)五月,为挽救南宋在湖北颓势,宋高宗任命岳飞为黄复二州、汉阳军、德安府制置使。岳飞到任后,马上收复失地:"岳飞复郢州,斩伪齐守荆超⋯⋯(齐国)李成弃襄阳去,岳飞复取之。"④六月"岳飞将牛皋复随州,执伪齐守王嵩,磔之"⑤。七月,在岳飞的努力下,湖北大部平定。八月,宋高宗任命岳飞为清远军节度使、湖北荆襄潭州制置使。

①(宋)洪迈:《夷坚志》,丙卷1,《阳台虎精》,中华书局1981年版,第880页。
②(宋)李心传:《建炎以来系年要录》,中华书局2013年版,第3173页。
③(元)脱脱等:《宋史》,卷365《列传第一百二十四·岳飞》,中华书局1977年版,第11381页。
④(元)脱脱等:《宋史》,卷27《本纪第二十七·高宗四》,中华书局1977年版,第510页。
⑤(元)脱脱等:《宋史》,卷27《本纪第二十七·高宗四》,中华书局1977年版,第511页。

宋代节度使多为虚职，常为荣誉称号，此时岳飞的主要权力来自于"湖北荆襄潭州制置使"。"湖北"是荆湖北路的简称，"荆"指的是荆州地区，是荆湖北路的政治中心。"襄"指的是襄阳地区，这里大约代指北宋的京西南路地区。"潭州"是今湖南长沙地区，代指荆湖南路地区。"制置使"大约起源于唐代，北宋不常设。南宋制置使往往是多个路的军政长官。这里宋高宗实际上让岳飞担任掌管荆湖南北路、京西南路的军事长官，此举将今武汉、荆州、襄阳三大地区归入统一军事管理。

绍兴五年(1135)二月，岳飞为"荆湖南北、襄阳府路制置使"①，岳飞仍旧是荆湖南北、京西南路的军事长官。当年十二月，岳飞任"荆湖南北、襄阳府路、蕲黄州招讨使"②。这里的"荆湖南北"指的是荆湖南北路，"襄阳府路"指的是京西南路，蕲黄二州是宋代淮南西路仅有的今湖北地区。"招讨使"地位高于制置使："掌收招讨杀盗贼之事，不常置……定位在宣抚使之下、制置使之上，著为定制。军中急速事宜，待报不及，许以便宜行事。"③至此，岳飞所管理的湖北地区越益广大，还包括了鄂东地区。

在岳飞的努力下，南宋军队以今湖北襄阳、武汉为基地，不但平息了今湖北地区的动乱，并且转守为攻，进军今河南地区。在湖北地区平定后，岳飞主动辞职，交还数路军事统帅的大权，但被南宋朝廷所否决：

> 襄汉平，飞辞制置使，乞委重臣经画荆襄，不许。赵鼎奏："湖北鄂、岳最为上流要害，乞令飞屯鄂、岳，不惟江西藉其声势，湖、广、江、浙亦获安妥。"乃以随、郢、唐、邓、信阳并为襄阳府路隶飞，飞移屯鄂，授清远军节度使、湖北路荆、襄、潭州制置使，封武昌县开国子。④

正如南宋赵鼎所说，湖北地区的稳定直接涉及长江中下游地区江西、江苏、浙江等地的安危。想要保证今湖北地区的稳定，必须实行大范围的集权制。从此岳飞长期担任荆湖南北路、京西南路的军事长官。由于"鄂渚水军为沿江之冠。诏兼蕲、黄制置使"，⑤这样一来，除了郧西、恩施、建始、阳新、通山、大冶等地，今湖北省军务实际已经统一归岳飞管理。

---

①(元)脱脱等：《宋史》，卷27《本纪第二十八·高宗五》，中华书局1977年版，第518页。
②(元)脱脱等：《宋史》，卷28《本纪第二十八·高宗五》，中华书局1977年版，第523页。
③(元)脱脱等：《宋史》，卷167《志第一百二十·职官七》，中华书局1977年版，第3965页。
④(元)脱脱等：《宋史》，卷365《列传第一百二十四·岳飞》，中华书局1977年版，第11383页。
⑤(元)脱脱等：《宋史》，卷365《列传第一百二十四·岳飞》，中华书局1977年版，第11385页。

"制置使""招讨使"虽然是军官,但实际上可以间接管理地方政务。如宋高宗曾命令:"令湖北、襄阳府路自知州、通判以下贤否,许飞得自黜陟。"①岳飞还拥有荆湖北路、京西南路知州、通判以下的人事任免大权,实际上可以直接干预地方行政事务。

岳飞以此为基础,把今湖北地区建设成捍卫南宋政权的坚固堡垒、北进中原的强大基地。

绍兴十一年(1141)至绍兴十二年(1142),宋高宗杀害岳飞,宋金达成合议。从此宋金保持长时间相对和平状态,宋高宗几乎又恢复今湖北地区的分权状态。

绍兴三十一年(1161),金国再次大举攻宋。当年八月,宋高宗任命成闵为湖北京西制置使,统领荆湖北路、京西南路兵马。十一月,又任命吴拱为湖北京西制置使。在南宋军民的英勇抵抗下,外加金国内部发生变乱,金军退走。绍兴三十二年(1162),宋高宗退位,传位于养子宋孝宗。

宋高宗时期,面对强大的军事压力,宋王朝十分清楚长江中游地区的战略价值。一旦有军事压力,即将长江中游若干路合并指挥。宋高宗末年,湖北、京西二路合并似成常态。

三、孝宗北伐与相关职官的变化

宋孝宗即位后,一反宋高宗对金妥协态度,为岳飞平反,重用主战将领,于隆兴元年(1163)出师北伐。当年七月,以虞允文为湖北京西制置使。虞允文随即上书,认为今湖北地区是南宋王朝最为紧要的战略地区:

> 臣切惟艺祖皇帝(宋太祖)创业之初,削平诸国,首会襄阳之兵,以取荆南。盖天下胜势所在,先得之,则雄视吴蜀。一统之初,实始于此。自古以来,蜀以重山为险,吴以长江为险,而荆襄之地,平原广袤,以兵为险。道路错出,不以数计,而其大者有六。自陕虢出卢氏,可以直抵归州。自光化出茨湖,可以直抵夷陵。自汝州出新野,可以直抵襄阳。自唐州出枣阳,可以直抵郢州。自蔡州出信阳之三关,可以直抵德安府。自陈州出宛丘新息,可以直抵光黄。皆当以兵为险之地也。而今之备兵,反薄于守吴守蜀之数。一失枝梧,虏势横溃。吴蜀

---

① (元)脱脱等:《宋史》,卷365《列传第一百二十四·岳飞》,中华书局1977年版,第11385页。

之形，厘而为二，屯兵虽多，首尾莫应。伏愿陛下下臣之章于腹心大臣，议所以益兵之策，庶几不失艺祖所以先重荆襄之意，为陛下恢复之基，天下幸甚。①

在虞允文看来，如果今湖北地区失守，那么长江上游下游即使屯兵再多，都无意义，正所谓"吴蜀之形，厘而为二，屯兵虽多，首尾莫应"，南宋王朝应该"先重荆襄"。

隆兴二年（1164）七月，"以户部尚书韩仲通为湖北京西制置使"②，十一月，任命沈介为"显谟阁直学士、知鄂州、兼鄂岳江黄州汉阳军沿江制置使"③。"沿江制置使"，宋高宗就已经存在，后因战局发生变化而废除这一官职，宋孝宗时期恢复。当时沈介为鄂州知州，鄂州即今武汉地区，当时属于荆湖北路。与此同时，沈介为沿江制置使，管理鄂州、岳州、黄州、汉阳军的军务。岳州即今湖南岳阳地区，汉阳军即今湖北武汉部分地区，属于荆湖北路。黄州即今湖北黄冈附近地区，却属于淮南（西）路。南宋王朝面对宋金战局，明显有以今湖北武汉为中心，统一长江中游部分地区军事管理的企图。

闰十一月，"以沈介为兵部尚书、湖北京西制置使"④。此时的沈介不知是否还兼任沿江制置使。但今湖北地区统一指挥，应该是南宋面对战争的常态。

由于各种原因，宋孝宗北伐失败，但金军也未能全面突破宋军长江防线。同年十二月，宋金议和，宋朝放弃北伐所得领土，疆界恢复到宋高宗时期，宋金为叔侄之国，南宋每年给金朝银绢各二十万两匹。

随着合议达成，宋金局势稳定，乾道元年（1165）六月，"罢湖北京西制置司"⑤。乾道四年（1168）七月，"罢沿江水军制置司"⑥。

此后宋孝宗执政时期，宋金边界保持长时间的稳定。虽然孝宗在谋划北伐之时，曾想设置荆襄宣抚使⑦，但北伐始终没有大规模进行，湖北地区又恢复分治状态。

---

①《宋史全文》，卷 24 上《宋孝宗一》，中华书局 2016 年版，第 1977—1978 页。

②（元）脱脱等：《宋史》，卷 33《本纪第三十三·孝宗一》，中华书局 1977 年版，第 627 页。

③《宋史全文》，卷 24 上《宋孝宗一》，中华书局 2016 年版，第 1994 页。

④（元）脱脱等：《宋史》，卷 33《本纪第三十三·孝宗一》，中华书局 1977 年版，第 629 页。

⑤（元）脱脱等：《宋史》，卷 33《本纪第三十三·孝宗一》，中华书局 1977 年版，第 632 页。

⑥（元）脱脱等：《宋史》，卷 34《本纪第三十四·孝宗二》，中华书局 1977 年版，第 644 页。

⑦（元）脱脱等：《宋史》，卷 34《本纪第三十四·孝宗二》，中华书局 1977 年版，第 651 页。

四、宁宗宋金战争与相关职官的变化

1189 年,宋孝宗退位,宋光宗即位。光宗在位时期,宋金边界相对无事。1194 年光宗退位,宁宗即位。开禧二年(1206)在权臣韩侂胄主持下,南宋再次出师北伐。当年四月,"以薛叔似为兵部尚书、湖北京西宣抚使"①。荆湖北路、京西南路军事权力又合二为一。几乎同时,沿江制置使又出现在历史舞台上。五月,南宋正式下诏北伐。结果宋军出师不利,反而引起金军反攻湖北。当年年底:

> 十一月辛巳,敌犯枣阳军……甲申,命丘崈督视江淮军马除签书枢密院事,敌犯神马坡,江陵副都统魏友谅突围趋襄阳,忠勇军统制吕渭孙欲图友谅,友谅格杀之。乙酉,赵淳焚樊城……乙未,避殿减膳,湖广总领陈谦为湖北京西宣抚副使。丙申,太师、平章军国事韩侂胄献家财二十万以助军费,金人围庐州……辛丑,金人围襄阳。壬寅,金人陷随州……十二月戊申,金人围德安府,守将李师尹拒之……癸亥,江陵副都统魏友谅军溃于花泉。友谅走江陵。②

当年十二月,南宋"以荆湖北路安抚使吴猎为湖北京西宣抚使"③。吴猎启用抗金名将孟宗政。在湖北军民的打击下,开禧三年(1207)二月,金军从襄阳撤退。四月"以兵部尚书宇文绍节知江陵府,权湖北京西宣抚使。"④六月,南宋任命叶适为沿江制置使、建康知府、江淮制置使,几乎统一了长江下游沿岸地区的军事指挥权。涉及今湖北地区的淮南西路、江南西路纳入其管辖范围。南宋的紧密布置,使得金军无法突破长江防线。

嘉定元年(1208),宋金达成和议,两国为伯侄之国,每年向金朝进贡银绢各三十万两匹。南宋另赔偿三百万两军费。合议虽然达成,湖北京西宣抚使不再保留,但南宋维持京湖制置使的设置。

嘉定十年(1217)金军再次南下,进攻湖北,当年四月:

> ……遂分兵犯樊城。戊申,鄂州江陵府副都统王守中引兵拒之,

---

①(元)脱脱等:《宋史》,卷 38《本纪第三十八·宁宗二》,中华书局 1977 年版,第 740 页。
②《宋史全文》,卷 29 下《宋宁宗二》,中华书局 2016 年版,第 2512—2513 页。
③(元)脱脱等:《宋史》,卷 38《本纪第三十八·宁宗二》,中华书局 1977 年版,第 740 页。
④(元)脱脱等:《宋史》,卷 38《本纪第三十八·宁宗二》,中华书局 1977 年版,第 744—745 页。

金人遂分兵围枣阳、光化军。丙辰,诏江淮制置使李珏、京湖制置使赵方措置调遣,仍听便宜行事。……辛酉,庐州铃辖王辛败金人于光山县之安昌砦,杀其统军完颜掩。壬戌,金人遁去,随州、光化军皆以捷闻。时金人既为鞑靼所扰,山东畔之,惟东阻河,西阻潼关,地势益蹙,遂有南窥淮汉之谋,兵端复启矣。①

在南宋长江沿岸军民抵抗下,金军退走。从上面的史料可知:第一,此时蒙古(鞑靼)已经兴起,金朝势力急剧萎缩。第二,为了应付战事,需要调动大范围的资源,南宋江淮制置使、京湖制置使似乎成为常设官员。

嘉定十一年(1218)二月,金军再次进攻湖北:"金人围随州枣阳军,游骑至汉上,均州守臣应谦之弃城走。"②但还是以孟宗政为代表的湖北军民抵抗,金人未能深入。③

嘉定十二年(1219),多次失败的金军调集重兵再攻湖北:

春正月庚寅,金人犯随州、枣阳军,又破信阳军之二寨。京西诸将引兵拒之……癸巳,金人围安丰军,分兵围光州,攻光化军,破郧山县,进逼均州……

二月壬寅,虏围枣阳军。京湖制置使赵方,遣统制扈再兴救之不能进而还……戊申,攻枣阳军。甲子,兵始去。④

以孟宗政为代表的湖北军民抵抗,再次打退了金人。⑤

嘉定十二年(1219)年底至嘉定十三年(1220)年初,南宋以湖北北部为基地出兵主动攻击金人:

京湖制置司遣统制扈再兴等引兵六万人分三道出境……统制官扈再兴引兵攻邓州,鄂州都统许国攻唐州,不克而还。金人追之,遂寇樊城。赵方督诸将拒退之。⑥

---

① 《宋史全文》,卷30《宋宁宗三》,中华书局2016年版,第2574—2575页。

② 《宋史全文》,卷30《宋宁宗三》,中华书局2016年版,第2577页。

③ (元)脱脱等:《宋史》,卷403《列传第一百六十二·孟宗政》,中华书局1977年版,第12212页。

④ 《宋史全文》,卷30《宋宁宗三》,中华书局2016年版,第2579—2580页。

⑤ (元)脱脱等:《宋史》,卷403《列传第一百六十二·孟宗政》,中华书局1977年版,第12213页。

⑥ 《宋史全文》,卷30《宋宁宗三》,中华书局2016年版,第2583页。

虽然作战失利,没有继续深入,但金人从此再也不敢南下湖北西部:"制置司以湖阳县迫境金兵,檄(孟)宗政图之。宗政一鼓而拔,燔烧积聚,夷荡营砦,俘掠以归。金人自是不敢窥襄、汉、枣阳。"①

今湖北西部固若金汤,嘉定十四年(1221),金人改从鄂东进攻:

> 二月壬申,(金人)治舟于团风,弗克济,遂围黄州,分兵破诸县,又遣别将犯汉阳军……三月丙戌朔,鄂州副都统扈再兴引兵攻唐州。丁亥,金人陷黄州,淮西提刑知州事何大节弃城遁而死。癸巳,扈再兴引所部趋蕲州。乙未,诏京湖制置司趋蕲黄。己亥,金人陷蕲州,知州事李诚之及其家人官属皆死之。癸丑,金人退师,扈再兴邀击,败之于久长镇。甲寅晦,又败之。夏四月戊辰,金人渡淮而北,李全遣兵追击败之,扈再兴亦以捷。②

面对金人的攻势,南宋朝廷一方面调京湖制置使往鄂东救援,另一方面"诏中奉大夫、宝文阁待制、兼知建康府、江东安抚使、行宫留守司公事李大东充沿江制置使,建康府置司③。""初置沿江制置副使于鄂州。"④宋高宗以来就设有沿江制置使,其中有正使、副使之分,但副使往往作为正使的助手,随正使活动。嘉定十四年(1221)的举措,实质上将长江防线划分为中下游两大防区,正使常驻建康(今南京),副使驻鄂州(今武汉地区)。沿江制置副使与京湖制置使一定有所分工,惜史料之不足,以笔者目力,尚未找到相关史料。

在包括今湖北军民在内的南宋军民抵抗下,金人未能突破长江防线。嘉定十七年(1224)闰八月,宋宁宗去世。

五、理宗至宋末湖北战局与相关职官的变化

宁宗去世后,理宗即位。其即位之初,一方面发展经济,一方面准备与新兴的蒙古合作,共伐金朝。绍定六年(1233)六月,以"史嵩之刑部侍郎兼京湖安抚制置使兼知襄阳府"。⑤几乎与此同时出兵北伐。八月攻克河南唐州。九月,湖

---

① (元)脱脱等:《宋史》,卷403《列传第一百六十二·孟宗政》,中华书局1977年版,第12213页。

② 《宋史全文》,卷30《宋宁宗三》,中华书局2016年版,第2585—2586页。

③ 《宋会要辑稿》,《职官四》,上海古籍出版社2014年版,第3996页。

④ 《宋史全文》,卷30《宋宁宗三》,中华书局2016年版,第2586页。

⑤ (元)脱脱等:《宋史》,卷41《本纪第四十一·理宗一》,中华书局1977年版,第798页。

北襄阳的宋军与蒙古军合围金朝皇帝于蔡州。端平元年（1234）正月，金朝灭亡。

就在金朝灭亡前后，南宋进行了人事调整："赵范依前沿江制置副使，权移司知黄州，史嵩之权京湖安抚制置使兼知襄阳府。"[1]史嵩之与赵范的官职保持不变，但沿江制置副使的办公地点从鄂州移到黄州。

五月，"以赵范为两淮制置使、节制军马兼沿江制置副使"[2]。后赵范又任"京西湖北安抚制置大使，兼知襄阳府，节制两淮巡边军马"[3]。京西南路、荆湖北路、淮南西路有连成一片的趋势。

在金朝灭亡之后，端平二年（1235），蒙古军队大举攻宋。十月攻占今湖北枣阳地区。端平三年（1236）三月，因南宋用人不当，襄阳失守：

（京湖安抚制置使兼知襄阳府赵范）至，则倚王旻、樊文彬、李柏渊、黄国弼数人为腹心，朝夕酣狎，了无上下之序。民讼边防，一切废弛。属南北军将交争，范失于抚御。于是北军王旻内叛，李伯渊继之，焚襄阳北去，南军大将李虎不救焚，不定变，乃因之劫掠。城中官民尚四万七千有奇，钱粮在仓库者无虑三十万，弓矢器械二十有四库，皆为敌有。盖自岳飞收复百三十年，生聚繁庶，城高池深，甲于西陲，一旦灰烬，祸至惨也。[4]

蒙古军占领襄阳后，一面从四川、安徽方向进攻，一面相继占领荆门、随州、钟祥、京山等地。面对危局，孟宗政之子孟珙带领湖北军民抵抗蒙古军队。孟珙早年作战勇猛，成为湖北地区将领。在其带领下，今湖北地区转危为安：

大元兵攻蕲州，珙遣兵解其围；又攻襄阳，守张龟寿、荆门守朱杨祖、郢守乔士安皆委郡去，复州施子仁死之，江陵危急。诏沿江、淮西遣援，众谓无逾珙者，乃先遣张顺渡江，珙以全师继之。大元兵分两路：一攻复州，一在枝江监利县编筏窥江。珙变易旌旗服色，循环往来，夜则列炬照江，数十里相接。又遣外弟赵武等共战，躬往节度，破砦二十有四，还民二万。[5]

① (元)脱脱等：《宋史》，卷41《本纪第四十一·理宗一》，中华书局1977年版，第800页。
② (元)脱脱等：《宋史》，卷41《本纪第四十一·理宗一》，中华书局1977年版，第802页。
③《宋史全文》，卷32《宋理宗二》，中华书局2016年版，第2692页。
④ (元)脱脱等：《宋史》，卷417《列传第一百七十六·赵范》，中华书局1977年版，第12509页。
⑤ (元)脱脱等：《宋史》，卷412《列传第一百七十一·孟珙》，中华书局1977年版，第12375页。

端平三年(1236)十月,南宋命"沿江制置使陈韡应援淮东,授淮西制置使兼沿江制置副使史嵩之应援江陵、峡州江面上流。"①江陵即今湖北荆州附近,峡州即今湖北宜昌附近,面对蒙古军队的进攻,南宋长江中游沿江几乎全归沿江制置副使统领。

嘉熙元年(1237)三月"以孟珙为忠州团练使、知江陵府、京西湖北安抚副使。"②经过南宋军民的顽强作战,再辅以南宋的合理配置,南宋逐渐扭转颓势。长江、汉水、淮河正是南宋抵抗的天然地理屏障,当时"(沿江制置使)陈韡、(沿江制置副使)史嵩之、(淮东制置使)赵葵于沿江、淮、汉州军,备舟师战具,防遏冲要堡隘"③以防御蒙古军进攻。

嘉熙二年(1238),面对蒙古军的压力,围绕史嵩之的官职,南宋王朝进行了频繁调动。正月,"史嵩之端明殿学士,依旧京湖安抚制置使兼沿江制置副使兼知鄂州",二月"诏史嵩之以参知政事督视京西荆湖南北路、江西军马,置司鄂州",三月"诏史嵩之兼督视光、蕲、黄、夔、施州军马"④。短短三个月,除了郧西县等极少地区,史嵩之的管辖范围已经将今天湖北地区全部囊括在内。

嘉熙三年(1239)二月,"诏史嵩之依旧兼都督江西、湖南军马。丁卯,又命嵩之都督江淮、京湖、四川军马⑤。南宋形成了以今湖北湖南为中心,四川、江淮为两翼,大范围的军事统一指挥。嘉熙二年(1238)到嘉熙三年(1239),湖北地区被占领土被南宋军民逐渐收回。后蒙古军多次袭扰湖北地区,均被打退。

由于今四川东部地区,湖北恩施、建始地区(宋代的夔路)对于湖北防御具有重大战略价值,南宋开始将京西南路、荆湖北路、夔路统一指挥。淳祐二年(1242)五月,为了防止蒙古军绕道四川从今恩施方向进攻湖北,南宋"诏施州创筑郡城及关隘六十余所"⑥。同年底,南宋"以孟珙为检校少保,依旧宁武军节度使、京湖安抚制置大使、夔路策应大使"⑦。"京湖安抚制置大使"早就存在,"安抚"加以"制置"之前,无非权力地位更大。

但"夔路策应大使"却是首次出现,据学者研究,夔路策应大使正式设置的

①(元)脱脱等:《宋史》,卷42《本纪第四十二·理宗二》,中华书局1977年版,第811页。
②(元)脱脱等:《宋史》,卷42《本纪第四十二·理宗二》,中华书局1977年版,第813页。
③(元)脱脱等:《宋史》,卷42《本纪第四十二·理宗二》,中华书局1977年版,第815页。
④(元)脱脱等:《宋史》,卷42《本纪第四十二·理宗二》,中华书局1977年版,第815—816页。
⑤(元)脱脱等:《宋史》,卷42《本纪第四十二·理宗二》,中华书局1977年版,第818页。
⑥(元)脱脱等:《宋史》,卷42《本纪第四十二·理宗二》,中华书局1977年版,第826页。
⑦(元)脱脱等:《宋史》,卷42《本纪第四十二·理宗二》,中华书局1977年版,第825页。

时间，正是 1243 年左右。① 夔路包括今重庆东部以及湖北恩施、建始等地区，是连接四川、湖北的重要通道，具有重要战略地理价值。正所谓："取吴必先取蜀，取蜀必先据夔。"②要想进攻长江下游，灭亡南宋，必先稳住长江上游，否则援军顺江而下，实难成功。然而控制长江上游，必须占据夔路，阻断长江上中游的交通。夔路距离重庆、成都相对遥远，距离今京湖地区交通相对方便。此后夔路策应大使常由京湖制置使兼任，一旦夔路有警，京湖制置使可就近直接救援。京西南路、荆湖北路、夔路得到了一定程度上的统一军事调度。

淳祐六年（1246）九月，因孟珙去世，南宋"以贾似道为敷文阁直学士、京湖制置使、知江陵府兼夔路策应使"③。

淳祐十年（1250）三月，贾似道调任两淮，"李曾伯徽猷阁学士、京湖安抚制置使、知江陵府"，④同时兼任湖广总领、荆湖屯田使。"湖广总领"南宋前期就已设置，负责大范围内的军需粮草等经济事务。"荆湖屯田使"顾名思义，即负责荆湖南北路的军事屯田。由此看出，京湖安抚制置使逐渐名正言顺插手地方经济事务。

淳祐十二年（1252）春，蒙古军队进攻湖北："大元兵数万攻随、郢、安、复"。⑤严阵以待的湖北军民将其击溃。

宝祐元年（1253）初，蒙古军再来，依旧被击退。但在宋蒙交战中，湖北北部部分州县被其占领。同年闰六月"以李曾伯为四川宣抚使兼京湖制置大使，进司夔路"⑥。长江上中游出现了相对集中的军事指挥。

蒙古军队以步步为营之法，开始谋取在今湖北北部屯驻。宝祐四年（1256）正月"以吴渊为京湖制置使兼夔路策应使，军马急切，便宜行事"⑦。同年年底，蒙古军队企图长期围困襄阳。

宝祐五年（1257）正月，南宋以"赵葵为少保、宁远军节度使、京湖宣抚使、判江陵府兼夔路策应大使"。二月"命赵葵兼湖广总领财赋"⑧。军权财权集于

---

①可见喻学忠：《南宋夔路策应使设置时间考》，《重庆师院学报（哲学社会科学版）》2001年第 1 期。

②（明）宋濂等：《元史》，卷 161《列传第四十八·杨大渊》，中华书局 1976 年版，第 3778 页。

③（元）脱脱等：《宋史》，卷 43《本纪第四十三·理宗三》，中华书局 1977 年版，第 836 页。

④（元）脱脱等：《宋史》，卷 43《本纪第四十三·理宗三》，中华书局 1977 年版，第 842 页。

⑤（元）脱脱等：《宋史》，卷 43《本纪第四十三·理宗三》，中华书局 1977 年版，第 845 页。

⑥（元）脱脱等：《宋史》，卷 43《本纪第四十三·理宗三》，中华书局 1977 年版，第 852 页。

⑦（元）脱脱等：《宋史》，卷 44《本纪第四十四·理宗四》，中华书局 1977 年版，第 856 页。

⑧（元）脱脱等：《宋史》，卷 44《本纪第四十四·理宗四》，中华书局 1977 年版，第 859 页。

一身。

宝祐六年(1258)二月"以马光祖为端明殿学士、京湖制置使、知江陵府,兼夔路策应、湖广总领财赋屯田事"①。蒙古军队长期在今湖北方向不能得逞,转而进攻四川。南宋军民在今湖北西北取得一定的战争胜利。

开庆元年(1259)正月,蒙古军继续进攻巴蜀。此时,南宋命贾似道为"京西湖南北四川宣抚大使、都大提举两淮兵甲、湖广总领、知江陵府"②。九月,蒙古军从今湖北黄冈地区渡过长江,南宋震动。蒙元在鄂州附近大战,持续数月之久,在南宋军民顽强抵抗下,再加上蒙古国内部出现汗位斗争,蒙军撤退。闰十一月"吕文德检校少保、京西湖北安抚使兼制置使、知鄂州兼侍卫马军都指挥使"③。

景定元年(1260)十一月"印应雷直徽猷阁、知江州、主管江西安抚司公事,节制蕲、黄、兴国三郡"④。原江南西路管兴国军,淮南西路管蕲、黄二州的政治格局出现了变化,鄂东三地被专门统一监管。

景定二年(1261)四月"吕文德超授太尉、京湖安抚制置屯田使、夔路策应使兼知鄂州……兼湖广总领财赋。"⑤吕文德统揽湖北绝大部分地区的军事经济大权。宋军企图收复今湖北西北被占领土,但以失败告终。

景定三年(1262)三月"汪立信升直华文阁、知江州、主管江西安抚司公事,节制蕲、黄、兴国三郡军马"⑥。后汪立信又任沿江制置副使。同年,宋军在鄂东获得一定军事胜利。

景定五年(1264),宋理宗去世,宋度宗即位。1264—1267年,南宋与蒙古军队依旧相持于今湖北北部一带。

咸淳四年(1268)九月,"大元兵筑白河城,始围襄、樊"。正式开始长期围困襄阳的战争。十二月:"以夏贵为沿江制置副使兼知黄州"⑦。沿江制置副使的驻所又转移到今湖北黄冈一带。

咸淳五年(1269),蒙古军继续围困襄阳,并向湖北其他方向进攻。年底,京湖制置使吕文德去世。

---

①(元)脱脱等:《宋史》,卷44《本纪第四十四·理宗四》,中华书局1977年版,第861页。
②(元)脱脱等:《宋史》,卷44《本纪第四十四·理宗四》,中华书局1977年版,第864页。
③(元)脱脱等:《宋史》,卷44《本纪第四十四·理宗四》,中华书局1977年版,第868页。
④(元)脱脱等:《宋史》,卷45《本纪第四十五·理宗五》,中华书局1977年版,第876页。
⑤(元)脱脱等:《宋史》,卷45《本纪第四十五·理宗五》,中华书局1977年版,第877页。
⑥(元)脱脱等:《宋史》,卷45《本纪第四十五·理宗五》,中华书局1977年版,第880页。
⑦(元)脱脱等:《宋史》,卷46《本纪第四十六·度宗》,中华书局1977年版,第901页。

咸淳六年(1270)正月,"以李庭芝为京湖安抚制置使兼夔路策应使"①。南宋襄阳战事越来越危急。

咸淳七年(1271),蒙古改国号为元。

咸淳九年(1273)正月,元军攻破襄阳外围樊城。二月,元军运来回回巨炮轰城,襄阳知府吕文焕投降。当时宋王朝下诏:"襄阳六年之守,一旦而失,军民离散,痛切朕心。"襄阳重镇被攻破,南宋长江防线遭到重大打击,元军可沿汉水直达长江。当年四月,南宋以"汪立信权兵部尚书、京湖安抚制置使、知江陵府、夔路策应使、湖广总领,不许辞免"②。十一月,沿江制置使驻所转移到今湖北黄冈一带,专门指挥长江中下游防务。

咸淳十年(1274)七月,宋度宗去世,恭宗即位。同月"以朱禩孙为京湖、四川宣抚使兼知江陵府"③。南宋想依托今湖北荆州地区继续抵抗元军,并将湖北与四川由一位官员统管。九月,元军大举进攻湖北地区。至德祐元年(1275),今湖北地区大部分地区被元军占领,长江门户洞开。随后元军顺江而下,于1276年攻占杭州,南宋大势已去。

六、南宋长江中游战局带来的启示

从政权存续角度来看,南宋失败了,但除开金朝、蒙古军队军事实力以及南宋政治腐败、战略战术的错误等因素之外,我们必须要承认的是:南宋依托湖北地区,维持统治一百五十余年。而湖北地区一旦失去,南宋首都临安也坚持不了多久。个中原因也与湖北地理与政区格局有一定联系。明末清初的学者早就说过:

> 以天下言之,则重在襄阳;以东南言之,则重在武昌;以湖广言之,则重在荆州。
>
> 夫荆州者,全楚之中也。北有襄阳之蔽,西有夷陵之防,东有武昌之援。
>
> 夫武昌者,东南得之而存,失之而亡者也。
>
> 夫襄阳者,天下之腰膂也。中原有之,可以并东南。东南得之,亦可以图西北者也。

---

① (元)脱脱等:《宋史》,卷46《本纪第四十六·度宗》,中华书局1977年版,第902页。
② (元)脱脱等:《宋史》,卷46《本纪第四十六·度宗》,中华书局1977年版,第912页。
③ (元)脱脱等:《宋史》,卷47《本纪第四十七·瀛国公》,中华书局1977年版,第921页。

武昌，水要也；荆州，路要也；襄阳，险要也。

有襄阳而不守，敌人逾险而南，汉江上下，罅隙滋多，出没纵横，无后顾之患矣。观宋之末造，孟珙复襄阳于破亡之余，犹足以抗衡强敌。及其一失，而宋祚随之。即谓东南以襄阳存，以襄阳亡。[1]

荆州、武昌位于长江干流。襄阳位于汉水干流，直通长江。三地对于政治中心处于长江下游的南宋均有重要战略地理价值。三地互相配合共同作战，是巩固南宋政权的重要基础。长江中游一旦失去，南宋面临上游川蜀、下游江淮互相隔断的险境。三地之中，尤以襄阳最为重要。但南宋襄阳地区属于京西南路，几乎全属于南北政权的边境地区，其经济实力十分弱小。

宋宁宗嘉定十六年（1223）时，京西南路只有0.6万余户，1万余口，属于南宋最低，倒数第二为淮南东路（12万余户，40万余口）[2]。京西南路的经济实力与南宋大多数地区相比，不仅低下，而且悬殊。须知1223年湖北地区并无十分重大的战争，而"南渡后（户口）莫盛于宁宗嘉定（1208—1224）之时"[3]，上表很有可能是南宋最繁盛时期的人口数据。如果没有源源不断的外援，襄阳势难坚守。以上状况，南宋决策者也是清楚的。然而长期以来襄阳、荆州、武昌三地都处于相对隔离的政区环境中，没有形成相对独立的政治区域。

自南宋初年开始，统治者为了维持南宋政权，打破了北宋原有路制，将京西南路与荆湖北路合并起来，逐渐固定形成"京湖"新区域。其最高长官制置使，除了军事职能与后期赋予的经济职能，其行政官员的性质也为部分学者所承认：

> 出于南宋初年军事行动的需要，宋政权建立了多种管理数路兵马防务并兼管民事的机构。其中以制置使和宣抚使为长官的机构，在绍兴五年之后，已在四川、京湖和江淮地区形成较稳定的辖区范围，并成为辖区内最高军事民政长官。[4]

有学者认为，南宋制置使具有对外军事职能、对内军事职能、经济职能、人

①（清）顾祖禹：《读史方舆纪要》，卷75《湖广方舆纪要序》，中华书局2005年版，第3484—3486页。

②资料来源为（元）马端临：《文献通考》，卷11《户口考二》，中华书局2011年版，第306—307页。

③（元）马端临：《文献通考》，卷11《户口考二》，中华书局2011年版，第307页。

④余蔚：《论南宋宣抚使和制置使制度》，《中华文史论丛》2007年第1期。

事职能。①"京湖"已经初具行政区划规模。南宋将京西南路与荆湖北路联合治理,不仅将三大战略要地归于一区,让水要之武昌、路要之江陵、险要的襄阳互相支持,而且让边防重镇襄阳可以有较为充足的支援。

在南宋长期的长江流域战争实践中,统治者也认识到"京湖"地区与夔路的紧密联系,让京湖制置使兼任夔路策应使,构建出了今湖北恩施、建始与"京湖"地区的特殊联系。

在南宋时期,江南西路与淮南西路今湖北地区的联系,因南宋长江沿岸防务的需求而日益紧密,沿江制置使、沿江制置副使曾经以今武汉、黄冈为驻所。南宋末年,专官"节制蕲、黄、兴国三郡(江南西路、淮南西路所辖全部湖北地区)"让鄂东地区的区域整合达到高峰。

南宋在长江中游地区,经过长时间的实践,逐渐形成了包括今襄阳、荆州、武汉在内的"京湖"为主干,鄂西、鄂东部分地区为辅助的政治格局。这一格局经受了历史考验,让南宋在北方强大军事压力下持续了比大一统元朝还要多的寿命。当年蒙古为了攻破襄阳,采取多年围困之法,隔断襄阳与周边的联系,又运来当时最先进的攻城武器,再辅以对长江上游、下游的进攻,才终于破坏了这个格局。

元朝建立后,经过长时间摸索,建立了湖广行省,但却故意割裂南宋长江中游形成的政治格局。元朝将今襄阳、荆州地区划归河南行省,且前者归行省直管,后者归河南行省荆湖北道宣慰司分管,将今武汉地区划归湖广行省,完全割裂三重地在行政区划上的统一管理。与此同时,将南宋京湖制置使兼任的"夔路"划给四川行省,不惜制造政区"飞地",也要让今三峡地区分属湖广、河南、四川三行省分管。②

元朝末年,至正十一年(1351)八月到至正十二年(1352)二月,农民军从东西两个方向进攻,不足一年时间便占领今绝大部分湖北地区,再难见到南宋末年持久的相持战。元初设计行省之初衷,是为了防止地方利用自然天险割据自雄,加强中央集权。但元末农民军前来进攻之时,元朝自己成为防守者,同样未能实现依托荆襄江汉坚强固守的格局。

总之,南宋长江中游战局对今天湖北省省域形成有重要影响,表现在三个方面:

---

①见姚建根:《宋朝制置使制度研究》,上海书店出版社 2010 年版。
②相关史实见李治安、薛磊:《中国行政区划通史·元代卷》,复旦大学出版社 2017 年版。

第一，从长期的战争局势中，在北宋京西南路、荆湖北路的基础上，形成了"京湖"政治区域，集今武汉、十堰、宜昌、襄阳、鄂州、荆门、孝感、荆州、咸宁、随州、天门、潜江、仙桃全部或大部分地区为一身，已经初具现代湖北省的规模。

第二，通过京湖制置使兼任夔路策应使，加深了今恩施、神农架与"京湖"的联系。

第三，通过沿江制置使、沿江制置副使等政治安排，极大加强了今黄石、黄冈地区的区域整合。通过京湖制置使与沿江制置使协同作战，一定程度上加强了今鄂东地区与今武汉地区的联系。

不可否认的是，南宋长江中游政治格局与今天的湖北省仍有许多差距。但南宋因战争进行的长江中游区域整合，初步打破了今湖北地区分而治之的局面，为明清政区建设奠定了一定基础。南宋王朝的未竟事业，只有等到同样依靠长江流域建立政权的明太祖朱元璋来完成。

叶氏《汉口竹枝词》中所见清中期汉口妇女生活图景

朱晓艳①

摘　要:叶调元的《汉口竹枝词》以通俗浅显的语言展示了清中期汉口生活的诸多方面,成为研究清代汉口社会的重要史料。从竹枝词的记载可知,随着汉口商业的繁荣,汉口妇女生活在家庭生计、衣着服饰、休闲娱乐方面多了几分反传统的意味。从家内走向家外,与封建文人士大夫所构建的理想伦理秩序相违背,成为传统向近代社会转型变迁的重要表征。

关键词:《汉口竹枝词》;清中期;妇女生活

自中唐以来,竹枝词以其通俗浅显的语言颇受历代文人喜爱,"入清而大盛,既波及全国"②,其"内容则以咏风土为主,无论通都大邑或穷乡僻壤,举凡山川胜迹、人物风流、百业民情、岁时风俗,皆可抒写",被认为"保存丰富之社会史料"③。本文即以清代叶调元的《汉口竹枝词》为研究文本,参证以相关文献资料,考察清中期汉口城镇妇女生活诸方面,力求还原汉口妇女生活图景。

叶调元,又名茗园,字鼎三,浙江余姚人,约生于清嘉庆四年(1799),生平事迹无详考。据《汉口竹枝词·自叙》可知,叶调元曾两次来汉口居住生活,《汉口竹枝词》是他第二次到汉口写成,时间大致是清道光十九年(1839)至道光三十年(1850),记录了当时所见到的汉口城镇社会生活的方方面面。汉口地理位置优越,"东带大江,南襟汉水,面临两郡,旁达五省,商贾麋至,贸易之巨区也"④,

---

① 湖北省社会科学院文史研究所助理研究员。
② 顾炳权:《上海洋场竹枝词》,上海书店出版社1996年版,第6页。
③ 唐圭璋:《竹枝词纪事诗序》,丘良任:《竹枝词纪事诗》,暨南大学出版社1994年版,第2页。
④ (清)叶调元著,徐明庭、马昌松校注:《汉口竹枝词校注》,《自叙》,湖北人民出版社1982年版,第1页。

以商业贸易而闻名,竹枝词中所说"此地从来无土著,九分商贾一分民"①,正是当时汉口商业发达的真实写照。该书现存诗292首,分六卷,其中明确记叙汉口妇女生活的诗有几十篇,对探讨清代妇女生活方式乃至汉口社会风貌等提供了重要历史线索。

一、"饥寒苦煞女婵娟"——底层妇女生计

在传统社会中,城镇妇女是"一个结构层次复杂的体系,这个群体的上层与下层生活相去甚远"②,上层妇女享受安逸,而下层妇女则终日要为生活劳累奔波。叶调元的《汉口竹枝词》中就收录了二十余首与下层妇女为生计忙碌有关的诗,为我们呈现了清中期汉口妇女特别是底层妇女真实的生活面貌。

汉口以贸易为业,"街居妇女,多事剪绣",从明代开始,妇女便以纺织刺绣为生,"入夜登机,旦即成匹"③。嘉庆、道光年间,富有荆楚特色的汉绣在汉口已具行业规模,城市内出现了多条以纺织刺绣命名的街巷,如纬子街、衣服街、袜子街、打扣巷等,"皆以店名"④。这些以手工业类别命名的街巷中,多是家庭作坊与店铺融合,形成前店后坊、产销结合的商铺群⑤,因集中经营而形成了专业街肆。

妇女中的边缘群体⑥是叶调元竹枝词中重点描画的对象,她们活跃在露天市场、酒店、茶馆等各类娱乐场所。

青楼妓女是提及较多的一种职业。商业的繁荣刺激了汉口青楼业的发展。当时,以妓待客成为商人交际的一种手段,"趋承富客与豪商,无过行场与栈房。小轿频抬陪酒妓,卧房常住浣衣娘"⑦,说的是行栈店主为招揽生意,为取悦客商往往会提供一些特殊服务,陪酒妓、浣衣娘中很多都靠出卖色相为生。这种商

---

①(清)叶调元著,徐明庭、马昌松校注:《汉口竹枝词校注》,卷1《市廛》,第4页。

②郑永福、吕美颐:《近代中国妇女生活》,河南人民出版社1993年版,第256页。

③(清)陶士契修纂:乾隆《汉阳府志》,卷16《地舆·形势·风俗》,清乾隆十二年(1747)刻本。

④(清)叶调元著,徐明庭、马昌松校注:《汉口竹枝词校注》,卷1《市廛》,第6页。

⑤硚口区地方志办公室编著:《汉正街与汉口城市》,武汉出版社2017年版,第13页。

⑥这里借用了美国学者罗威廉对"汉口职业结构"的划分,参见:(美)罗威廉,鲁西奇、罗杜芳译:《汉口:一个中国城市的冲突和社区(1796—1895)》,中国人民大学出版社2016年版,第34—35页。

⑦(清)叶调元著,徐明庭、马昌松校注:《汉口竹枝词校注》,卷1《市廛》,第29页。

业行为在一定程度上也刺激了汉口青楼业的发展，饱暖思淫欲、及时行乐，成为汉口商业发展下奢靡之风蔓延的必然结果。据与叶调元同时代的范锴在《汉口丛谈》中记载，汉口青楼主要集中在闹市中心，"有官私之别。上路以义和轩巷，下路以青莲楼为著名"，"所谓官者，门前晚悬大灯，内则五六人，或八九人，歌韵悠扬，筝琶杂弄，以动游人之听"，"私则闭门寂静，或一二人，或三四人，而居后街幽巷间"①。官娼中有高级与一般妓院之分，高级妓女多才艺兼备，"能画能书又善吟"②，待遇相对较好，如刘墨琴、汪惠琴，"颇矜声价，不轻见客"③；简姑，"修眉广额，姿格清疏，小曲韵叶筝琶，声迟以媚；乱弹神完气足，有金石音，无脂粉气，可谓歌院魁杰也"④；富娼王如意，"拥资数万，自奉奢侈，殁年三旬外，送殡者颇有衣冠中人"⑤，类此待遇的，只有极个别的名娼才能做到。还有一些出色的歌妓因才艺出众而出籍从良，叶氏竹枝词中便提到后湖茶肆中一些歌妓，"尽为予友及同乡娶去"⑥，被叶调元同乡好友娶为妻妾。妓女出籍从良，在旧时或许是命运对妓女的极大眷顾。下等妓院的妓女与私娼一样，以色娱人，地位十分低下，生活更加悲惨。每当夜幕降临，汉口闹市区常见有女子拉客，"鸨儿夜立路三岔，小语挨身把客拉。舍得青钱一二百，一时看遍院中花"，描写的就是金庭公店到老官庙一带街巷妓女拉客的场面，青钱一二百文就可挑选中意的妓女。

除了混迹风月场所的青楼女子外，一些贫家女为维持家庭生计，常出入各类娱乐场所，如"涂家孝女养媚亲，剪成纸花巧夺春。手执惊闺沿户卖，货郎谁识木兰身"⑦，说的是涂家女女扮男装成小贩，沿街叫卖脂粉、针线、纸花样；还有一些民间职业女艺人，如在茶馆唱丝弦的女子，"欲把深情寄与哥，当场无奈熟人多。琵琶遮面秋波溜，郎自吃茶侬自歌"⑧，描绘的是在茶馆卖唱的女子向心仪茶客传告爱意无果，只好继续唱曲的情形；再如走街串巷的"唱婆子"，"大智坊各行寓中，商贾杂处，时有少妇，青衣布素，手挈竹篮，入市若缝纫者，实善歌

①（清）范锴著，江浦等校注：《汉口丛谈校释》卷6，第531、532页。
②（清）叶调元著，徐明庭、马昌松校注：《汉口竹枝词校注》，卷3《后湖》，第77页。
③（清）叶调元著，徐明庭、马昌松校注：《汉口竹枝词校注》，卷3《后湖》，第77页。
④（清）叶调元著，徐明庭、马昌松校注：《汉口竹枝词校注》，卷5《杂记》，第157页。
⑤（清）叶调元著，徐明庭、马昌松校注：《汉口竹枝词校注》，卷5《杂记》，第156页。
⑥（清）叶调元著，徐明庭、马昌松校注：《汉口竹枝词校注》，卷3《后湖》，第77页。
⑦（清）叶调元著，徐明庭、马昌松校注：《汉口竹枝词校注》，卷4《闺阁》，第83页。
⑧（清）叶调元著，徐明庭、马昌松校注：《汉口竹枝词校注》，卷3《后湖》，第78页。

小调也","十个金钱唱一回"①,为汉口市井生活增添了一道独特风景。

《汉口竹枝词》中还提到了一个群体,即在江湖上随船以贩卖私盐为生的妇女。清代汉口盐业发达,同时是盐船靠泊和淮盐分销的集中地②,挑售或私贩零星食盐,成为当时穷苦百姓的谋生手段之一。汉口贫苦妇女贩卖私盐远近闻名,"贩盐妇女捷无双,五六包盐力可降。怀挟满身腰却瘦,桅杆夹上几回撞"③,说的是妇女贩卖私盐,为逃避官府盘查缉捕,将数十斤盐包藏在身上的情状,从字里行间可以想见其艰苦。

"饥寒苦煞女婵娟,故卖风流好乞钱。饿死事轻名节重,程夫子语不通权"④,叶调元认为面临饥寒困境的贫苦妇女,以乞讨卖唱为生,并不是没有尊严廉耻,反而是那些趁人之危调戏、捉弄她们的人才是不厚道的,这或许可看做是封建文人对底层妇女发出的最大怜悯。然而,对于底层妇女,叶调元并不完全持同情态度,如他在竹枝词中提到的一种比较特殊的职业,"赚钱容易是妈妈,庆吊场中总有他。六百工钱加外水,不思汉子不回家"⑤,沙月在解读《汉口竹枝词》中称其为"庆吊女人",指的是在办喜事或丧事时,主家通常会找一些有经验的老年妇女担任司仪的角色,工钱六百文,有时主家也会给予小费。在叶调元看来,这类妇女大多熟知人情世故,赚钱最为容易,完全背离了传统道德观。这也反映了在传统向近代社会变迁中多元化思想对封建文人思想的冲击。

二、"此地闺人工打扮"——妇女衣着服饰

"此地闺人工打扮,见他儿女想他娘"⑥,汉口妇女非常擅长打扮,衣着服饰上极为讲究。《汉口竹枝词》中有十余篇相关的诗,为我们了解清中期汉口妇女衣着服饰提供了资料。

这一时期,青楼妓女装束引得普通妇女纷纷效仿,"门头装束日翻新,怪煞良家步后尘。不论雏姬和老姥,托肩裰子滚边裙"⑦,说的就是妓女服饰翻新速

①(清)范锴著,江浦等校注:《汉口丛谈校释》卷2,第204页。
②张笃勤著:《文化视域的汉江与武汉》,华中科技大学出版社2014年版,第117页。
③(清)叶调元著,徐明庭、马昌松校注:《汉口竹枝词校注》,卷5《杂记》,第118页。
④(清)叶调元著,徐明庭、马昌松校注:《汉口竹枝词校注》,卷6《灾异》,第189页。
⑤(清)叶调元著,徐明庭、马昌松校注:《汉口竹枝词校注》,卷5《杂记》,第116页。
⑥(清)叶调元著,徐明庭、马昌松校注:《汉口竹枝词校注》,卷4《闺阁》,第105页。
⑦(清)叶调元著,徐明庭、马昌松校注:《汉口竹枝词校注》,卷4《闺阁》,第87页。

度快，引得好人家的清白女子羡慕，无论老幼，一律穿着托肩褂子和镶有花边的裙子，可见其服饰等级的混乱及其风俗的松弛。不仅如此，一些有钱的妇女在衣服上更舍得花费，"蜀锦吴绫买上头，阔边花样爱苏州。寻常一领细衫子，只见花边不见绸"，衣服原料要购买上等的蜀锦、吴绫，不仅如此，还特意去苏州买昂贵的阔花边装饰衣衫，"花边阔三四寸者，盘金刺绣，璀璨夺目。再加片金、金线、阑干、辫子，相间成章"，做成一件衣服，用在各种花边以及做工费用，远远超过衣料的价钱，以至于连叶调元都不由感叹："一衣之费，指大如臂"①，批判妇女在衣着服饰上的奢靡消费。

在发型方面，汉口妇女流行梳"两把头"，即"鬓发双挑，耳轮半掩，垂鬌尺许，光泽可鉴"，头发中分，左右耳朵上方各梳一鬌，因侧面看去，如"鸭翎乍闪、燕翅斜飞"，叶调元称其为"胖头"②。妇女无论老幼，特别工于打扮，"老鹳梳翎学凤凰"③即是此意。特殊场合如婚嫁，无论贫富，女子头饰非常讲究，"翠羽明珠压鬌鲜，荆钗埋没孟光贤"④，用各类珍珠宝石镶嵌发钗，而不再用简单的荆木做成的发钗。她们喜欢将四季时令鲜花作头饰，"有用银丝者、铜丝者，一枝约用花三四十粒。双插于燕尾两旁者，名'颤子'；单插于当头者，不步也摇，匪惊而颤，名'一窝蜂'"⑤，目的在于使自己更加美丽，"鲜花四季助芳容，茉莉黄梅香更浓"⑥，反映了她们对于美的追求。

清中期，妇女缠足仍是品评女子的一个重要因素。旧时女子以脚小为美，女子到了一定年龄，双脚用布帛缠裹起来，再穿上高底弓鞋。叶调元在竹枝词中写道："莲勾三寸月牙翘，一端弓鞋态更娇。隔着画帘听屦响，文楸枰上玉棋敲"，描述的就是女子穿弓鞋走路的姿态，如同拿玉石棋子轻敲楸木棋盘一样，如走得急，则"如挝羯鼓"⑦，声音清脆悦耳。弓鞋，是缠足妇女所穿的鞋子，鞋底为木制，弯曲如弓，有钱女子的弓鞋上会用各类丝线绣满吉祥图案，或加缀装饰。

这一时期，在商业繁荣的刺激下，汉口社会奢靡之风愈演愈烈。叶调元在

①（清）叶调元著，徐明庭、马昌松校注：《汉口竹枝词校注》，卷4《闺阁》，第88页。

②（清）叶调元著，徐明庭、马昌松校注：《汉口竹枝词校注》，卷4《闺阁》，第89页。

③（清）叶调元著，徐明庭、马昌松校注：《汉口竹枝词校注》，卷4《闺阁》，第104页。

④（清）叶调元著，徐明庭、马昌松校注：《汉口竹枝词校注》，卷4《闺阁》，第87页。

⑤（清）叶调元著，徐明庭、马昌松校注：《汉口竹枝词校注》，卷4《闺阁》，第90—91页。

⑥（清）叶调元著，徐明庭、马昌松校注：《汉口竹枝词校注》，卷4《闺阁》，第90页。

⑦（清）叶调元著，徐明庭、马昌松校注：《汉口竹枝词校注》，卷4《闺阁》，第90页。

自叙中写道:"富商大贾,拥巨资,享厚利,不知黜浮崇俭为天地惜物力,为地方端好尚,为子孙计久远;骄淫矜夸,惟日不足。中户平民,耳濡目染,始而羡慕,既而则效,以质朴为鄙陋,以奢侈为华美,习与性成,积重难返。"①富者挥金如土,一般市民也竞相效仿,以至于民间男女婚嫁大事也以钱财为重,"楚人嫁女利为罗,不管新郎鬓发皤"②,老夫少妻成为当时社会常见婚娶形式。在这种风气导引下,"小家妇女学豪门"③的风气蔓衍开来,衣着服饰上追求时髦如上面提到的仿妓女装、"两把头"等成为一种常态。

三、"热闹场中总到临"——妇女的娱乐休闲

与汉口奢靡之风相对应,汉口妇女的娱乐休闲活动多了起来。叶调元在《汉口竹枝词》中花费了大量笔墨描绘汉口妇女的娱乐休闲活动,向我们展现了清中期汉口城市社会的独特性。

郊游赏花是汉口城镇妇女常见的休闲形式。每年花开时节,士女"艳妆冶服"④,结伴出行赏花,"半日依依凭画栏,品花脚力不辞酸"⑤,透露出对看花的极大兴趣。汉阳龟山北麓的月湖湖畔是出游赏花的好去处。"月湖堤上报花开,游女都从汉口来。谱上群芳终日看,息夫人庙伯牙台"⑥,月湖堤岸以"八景"⑦著称,"湖山明媚,桃柳鲜妍。亭园兰若相望,红绿缤纷,灿如云锦"⑧,息夫人庙、伯牙台(即古琴台)在月湖湖畔,每年春天桃花盛开时,香气弥漫,景色宜人,到了夏季,"万柄荷花槛外开"⑨,秋季丹桂飘香,成为士女赏花游览的必去之处,"每值春来花放,挈侣渡河,淡抹浓妆,及时行乐"⑩。泉龙巷码头正对月湖堤,每年二三月,游人多从此渡河到月湖堤赏花踏青,竹枝词中有"芳草如烟暖

---

①(清)叶调元著,徐明庭、马昌松校注:《汉口竹枝词校注》,《自叙》,第1页。
②(清)叶调元著,徐明庭、马昌松校注:《汉口竹枝词校注》,卷4《闺阁》,第84页。
③(清)叶调元著,徐明庭、马昌松校注:《汉口竹枝词校注》,卷4《闺阁》,第86页。
④(清)叶调元著,徐明庭、马昌松校注:《汉口竹枝词校注》,卷4《闺阁》,第85页。
⑤(清)叶调元著,徐明庭、马昌松校注:《汉口竹枝词校注》,卷4《闺阁》,第103页。
⑥(清)叶调元著,徐明庭、马昌松校注:《汉口竹枝词校注》,卷4《闺阁》,第101页。
⑦(清)黄式度、王庭桢修纂:同治《续辑汉阳县志》,卷28《杂纪》,清同治七年(1868)刻本。
⑧(清)范锴著,江浦等校注:《汉口丛谈校释》卷2,湖北人民出版社1990年版,第201页。
⑨(清)叶调元著,徐明庭、马昌松校注:《汉口竹枝词校注》,卷2《时令》,第52页。
⑩(清)范锴著,江浦等校注:《汉口丛谈校释》卷2,第201页。

日熏，牡丹芍药灿红云。泉龙巷口人争渡，半是看花半上坟"①，描绘的就是当时码头游人如织的情景。汉口后湖是又一踏青游玩去处，方志载"湘湖八景"，湘湖也称潇湘湖，是后湖雅称，"晴野黄花，平原积雪，麦陇摇风，菊屏映月，疏柳晓烟，断霞归马，襄河帆影，茶社歌声"②，指的是后湖不同节气对应的八种景色。康熙年间，汉阳人彭心锦曾作《后湖竹枝词》吟咏当时后湖游览盛况："车如流水马如龙，未怕春寒料峭风。相约潇湘湖上去，踏青先看燕儿红"③，燕儿红，燕儿花俗名，"后湖麦陇最多，春时碎红如缬，黄花地上，倍添锦绣"④，后湖因此俗称"黄花地"。嘉庆、道光年间，后湖依然备受士女青睐，施襄诗中云："踏青先上伯牙台，弓底鞋新不染埃。走遍月湖堤十里，过河还到后湖来"⑤。由于后湖四季风景各异，因此游人不断，叶调元诗："吴讴楚调管弦催，翠鬓红裙结伴来。除却寒风和暑雨，后湖日日有花开"⑥，表达的即是此意。

每逢岁时节日，汉口妇女还会到佛寺道观游玩，或邀赏花，"姊妹相邀看桂花，禅林兰若路非遐"⑦；或烧香祈福，汉口观音阁、天都庵、宝林庵，是妇女常去的几个祈福场所。观音阁，又称大观音阁，"阁奉观音大士像"⑧，旧俗每年二月十九日为观音诞辰，这一天妇女多去往观音阁烧香，"观音生日拜观音"⑨，"士女祷祝，宝马香舆，寺门填溢，香火甚盛"⑩。叶调元《汉口竹枝词》多次提及观音阁，"黄道良辰好出方，肩舆塞路闹红妆。大观音阁烧香罢，便吃人家肉面汤"⑪，描写的是正月初一后黄道吉日妇女出门到观音阁烧香的情形；"观音阁内聚红妆，伏地深深拜象王。专宠心肠多子愿，一齐分付与炉香"⑫，描画的就是女子到

---

① (清)叶调元著，徐明庭、马昌松校注：《汉口竹枝词校注》，卷2《时令》，第45页。

② (清)黄式度、王庭桢纂：同治《续辑汉阳县志》，卷28《杂纪》，清同治七年(1868)刻本。

③ (清)范锴著，江浦等校注：《汉口丛谈校释》卷3，第224页。

④ (清)范锴著，江浦等校注：《汉口丛谈校释》卷3，第224页。

⑤ (清)叶调元著，徐明庭、马昌松校注：《汉口竹枝词校注》，附录3《施襄〈竹枝词十二首〉》，第236页。

⑥ (清)叶调元著，徐明庭、马昌松校注：《汉口竹枝词校注》，卷4《闺阁》，第102页。

⑦ (清)叶调元著，徐明庭、马昌松校注：《汉口竹枝词校注》，附录3《施襄〈竹枝词十二首〉》，第239页。

⑧ (清)范锴著，江浦等校注：《汉口丛谈校释》卷2第162页。

⑨ (清)叶调元著，徐明庭、马昌松校注：《汉口竹枝词校注》，附录3《施襄〈竹枝词十二首〉》，第236页。

⑩ (清)范锴著，江浦等校注：《汉口丛谈校释》卷2，第162页。

⑪ (清)叶调元著，徐明庭、马昌松校注：《汉口竹枝词校注》，卷2《时令》，第41页。

⑫ (清)叶调元著，徐明庭、马昌松校注：《汉口竹枝词校注》，卷4《闺阁》，第99页。

观音阁拜菩萨求子的场景。天都庵、宝林庵,兼具盐商会所与寺观双重性质,施襄《竹枝词十二首》之五中云:"娥眉那解礼瞿昙,逐队闲行女杂男。半为烧香半游戏,天都庵与宝林庵"①,指的就是两处不仅是妇女烧香祈福的场所,也是文人雅士的游宴之所。从叶氏的描述中可以看出,与郊游赏花尽情领略自然风光不同,去佛寺道观的游观活动则多了一份精神寄托的意味。

喝茶听戏是汉口妇女喜爱的另一种娱乐休闲活动。清中期,汉口茶馆众多,"无数茶坊列市阛,早晨开店夜深关"②,汉口茶馆以后湖一带最为集中,多达数十家,涌金泉、早逢春、望湖泉等都是当时有名的茶馆。闲暇之余,三五人相约茶馆,喝茶聊天,"更有下茶诸果品,提篮闲汉似穿梭"③,谈笑间忘却烦恼,故而无论贫富,"男女多爱吃茶"④,茶馆中除了行商富贾、文人雅士、平民百姓外,也常见到妇女身影。叶氏竹枝词中写道:"大方全不避生人,茗碗烟筒笑语亲"⑤,描写了闺阁女子到茶馆喝茶,言谈笑语不避嫌,这一场面在范锴的《汉口丛谈》中也曾写道:"后湖时有妇女结伴闲步,倦即惕坐茶寮,唤烟呼茗,不以为嫌也。"⑥除了喝茶,到茶馆听戏也是当时妇女颇感兴趣的一种消闲。"粗茶莫怪人争嗑,半是丝弦半局班"⑦,说的是当时一些茶馆为招揽生意,常找人到茶馆弹曲唱戏;"沿湖茶肆夹花庄,终岁笙歌拟教坊"⑧,描写的是在汉口后湖一带茶馆丝竹笙歌不绝于耳,终日不息。在叶氏竹枝词中,汉口妇女常进出茶馆听戏,"望湖泉里听笙歌,半是衣冠半绮罗",人们只要看哪家茶馆门前空轿子多,就能知道哪家生意好,"歇着数乘空轿子,惹他门口聚人多"⑨。当时一些大的茶馆还设有雅座,既提供休闲之所,又可避免不必要的麻烦,上层妇女多乐于前往,"清茶寂寞殊无味,要听丝弦怕熟人。能使两难成两美,地方最好早逢春"⑩,说的就是这个意思。

---

①(清)叶调元著,徐明庭、马昌松校注:《汉口竹枝词校注》,附录3《施襄〈竹枝词十二首〉》,第237页。

②(清)叶调元著,徐明庭、马昌松校注:《汉口竹枝词校注》,卷1《市廛》,第27页。

③(清)叶调元著,徐明庭、马昌松校注:《汉口竹枝词校注》,卷3《后湖》,第79页。

④王葆心:《汉口小志》,《风俗志第五》,商务印书馆1915年版,第5页。

⑤(清)叶调元著,徐明庭、马昌松校注:《汉口竹枝词校注》,卷4《闺阁》,第91页。

⑥(清)范锴著,江浦等校注:《汉口丛谈校释》卷2,第208页。

⑦(清)叶调元著,徐明庭、马昌松校注:《汉口竹枝词校注》,卷1《市廛》,第27页。

⑧(清)叶调元著,徐明庭、马昌松校注:《汉口竹枝词校注》,卷3《后湖》,第76页。

⑨(清)叶调元著,徐明庭、马昌松校注:《汉口竹枝词校注》,卷4《闺阁》,第102页。

⑩(清)叶调元著,徐明庭、马昌松校注:《汉口竹枝词校注》,卷3《后湖》,第76页。

除了茶馆听戏外,在后湖平展的地方搭建的草台,也为妇女看戏提供去处。"河岸宽平好戏场,子台齐搭草台旁","野地演戏,谓之'草台',旁搭高厂以安妇女,谓之'子台'"①,在露天草台旁搭盖子台,专供妇女坐着看戏,演出曲目多是"淫词艳曲,荡目动心"②。在这种场合下,"优伶未到,游女先来,富阃名娼依次而坐",爱热闹的女子早早来到看台,其中不乏富家名媛、青楼名妓。故而,叶调元在竹枝词中批判道:"浓妆岂为梨园到,半倩郎看半看郎","习俗之敝,至此极矣"③,说的是妇女来草台的目的不是看戏,而是为了吸引俊俏男子的目光,闺阁淑女抛头露面,与青楼娼妓同坐有违礼制,由此感叹世风庸陋。

夏日门口纳凉为妇女所喜爱。汉口夏日炎热,方志中记载:"盛夏炎蒸之际,男女老幼,如坐蒸笼鳌盘之中,病暑疾者,不知凡几。"④夏日夜晚,洗褪一身疲惫,静坐乘凉,成为当时风俗。"后街小巷暑难当,有女开门卧竹床。花梦模糊蝴蝶乱,阮郎误认作刘郎"⑤,描写了汉正街以北与长堤街以南的花楼街等街巷夏日夜晚竹床满街,男女杂处而卧的情形。"兰汤浴罢鬟云偏,单着纱罗态更妍。小巷香风闻茉莉,纳凉人坐夕阳天",说的是妇女多在沐浴之后,"重匀粉面,罗衣甫换,花朵斜簪"⑥,手持芭蕉扇,在后院乘凉。

除了上述内容外,女子宴饮、玩牌主要是上层妇女常见的消闲。"月夕花晨置酒招,钗光鬟影互相撩。飘壶一桌消长昼,讲究三条与四条。闺人宴集,都以抹牌为事。始而牙牌,既而搭壶,今则竞尚飘壶"⑦,"十点钟鸣夜气凉,内庭筵宴始收场"⑧,说的都是富家女子终日闲暇无事,牌赌酒宴以作消遣,搭壶、飘壶都是玩牌的一种方式。

妇女郊游踏春、喝茶听戏,出行多乘轿。《汉口竹枝词》中多次提到了妇女出行乘轿的场景,如"妾自无心郎自苦,轿前来作站班人"⑨,说的是富家名媛出

①(清)叶调元著,徐明庭、马昌松校注:《汉口竹枝词校注》,卷4《闺阁》,第100页。
②(清)叶调元著,徐明庭、马昌松校注:《汉口竹枝词校注》,卷4《闺阁》,第100页。
③(清)叶调元著,徐明庭、马昌松校注:《汉口竹枝词校注》,卷4《闺阁》,第100页。
④(清)裘行恕修纂:嘉庆《汉阳县志》,卷13《风俗》,清嘉庆二十三年(1818)刻本。
⑤(清)叶调元著,徐明庭、马昌松校注:《汉口竹枝词校注》,卷5《杂记》,第153页。
⑥(清)叶调元著,徐明庭、马昌松校注:《汉口竹枝词校注》,卷4《闺阁》,第105页。
⑦(清)叶调元著,徐明庭、马昌松校注:《汉口竹枝词校注》,卷4《闺阁》,第92页。
⑧(清)叶调元著,徐明庭、马昌松校注:《汉口竹枝词校注》,卷4《闺阁》,第98页。
⑨(清)叶调元著,徐明庭、马昌松校注:《汉口竹枝词校注》,卷4《闺阁》,第100页。

行,轿子旁边站满了轻薄子弟;"醝务家来迥绝伦,坐玻璃轿去游春"①,说的是盐商家眷乘坐玻璃轿去踏春的情形。相较于传统以织物为遮挡的轿子,玻璃轿在轿两侧或后侧窗口处安装玻璃,密闭保暖之外视野更加开阔,主要供富商阶层使用。汉口道路狭窄且不规整,按美国学者罗威廉的说法,"在居住模式、街道和建筑物的集中方面,汉口的拥挤在中国城市中达到了独一无二的水平"②,叶调元《竹枝词》中所说的"四通八达巷如塍,路窄墙高脚响腾"即是此意,这对于"较文雅的女性来说,在这样拥挤的人群中行走是很困难的"③。为此,上层妇女出行常坐肩舆,即由人扛在肩膀上的一种轿子,"红灯一对肩舆快,风过遥闻安息香"④,描绘的就是夜晚筵宴结束后妇女乘坐肩舆回家,路上到处弥漫有安息香的香气的场景。

与传统社会谨守闺门、深居简出的妇女不同,汉口妇女娱乐休闲生活多了几分反传统礼制的意味。"热闹场中总到临,莫教豪兴让男人。西施颜色东施貌,两样人材一样心"⑤,妇女在大庭广众之下出入各种热闹场合,"烧香也,看会也,龙船也,下湖也,看戏与看花也,地方稍有胜举,逐队成群,出头露面,谈笑无忌,饮啖自如,一任轻浮子弟评肥量瘦,眉语目挑,恬不为怪"⑥。这一点,与汉口商业气息浓厚有着密切关系。正如有的学者所说,"汉口作为一个自明中叶才开始因'长途贸易'而迅速勃兴的商业市镇,它先天就具有与传统城市相异质的'文化景观'"⑦,体现在民间社会风习上,便出现了与传统思想相悖离的现象。

以上从妇女生计、衣着服饰、娱乐休闲等方面展示了清中期汉口妇女生活的几个侧面。从中我们可以看出,在商业繁荣的刺激下,汉口妇女生活不断尝试脱离传统礼制的禁锢,从家内走向家外,与封建文人士大夫所构建的理想伦理秩序相违背,成为传统向近代社会转型变迁的重要表征。

---

①(清)叶调元著,徐明庭、马昌松校注:《汉口竹枝词校注》,附录3《施襄〈竹枝词十二首〉》,第237页。

②(美)罗威廉著,江溶、鲁西奇译:《汉口:一个中国城市的商业和社会(1796—1889)》,中国人民大学出版社2016年版,第28—29页。

③(美)罗威廉著,江溶、鲁西奇译:《汉口:一个中国城市的商业和社会(1796—1889)》,第29页。

④(清)叶调元著,徐明庭、马昌松校注:《汉口竹枝词校注》,卷4《闺阁》,第98页。

⑤(清)叶调元著,徐明庭、马昌松校注:《汉口竹枝词校注》,卷4《闺阁》,第98页。

⑥(清)叶调元著,徐明庭、马昌松校注:《汉口竹枝词校注》,卷4《闺阁》,第98—99页。

⑦唐惠虎、朱英主编:《武汉近代新闻史(上)》,武汉出版社2012年版,第129页。

长江学术研究
2023

昭潭书院与清代湘潭县文运

王毓伟　张邵雷①

摘　要：乾隆八年(1743)，湘潭县倡建昭潭书院，这既是响应朝廷兴办书院的诏令，也是湘潭县经济复兴后追求文化复苏的结果。昭潭书院的创办，体现出湘潭县人希望借书院兴文化而昭彰湘潭，获得文运。为此，昭潭书院重视聘请名士掌教，并且厘定学约，强化学风。因而，昭潭书院近两百年历史上，涌现出诸多优秀学生，于育才造士上大获成功。而昭潭书院的发展，又推动着清代湘潭县科举昌盛，实现了阖邑人士企盼的文运降临。

关键词：昭潭书院；清代湘潭县；文运

湘潭县地处湘中以东，伴随着便利的水运，在清朝成为享誉南北的转口贸易重镇。光绪《湘潭县志》曾载："东南七省，商货咸萃于此，舟楫至汉口，风水便利，恒数日可往返，秦晋商贾亦趋焉。"②尽管商贾兴盛，但在商为末业的清代，湘潭县人深信"无文不远"。湘潭县望族孝谨堂石氏在同治《石氏五修族谱》中所述："从来振起家声，必由科第……庶人文蔚起，而宗族有光矣"③；人才辈出的方上周氏也言及："夫富贵贫贱身外之物，自可付诸天命，惟夫节之高、学问之博、度量之闳、文章之美，有涵养之自修力、深造之可能性"④。要之，求得文运长远，可谓湘潭土著的共同夙愿。但直至晚明，在时人眼中，湘潭县仍属"问学文秀之

---

①王毓伟，武汉大学历史学院博士研究生。张邵雷，海安市文物保护和考古研究中心助理馆员。

②(清)陈嘉榆修，王闿运纂：《光绪湘潭县志》卷11，《湖南府州县辑》13，江苏古籍出版社2002年版，第199页。

③《石氏五修族谱》卷2《家规》，同治五年(1866)刊。

④《方上周氏七修族谱》例言，民国十九年(1930)刊。

民多,然竟介距以斗科名,则士犹欠然自少之也"①。为改善此情景,推动育才造士,万历四十三年(1615)湘潭县接连修建文昌阁(万楼)、高峰石塔,以期求得文运。然此后百年间湘潭县并未出现"作者林立"之盛况,故清代湘潭县官民加大对教育的支持力度,于乾隆八年(1743),倡建昭潭书院(清代湘潭第一所书院)。因缘际会下,昭潭书院建成后,湘潭县文运逐渐昌盛,硕儒迭出、鼎甲②亦现。稍显遗憾的是,湘潭文史研究者对此两者关系仅做简短的概括性描述,缺少学理性分析。鉴于此,本文拟对这一论题略加梳理,以为引玉之资。

一、昭彰湘潭与建置书院

据乾隆九年(1744)提督湖南学政阮学浩所书《昭潭书院记》载:"夫化民成俗,以广朝廷立学教士之意,殊非扰攘于薄书填委者所能任。李君乃优为之,可谓识为政之本矣:邑之人士又皆乐于从事,共襄其成果"③昭潭书院建成,看似是时任知县李松为推广教化,召集士民出资出力的结果。而实际上,个别人物的活动提供的只是一种表象,在表象的背后,各种不同力量的联动在更深刻的层次上推动着事件演变。故论及建置昭潭书院,必须整合历史信息,发掘出当时湘潭县的社会风貌,全面系统地看待这一湘潭县教育史上的大事件。

首先,在清廷"寓控制于支持"④的书院政策下,建设昭潭书院具备政策托底。柳诒徵在《江苏书院志初稿》曾言及:"书院始于唐而盛于宋"⑤,虽颇有争议⑥,但至迟宋代时,书院已经大行于天下。此语,从湘潭县的情况来看也能得到印证。古时湘潭县为楚南边县,县境内第一所书院是两宋之际胡安国迁居碧泉时所设置。后张栻弟子钟如愚之子为缅怀亡父,"割田亩五百,建讲舍"⑦,于

①(明)李腾芳:《高峰塔记》,见沈乃文主编:《明别集丛刊》第5辑(第10册),黄山书社2015年版,第574页。

②此处的"鼎甲",仅指代文科举的一甲进士。文中出现的"生员""举人""进士"无特殊说明外,也仅指代文科举下的"生员""举人""进士",不涉及武科举。

③(清)阮学浩:《昭潭书院记》,(清)张云璈、周系英修纂:《嘉庆湘潭县志》卷11,嘉庆二十三年(1818)刊本。

④朱汉民、邓洪波:《岳麓书院史》,湖南教育出版社2013年版。

⑤柳诒徵:《江苏书院志初稿》,《江苏国学图书馆馆刊》1931年第4期专栏。

⑥(宋)朱熹、柳诒徵、邓洪波等认为书院始于唐;盛朗西、章柳泉等认为书院产生于五代;(宋)洪迈、(明末清初)王夫之等认为书院起源于北宋。

⑦《主一书院记》,见(元)程钜夫著:《程钜夫集》,吉林文史出版社2009年版,第133页。

朱亭市(原属湘潭县,现属株洲市),以钟如愚之号"主一",建成主一书院。明嘉靖时,知县高应桢又建竹泉书院。但降至清初,顺治帝猜忌书院养育反清人士,故颁刻卧碑,谕令"不许别创书院"①,包括湘潭县在内的全国各地的书院建设都进入"沉寂期",湘潭县甚至未设书院。康熙、雍正两朝虽对书院教育并不反对,却未敢违背顺治旧令。直至雍正十一年(1733),雍正帝感觉天下大定,为拉拢天下士人,隐晦地表示:"近见各省大吏渐知崇尚实政,不事沽名邀誉之为,而读书应举者亦颇能屏去浮嚣奔竞之习。则建立书院,择一省文行兼优之士读书其中"②,并给予专项资金支持,令各省加大在省会建设书院的力度。尽管省会书院得到复兴,但各府县州厅书院建设仍未大规模展开。时过两年,乾隆帝继位,他认同其父以书院控制人才的想法,立即诏示"书院之制所以导进人才,广学校所不及"③,鼓励各省在府县州厅广设书院。据肖永明主编的《湖湘文化通史·近古卷》统计,顺治、康熙、雍正三朝湖南共新建书院 43 所,重建书院 22 所;而乾隆一朝,湖南新建书院 75 所,重建书院 20 所。④ 由此可见,昭潭书院的出现并非偶然,乾隆八年(1743)李松"率邑人士于学宫旁,择隙地建置书院",是迎合政策指引所带来的建设书院高潮。

其次,湘潭县经济复兴,士民捐设学田,为昭潭书院的设立及发展提供资金保障。昭潭书院的前身为康熙五十九年(1720)湘潭知县方伯倡设的义学馆,书院建址无需另寻。至于制约书院发展的最重要因素——资金,也因湘潭县经济的复兴而有了保障。清初战乱,造成湘潭县"编册存丁三千百九十六"⑤。经过休养生息,康熙晚期偏沅巡抚赵申乔曾言及"湖南长沙府属之湘潭县、衡州府属之衡阳县,皆系有名码头大店,凡临近州县所产米谷,皆运往出卖,商贩交易,多聚于此。"⑥李松倡建昭潭书院,较为富裕的湘潭县士民踊跃参与其中,他们所做的努力,通过《昭潭书院拨回田亩碑记》可窥一二,全文如下:

①(清)《皇朝通志》卷 74(选举略 3),影印文渊阁四库全书第 645 册,第 120 页。

②雍正《圣训》卷 10(文教),雍正十一年(1733)正月壬辰,影印文渊阁四库全书第 412 册,第 153 页。

③(清)《皇朝文献通考》卷 71(学校考 9),影印文渊阁四库全书第 633 册,第 699 页。

④肖永明主编:《湖湘文化通史》第 3 册(近古卷),岳麓书社 2015 年版,第 351 页。

⑤(清)陈嘉榆修,王闿运纂:《光绪湘潭县志》卷 6,《湖南府州县辑》12,江苏古籍出版社 2002 年版,第 537 页。

⑥(清)赵申乔撰:《赵恭毅公自治官书类集》卷 6。

湘潭县知县李松为仰恳判定以广栽培事。据湘潭阖邑绅士潘世晓①等呈称，本邑士民原捐有义学田亩，地名泉圫、巴圫、三望冲三处，共田一百八十七亩，后拨入岳麓书院作膏火田。康熙五十九年，经前令方伯详请，每年捐俸银三十两抵纳岳麓学租，在案。今本邑绅士公建昭潭书院，集生童肄业其中，因膏火无资，恐难支久，恳将三处田亩拨回本邑书院，仍照方令捐银之例，外增十两，共四十两，绅士公捐，每年抵解岳麓书院学租，伏乞俯顺舆情，判成铁案，云云。乾隆九年七月初四日，奉巡抚蒋批：湘潭县学租应供该县书院之用，今因会城书院而令解省充用，原欠允协，若令官绅代捐，更觉非体。现在岳麓书院，本部院每年再暂捐银四十两，另候酌项拨用，其潭邑之银，免其申解。仰布政司即转饬遵照可也等因。奉此司府檄行，为此，仰县官吏查照来文事理，即将原解省书院之泉、巴二圫、三望冲（一名打石坑）三处田租归入昭潭义学，遵照办理，毋违等因。奉此合行勒石，以垂永远。

乾隆九年岁次甲子八月阖邑绅士公立②

捐设学田以助学是南唐、北宋以来，各地发展教育的重要举措，学田的多寡既是经济实力的反映，也体现出当地对教育的重视程度。《昭潭书院拨回田亩碑记》表明彼时的士绅本意通过合众公捐的方式，以每年银40两相抵，让原划拨给岳麓书院的187亩学田重回湘潭县，成为昭潭书院的固有资产。湖南巡抚蒋溥感念湘潭县士绅热忱之心，令不必以银相抵，并拨回膏火田供昭潭书院使用。由之，建设昭潭书院的资金问题得到解决。此外，根据乾隆二十一年（1756）所修纂的《湘潭县志》，该志修成时，湘潭县绅士捐赠给昭潭书院的学田已达四百余亩，学田租额达三百九十石，昭潭书院另有房屋店铺租金收入若干。③ 正所谓，"教育与经济相互联系，贫穷的地方教育不会发达，教育不发达的地方也注定会贫穷。"④创设昭潭书院作为清代湘潭县兴学的里程碑事件，背后拥有的经济基础绝不能忽视。

乡试改闱、学额增加，刺激湘潭县士子在科举上的信心，创办昭潭书院实则

①潘世晓，字晴皋，乾隆二年（1737）三甲进士。曾知东乡县，洁己爱民。以病辞官，改衡州府教授，兼主石鼓书院。敦行造士，多所成就。致仕后倡建昭潭书院，士林感其德。

②（清）白璟修，狄如焕纂：《乾隆湘潭县志》卷10《学校》，乾隆四十六年（1781）刻本。

③（清）吕正音修，欧阳正焕纂：《乾隆湘潭县志》卷8《学校》，乾隆二十一年（1756）刻本。

④陈明著：《校长的学校文化建设力》，天津教育出版社2018年版，第73页。

必然。自"潘纬十年吟古镜,何涓一夜赋潇湘"①始,湘潭县文材辈出。胡安国父子筑室碧泉,开创湖湘学派后,更是涌现出诸多诗书世家。湘潭土著纷纷厘定家规家训,申明读书之理。如湘潭钱氏家规中载"贫贱之家子弟,或未入小学者,宜父教其子,兄戒其弟""富贵之族子弟,无有不读书者,读书则当明道"②。然湘潭县读书之风虽盛,但自隋唐科举创制以来,阖邑均感科场收获甚少。尤其降至清代,较之保举、世袭等其他人才流动机制,科举成为促进统治核心圈内人才流动的重用机制③。科场扬名成为清代读书人的毕生追求,似左宗棠、王闿运般风流人物也终以未能高中进士而抱憾一生。昭潭书院创立前,清代湘潭县科举成绩不佳。其中,顺治朝开科 8 次、康熙朝开科 21 次、雍正朝开科 5 次、乾隆朝开科 4 次,湘潭县进士总人数为 16,名次最高者为雍正十一年(1733)得中二甲第二名进士的张九钧。一心想得文运却未果的湘潭县士子,在雍正时期两大政策施行后,终于看到希望。雍正元年(1723)谕令,"于明春即分湖南、湖北两闱考试"④,并诏令"分湖北、湖南乡试额,湖北中式五十名,副榜十名,湖南四十九名,副榜九名,武举各二十五名"⑤。湖广分闱是湖南科举史上的重要事件,湘潭县科举事业也因此迎来重大转机。由于不必远赴湖北,且中举名额得到保障,湘潭县士子的科举信心得到提升。同时,雍正二年(1724)诏示,"圣祖仁皇帝寿考作人,六十年来,山陬海澨,莫不家弦户诵。直省应试童子人多额少,有垂老不获一衿者。其令督抚、学政会核人文最盛之州县,题请小学改为中学,中学改为大学,大学照府学额取录。"⑥在此之前,"(顺治)十五年题准,直省取进童生,大府二十名,大州县十五名,小学或四名或五名。康熙九年题准,各直省取

①潘纬与何涓同为湘潭有史料记载的最早诗人。潘纬写诗反复推敲文字,曾构思十年成《古镜诗》,中有"篆经千古涩,影泻一堂寒"之句,为世传诵。何涓才思敏捷,有援笔立就的赋才,擅长辞赋,所作《潇湘赋》一气呵成,一夜定稿。《潇湘赋》铺叙华丽,对仗工整,格调如诗,天下争相传写。惜已散佚,仅流下"雁影数行秋半逢,渔歌一声夜深发"一联两句,录于《全唐诗》。
②上海图书馆编;陈建华,王鹤鸣主编;周秋芳,王宏整理:《中国家谱资料选编》(8)《家规族约卷》(上),上海古籍出版社 2013 年版,第 271 页。
③吴四伍:《清代捐纳与国家治理》,社会科学文献出版社 2021 年版,第 111 页。
④《清实录·世宗宪皇帝实录》卷 9,中华书局 1986 年版,第 178 页。
⑤李翰章修:《光绪湖南通志》卷 145,京华书局 1967 年版,第 2845 页。
⑥(清)昆冈等:(光绪)《大清会典事例》卷 370《礼部·学校·学额通例》,光绪二十五年(1899)石印本。

进童生，大府州县仍旧，中学十二名，小学或八名或七名。”[①]经过此次调整，地方各县州学额均有增加，湘潭县作为大县亦“增县学额通前二十名”[②]。学额的增加毫无疑问对士子最具激励性。两项政策实行后，湘潭县士子对科举更加执着，对学习场所的要求自然也更高。而潘世晓等湘潭县士人“知学官不能兴学，故注意书院，其议恒以官师数易人，不若乡士大夫能主风教焉。”[③]由此可见，昭潭书院的创设承载着湘潭县兴学、“开文运”的重托。

李松曾为昭潭书院作联：“学譬为山，愿诸生拾级而登，各达岳山极顶。道犹活水，看多士溯流以上，共寻湘水源头。”[④]创置昭潭书院是多重因素合力作用的结果，不是单一政策主导所致，但正如李松所言，它的出现反映的是湘潭县希望在文教上“一览众山小”的寄托。昭潭书院的创办，表现出湘潭县人希望借书院兴文化而“昭彰湘潭”，让这一湖湘文化发源地更加名副其实。

二、名士掌教与务实学问

昭潭书院于乾隆十年建成后，择取山长[⑤]以掌教事成为书院发展过程中最紧要的事情。从乾隆十一年(1746)聘请聂焘出任昭潭书院首任山长，即可看出昭潭书院及湘潭县对山长人选的重视。乾隆三十六年(1771)，湘潭县士绅代表潘世晓作《昭潭书院学约八条》，更是详述“择院长”的重要性、原则以及院长职能和地位：“古之学者必有师。六书之义，学训教。《书》亦日：‘惟教学半。’盖表立而人从而教之，所谓师道立则善人多也。今议于每年仲冬，直管院事集老成公议，择文行兼优、品望素著者，商举一人，即白县尊，学师具柬聘请。若本年院长克尽师道，来年即仍延请，无轻议更改。在院长既膺敦请，自必克副仰望，言坊行表，不愧师资，面命耳提，宏开讲席，无循名忘实，无勤始怠终，谨定课程，诲

①(清)昆冈等：(光绪)《大清会典事例》卷370《礼部·学校·学额通例》，光绪二十五年(1899)石印本。

②(清)陈嘉榆修，王闿运纂：《光绪湘潭县志》卷3，《湖南府州县辑》12，江苏古籍出版社2002年版，第445页。

③(清)陈嘉榆修，王闿运纂：《光绪湘潭县志》卷8，《湖南府州县辑》13，江苏古籍出版社2002年版，第100页。

④周渊龙辑注：《湘潭历代楹联选》，湘潭大学出版社2014年版，第11页。

⑤又称洞主，院长，中国古代书院的主持人。乾隆三十年十一月初八日上谕曰：“各省书院延师训课，向有山长之称，名义殊为未协。既曰书院，则主讲席者自应称为院长，著于各督抚奏事之便，传谕知之。”清末复改称山长。

人不倦,不分贫富,教思无穷,庶师严道尊,人皆敬学而获益良多矣。至肄业诸生,宜尊奉先生为步趋,慎勿貌从心违,不率教训,甚或侮慢唐突,致干屏弃,愿各体念阖邑建院延师之盛心焉。"①自《昭潭书院学约八条》订立后,书院院长人选标准更加具体化,也吸引着更多名士前来。在昭潭书院历史上,有过诸多德高望重的院长和主讲,择取数位列表如下:

表 1 昭潭书院历任院长、主讲概览

姓名	籍贯	出身	任职书院院长情况	曾任官职
聂焘	湖南衡山	乾隆四年(1739)二甲第八十八名进士	乾隆十年(1745)乙丑,新建昭潭书院成,明年请衡山聂环溪先生掌教事,丁卯.膺选出宰西秦,丙子.以丁内艰回籍,复请重来。	镇安、凤翔等县知县
萧衍守	湖南湘乡	国子监生	乾隆初年主讲昭潭书院,一时名流也。	县丞
张九铖	湖南湘潭	乾隆二十八年(1763)明通榜②第三名进士	乾隆五十九年(1794),湘潭县令李华矗聘张九铖主昭潭书院讲席,历时十年,门人从游者甚众。	南丰、峡江、南昌、始兴、保昌、海阳等县知县
程梦湘	江苏丹徒	乾隆三十年(1765)拔贡生	曾主讲昭潭书院	桂阳、清泉等县知县
王坦修	湖南宁乡	乾隆三十七年(1770)三甲第三十九名进士	嘉庆四年(1799)归湖南后,曾主讲昭潭书院。	翰林院侍讲学士
张经田	湖南湘潭	乾隆四十六年(1781)二甲第十三名进士	七十岁时,张经田以老告归,犹主讲昭潭书院	内阁中书、协办侍读、安徽池州府同知、贵州省思州知府、贵东兵备道

①潘世晓:《昭潭书院学约八条》,参见邓洪波著:《湖南书院史稿》,湖南教育出版社 2013 年版,第 686 页。

②雍正、乾隆年间,在会试落卷内选文理明通的举人于正榜外续出一榜,名为"明通榜",乾隆五十五年(1790)停止。

姓名	籍贯	出身	任职书院院长情况	曾任官职
龙瑛	湖南湘潭	嘉庆二十二年(1817)二甲第九十九名进士	晚年主昭潭书院讲席,学识渊博,勤于教业,颇受弟子欢迎。	翰林院编修、左春坊左赞善
蔡光熊	湖南湘潭	嘉庆二十四年(1819)举人	主昭潭书院讲席。	宜章教谕
俞东枝	湖南善化	道光六年(1826)二甲第十八名进士	晚年主昭潭书院,教学严格而有法度。	山西提学、监察御史
杨邦隽	湖南湘潭	道光六年(1826)三甲第九十五名进士	年老乞归,主昭潭讲席。	永州教授
郭嵩焘	湖南湘阴	道光二十七年(1827)二甲第六十名进士	道光二十八年(1828),一度主讲湘潭昭潭书院。	署理广东巡抚
徐芝	湖南湘潭	道光年间举人	受胡林翼器重,胡林翼死后归乡,主讲昭潭书院,士子对他极为尊重。	通山知县、兴国州知州
李昌平	湖南湘潭	咸丰七年(1857)举人	主讲昭潭书院。	新田教谕
翁键	湖南湘潭	咸丰年间举人	曾任昭潭书院院长	署宣恩县知县
吴熙	湖南湘潭	光绪五年(1879)优贡生	主讲昭潭书院。	

值得一提的是,部分王闿运研究者论及其主掌船山书院时兼任过昭潭书院山长,但查阅王闿运年谱未见记载其主讲昭潭书院一事。王闿运曾言及受聘昭潭书院掌教一事:"昭潭一席,夙所愿从。诸贤合谋,允非污好。惟吴公(吴熙)兼席,大有所赢。二百石禄匪曰易致,今骤夺之,将何所赖?且已篡船山,一之为甚,逼人太甚,天必厌之。吴虽固辞,我不可觊。……聘书若来,以此辞覆。"[1]尽管王闿运这位硕儒并未执掌过昭潭书院,但这并不影响昭潭书院院长的"成

---

[1](清)王闿运撰,马积高主编:《湖湘文库·湘绮楼诗文集》2,岳麓书社2008年版,第188页。

色"。上表所列昭潭书院院长皆为一时名流,大多担任过官职或获取过进士、举人等科举功名。聘请他们出任院长,不断给入读学生施加潜移默化的影响,体现出以下三方面的作用。

其一,扩大书院影响力,吸引优秀学子就读。上海财经大学马克思主义学院教授王志明在其著作《清代乡居进士与官府交往活动研究》中论及"高层级的书院多聘请名儒硕学之士,进士出身者无疑更具有竞争力。府县级书院山长则少见进士,以举人以下的功名者居多"①。昭潭书院作为县级书院,能够延聘到多位进士出任院长,其中甚至有张九钺、王坦修、龙瑛这样成名已久的学界泰斗,实属不易。而这些院长的存在,让昭潭书院更具竞争力,成为湖南知名书院,学生闻知书院实力也欣然入学。其二,榜样的力量,鼓励学子发奋努力。昭潭书院的院长除大多具备高级功名外,大部分也是湘潭县土著,他们的故事在湘潭县内广为流传,如张九钺被传"太白后身"②。北京大学中文系教授陈泳超曾提出"传说动力学"的概念,意在强调传说是在各种"力"的作用下流播的。有创编能力的讲述者在"传说源"的基础上,别出心裁地对传说进行加工和改编。③这些湘潭土著精英出任昭潭书院院长,他们的事迹自然也会被人有意或无意地以"故事化"的形式传播。年轻学子得知这些"传说"后,以他们为追逐目标,于学业上更加刻苦。其三,言传身教,塑造学生品格。道光时期,时人批评"世风之弊也,以科第相高,以声气相结,其所聘为山长者,不必尽贤有德之士类,与主之者为通家故旧,或转因通家故旧之请托,然犹有山长之实也。降而州县书院,则牧令不能自主,其山长悉由大吏推荐,往往岁终弗得见,以束脩奉之上官而已。"④但昭潭书院历史上的院长基本都品德淳厚,为学生成长路上的指引者。若细析昭潭书院院长生平,虽名扬湖湘但大多都历经磨练,张九钺一生锐意进取却仕途坎坷;龙瑛布衣徒步返乡,见者不知其曾为官多年;吴熙游历各地却自伤迟暮无有作为。这些院长并未因命运的不公而自我放弃,成为昭潭院长后,一直激励学生奋进,塑造他们刚毅的品格。乾隆二十五年(1760)举人、湘潭名

①王志明著:《清代乡居进士与官府交往活动研究》,上海书店出版社2018年版,第87页。

②张九钺7岁能诗;9岁通十三经;12岁补博士弟子员,与父张垣同获秀才功名;13岁登采石矶太白楼赋诗,时人称之为"太白后身"。

③参阅陈泳超:《背过身去的大娘娘:地方民间传说生息的动力学研究》,北京大学出版社2015年版。

④《桐乡书院志》卷2,道光刊本,参见陈谷嘉、邓洪波主编:《中国书院史料》下,浙江教育出版社1998年版,第1951—1952页。

士朱廷模回忆聂焘主讲昭潭书院时,有"先生于门人,恩义若父子"①之语。吴熙曾为昭潭书院写联:"君试思世界何如哉?横流沧海,顿起大风波,河山带砺是谁家?愿诸生尝胆卧薪,每饭不忘天下事;士多为境遇所累耳!咬得菜根,才算奇男子,将相王侯宁有种?看前哲断齑画粥,读书全靠少年时。"②联中表达出吴熙满满的爱国之情,他勉励学生不畏困难,努力读书,为改变国家命运而抗争。足见,昭潭书院院长于学生读书与为人都可谓尽心尽力。

名士掌教是昭潭书院扬名湖湘的重要因素,而书院深厚底蕴的形成,除院长的作用外,还得益于由学约而带来的学风。《昭潭书院学约八条》中对学生治学有明确要求:

变气质。吕荣公尝言:"后生初学,且须理会气象,气象好时,百事自当。"气象者,辞令容止、轻重疾徐,足以见之。不惟君子小人于此分,亦贵贱寿夭所由定也。故学者以变化气质为先。夫和气致祥,乖气致异,坏名灾己、辱先丧家,罔不由之。变化之道,在存诚主敬而已。真实无妄之谓诚,主一无适之谓敬。周子、程子之教人,以此为切近之功。学者诚能无时无事而不用其力,道德之归有日矣,宁第变化云尔哉!

尚实学。昔安定胡先生以经义、治事为教,游其门者,出处皆卓有可纪之实。今日昭潭书院之设,为朝廷储明体达用之才,非徒欲其工八股,博取荣名利禄而已。经史者,学问之根柢。凡《十三经》、《廿二史》以及诸子百家,皆学者所当究心。但才质敏钝不同,淹贯原非易事,且专治一经,朱子云:"读书千遍,其义自见。"先将正文熟读精思,然后及于传注诸儒之说。本经即通,方再及他经。至于读史,亦先治一史,一史既通,方及他史。濂洛关闽之书,阐明性理,最足发人深省,故读宋儒书得力,读经史亦亲切有味。其他如《通典》、《通志》、《通考》、《唐鉴》、《大学衍义》、《大学衍义补》诸书,唐宋诸大家文集,皆不可不读。视其资力之优绌,为诵读之多少可耳。至诗、赋、古文诸体,与时文并重,乡、会二试改用排律,翰林馆课及岁、科两考兼取诗赋,当

---

①朱廷模:《昭潭书院学约记》,参见政协湘潭市委员会组编,何歌劲辑注:《中国书院史料(下)》,湘潭大学出版社2013年版,第448页。

②周渊龙、赵梦昭编:《古今长联辑注(修订版)》,湖南大学出版社1999年版,第383页。

求师长指示，留心学习，不特场屋中可免抄袭之弊，即将来选入馆阁，扬风扢雅，不蒙寡陋之诮。总之，有实学斯征实用。若不讲根柢，徒务词华，亦大失古人论学之旨，何须建立书院哉？

定课程。读书必立定课程，方无因循作辍之弊。今诸生肄业，明窗净几，日月舒长，良师好友萃于一堂，束惰不解己囊，膏火少有资助，不猛省奋志，更待何时。夜课以三更为率，不宜傍晚贪眠。早起以平旦为期，不得日高鼾睡。一日须完一日之事，一刻须尽一刻之功。各置一簿，逐日登记功课。如某日上午新读何书，温习何处起止，听讲何书，午后、灯下何课，余功更看何书，临何法帖，诵诗几首，无论多寡，皆从实填记。积日而月，积月而年，历历可考，功夫自然绵密。院师将簿查阅，抽摘问难，可以观其勤惰。课文定以逢五，每月三课，四书经文各一篇，诗一首，生员间试以策论。每课清晨齐集讲堂，院师面课，照依卷号坐次，专静揣摩，课卷未完，不许退归私舍。会食课位，薄暮交卷，夜不给烛。次日，院师笔削既定，次其甲乙，分为三等，榜列院前，前列者酌给奖金。每月首课，禀请县尊主试，有已经考取在外肄业者，仍许于会期附课。一月三课必须亲到，不到者不收卷。至文尚清真雅正，院师自必恪遵功令为去取，无庸赘说。

谨防闲。言动为学者之枢机，防闲为书院之要务。诸生群萃而处，沉潜谦谨者固多，轻薄浮佻者抑或不少，矜才使气，恃势陵人，或挨越班次，有乖齿让之风，或议论抵牾，遂启睚眦之渐，党同伐异，构衅成仇，捏造伪言，干预外事，甚且群居纵饮，暗地赌博，种种荡检逾闲，大乖行止，上干王章，院长查实开送，立行斥逐，决不姑宽。今议书院头门时常关锁，诸生无故不许出外，一切亲友不得入院，以滋往来酬应。置立号簿，诸生有事，禀明院长请假，即于簿内亲填事由。亦不得频频告假，以妨静课。致讦讼，原非善类，倘有切己受诬不得之事，即禀明院长外住，免干证差役来往院中。诸生几案书笥除经史文籍外，不得杂置戏本小说。琴棋虽文人韵事，然荒功妨课，亦当屏弃。若牌骰诸具，功令首禁，岂容带入书院，除屏逐外，且罹法网。诸生有志上进，未有不先自爱者矣。[1]

---

[1] 潘世晓：《昭潭书院学约八条》，参见邓洪波著：《湖南书院史稿》，湖南教育出版社2013年版，第687—689页。

明代倪岳曾品评湖湘文化,言及"多问学志节之风"①,从昭潭书院的学约来看,此言颇具合理性。昭潭书院讲求气节道德,崇尚实学,要求学生潜心治学、杜绝恶习。这既是传承湖湘文化基调,也是书院立身之本。于昭潭书院而言,这些学约绝非一纸具文,从聂焘执掌书院时,这种学风就已经深入昭潭书院学子灵魂。朱廷模曾云:"先生(聂焘)之教及门也,以立志远大、变化气质为先务,敦朴实,慎交游,养性灵,以为读书明道之基……俾吾侪俯仰揖让其间,相深于道德文章之域。"②在沉稳治学学风的熏陶下,昭潭书院能够屹立湖湘近两百年,成为清代县级书院里的翘首也就不足为奇了。而昭潭书院的成功,对于渴望获得文运的清代湘潭县而言,亦有着非同寻常的意义。

三、造士有方与科举昌盛

昭潭书院的成功有着复杂与多线的过程,它既得益于清代湘潭经济繁荣而带来的田产捐助,至光绪十五年(1889)昭潭书院有 2065.7 亩学田③,丰厚的经济基础自然能带来不俗的成绩回报;也有着湘潭县官绅的大力支持;又通过朝廷政策引导,书院师生愈发勤于治学,进而实力得到彰显。从功利角度而言,最能体现昭潭书院成功的应是育才造士的成绩。

乾隆九年(1744),礼部议覆:"书院肄业士子,令院长择其资禀优异者,将经学、史学、治术诸书留心讲贯,以其余功兼及对偶、声律之学。其资质难强者,当先攻八股,穷究专经,然后徐及余经,以及史学、治术、对偶、声律。至每月之课,仍以八股为主,或论、或策、或表、或判,听酌量兼试能兼长者,酌赏以示鼓励。"④昭潭书院与全国大多数书院一样,定位面向科举。"书院生徒分别为应乡试的生员(即秀才)和应童子试的童生。每年招生 72 名。其中正取生员 18 人,附取16 人;正取童生 22 人,附取 16 人。乡试之年,正取生员加 8 人。"⑤实际上,每年

①(明)倪岳:《清溪漫稿》卷 19,参见沈乃文主编:《明别集丛刊》(第 1 辑)第 60 册,黄山书社 2013 年版,第 350 页。

②周渊龙、赵梦昭编:《古今长联辑注(修订版)》,湖南大学出版社 1999 年版,第 382—383 页。

③(清)陈嘉榆修,王闿运纂:《光绪湘潭县志》卷 2,《湖南府州县辑》12,江苏古籍出版社 2002 年版,第 403 页。

④索尔纳等纂修,霍有明、郭海文校注:《钦定学政全书校注》,武汉大学出版社 2009 年版,第 286 页。

⑤湘潭县地方志编纂委员会编:《湘潭县志》,湖南出版社 1995 年版,第 657 页。

来昭潭书院求学的学生常常逾百。作为容量有限的县级书院,昭潭书院无法招录全部学生,只能对其进行筛选。《昭潭书院学约八条》中特列"选生徒":"书院为一邑义学,则一邑人士皆得入而肄业。但熏犹异器,不容混淆。伏读乾隆元年五月三十日上谕:'凡书院之长,必选经明行修、足为多士模范者,以礼聘请;负笈生徒,必择乡里秀异、沉潜学问者肄业其中,其恃才放诞、挑达不羁之士不得滥人书院。'天语煌煌,尊奉维谨。且学有大小,诣有深浅。必为区别,毋容躐等。凡欲入书院肄业者,必先禀请县尊考试取录。方准送院。庶作养皆德造之才,而甄别寓鼓舞之意,与居悉正人,阑入无败类矣。"①在实际操作中,少数品性不佳的生徒进入书院在所难免。但昭潭书院的生徒,大部分谨守院规,未辜负书院师长的殷殷期盼。兹取数人事例:

朱廷模[聂焘学生,乾隆二十五年(1760)举人]:历知陕西宜川、韩城、三水诸县。回籍丁母丧毕,补朝邑令。倡修黉宫,移建义学。捐修城池,易土城为砖城,复建黄河长堤以为保障。调署山阳县,朝邑士民吁请知府乞留。去之日,士民送至关外,多流泪者。后调署郿州。②

张履信[张九钺学生,嘉庆六年(1801)举人]:为"雨湖诗宗",借补邵阳训导。张履信虽然自己贫困度日,但乐善好施。嘉庆年间,江苏人蒋铭录捐田供学租及昭潭书院经费,凭借张履信的操持,书院蒸蒸日上。③

黄远积[李昌平学生及女婿,同治元年(1862)举人]:行九,乡里称"第九举人",官刑部主事,著有《思恒复斋文集》,以舟行过昭山,风覆溺而殁。夫人贤声闻于远近,乐善好施,子女小有过失,责让不稍放松;曾捐田百余亩兴办菱溪义学。黄远积为黎氏八骏外公,其子黄笃质长女适黎锦熙、次女适孙克基、三女适王凤喈,皆为20世纪的湘潭名人。④

---

①潘世晓:《昭潭书院学约八条》,参见邓洪波著:《湖南书院史稿》,湖南教育出版社2013年版,第686—687页。

②政协湘潭市委员会组编;何歌劲辑注:《湘潭历代文赋选》下,湘潭大学出版社2013年版,第447页。

③(清)陈嘉榆修,王闿运纂:《光绪湘潭县志》卷8,《湖南府州县辑》13,江苏古籍出版社2002年版,第55页。

④政协湖南省湘潭市文史资料研究委员会、湖南省湘潭黎锦晖艺术馆编:《湘潭文史》第11辑(黎锦晖),1994年,第199—120页。

梁焕奎[吴熙学生,光绪十九年(1893)举人]:院长吴劭之(吴熙)孝廉月课经史词章,府君屡列第一……吾湘纯锑著名世界,府君发其端也……府君生平志愿,少壮欲展所为,有不可一世之概,中年实事求是,不尚空谈,欲以矫世人好高骛远之弊,故提倡实业不遗余力。①

陈嘉猷[光绪二十一年(1895)入昭潭书院,民国将领]:光绪三十一年(1905)由刘揆一介绍加入同盟会。宣统三年(1911)任湖南省北伐第一军主任参谋兼炮兵第一团团长及步兵十二旅旅长。1914年任湖南督署参议兼讲武教官……1937年重新被起用,后在陆军大学任教官(挂陆军少将衔)8年,1945年申请退役回家。1947年任湖南省政府参议兼湖南辛亥革命首义同志会董事……1953年任湖南省文史馆研究馆员。②

如果说上述昭潭生徒的事例只能反映昭潭书院教育水平颇强,那么自昭潭书院建成后,湘潭县的科举表现应当可以印证其实属为湘潭县带来了文运。清代湘潭县有文科举人348名,其中5人拔解元[乾隆丁卯科(1747)罗典,乾隆己卯科(1759)宋本敬,光绪乙酉科(1903)王闿,光绪庚子、辛丑正恩并科(1901)宾王瓒,光绪癸卯科(1903)汪根甲]。③ 昭潭书院建成后的第一科湖南乡试,罗典即中解元,他晚年执掌岳麓书院,"拥皋比者二十七年,亲绛帐者六十三县"④。时人更是赞誉罗典"耄犹好学,麓山教泽继朱张"⑤。这对湘潭县而言,无疑是文运降临的征兆,极大地增强了湘潭县士子的科举信心。尽管光绪二十八年(1902),昭潭书院改为县立昭潭高等小学堂,完成了从旧式书院向新式学堂的转变。但其转型前后两科乡试(即湖南最后两科乡试),解元全为湘潭县人,似乎也象征着昭潭书院与科举背景下的文运关联有始有终。而明代中叶以降"非

①梁漱溟代梁焕奎子女所撰行状,参见中国文化书院学术委员会编:《梁漱溟全集》第4卷,山东人民出版社2005年版,第920—922页。

②中国人民政治协商会议湖南省湘潭县委员会文史资料研究委员会:《湘潭县文史》(第7辑),1992年版,第156—166页。

③参见湘潭市教育志编纂委员会编:《湘潭市教育志》,中国文史出版社1991年版,第83页。

④(清)袁名曜:《祭罗慎斋先生文》,参见(清)罗汝怀:《湖南文征》,岳麓书社2008年版,第3583页。

⑤《湖湘鼓磉洲罗氏族谱》,参见罗宏、许顺富著:《湖南人底精神湖湘精英与近代中国》,新星出版社2017年版,第143页。

进士不入翰林"[①]成为普遍认识,进士人数多寡更加寓意着一地文运的好坏。故,在阐述举人情况的基础上,有必要对昭潭书院建成后湘潭县进士情况作一数据分析:

表2　　　　　　　　昭潭书院建成后湘潭县进士及第情况

姓名	科甲	宦历	备注
刘元熙	乾隆十年(1745)二甲第二十九名	翰林院编修	南谷刘氏后裔,从兄弟刘元燮、刘元炳皆为进士与翰林学士
李名得	乾隆十年(1745)三甲第一百五十四名		
王昭熙	乾隆十三年(1748)三甲第一百八十一名	广东封川知县	王岱曾孙
罗典	乾隆十六年(1751)二甲第三十七名	翰林院编修、提督四川学政、江南道监察御史、鸿胪寺少卿	鼓磉洲罗氏后裔,任岳麓书院院长二十七年
刘亨地	乾隆二十二年(1757)二甲第四名	翰林院编修、国子监司业、侍讲	刘元燮之子
翁耀	乾隆二十二年(1757)三甲第三十七名	直隶大民、元城知县、沧州知州,陕西汉中府、西安府知府、陕西驿盐道、陕西粮储道	翁键为其孙
张世禄	乾隆二十五年(1760)二甲第二十名	翰林院编修,四川绵竹、威远知县、署峨眉知县、简州知州	湘潭张氏后裔,张九钺从侄
张世法	乾隆二十八年(1763)三甲第二十六名	直隶房山知县、宁夏知县、甘肃华知县	湘潭张氏后裔,张九钺从侄
张世泽	乾隆三十一年(1766)二甲第三十九名	湖南沅州府教授、贵州镇远知县	湘潭张氏后裔,张九钺从侄
罗修源	乾隆四十年(1775)二甲第二十三名	翰林院编修、少詹事、侍讲学士	鼓磉洲罗氏的后裔,父罗绍麟曾参加了乾隆时期的千叟宴

①(清)张廷玉:《明史》卷70,中华书局1974年版,第1700页。

姓名	科甲	宦历	备注
石养源	乾隆四十年(1775)三甲第十三名	武英殿行走、陕西洛川知县	湘潭孝谨堂石氏后裔,石仑森后代
黄昌禔	乾隆四十年(1775)三甲第四十名	国子监助教、贵州广顺府通判	
张九镡	乾隆四十三年(1778)二甲第二十名	翰林院编修	湘潭张氏后裔,张九钺从兄弟
张经田	乾隆四十六年(1781)二甲第十三名	内阁中书、协办侍读、安徽池州府同知、贵州省思州知府、贵东兵备道	曾主讲昭潭书院
石鹓鹭	乾隆四十六年(1781)二甲第四十四名	屯田员外郎	湘潭孝谨堂石氏后裔
张廷仪	乾隆四十六年(1781)三甲第四十八名	直隶获鹿知县	
张世濂	乾隆四十九年(1784)二甲第十五名	河南灵宝、淮宁知县,潼川知府	湘潭张氏后裔,张九镡之子
黄齐焕	乾隆五十五年(1790)三甲第八名	直隶怀安知县、内阁中书	
周系英	乾隆五十八年(1793)二甲第十二名	翰林院编修、光禄寺卿、大理寺卿、提督山西学政、兵部右侍郎、吏部左侍郎、翰林院侍读学士、内阁学士工部左侍郎、提督江西学政、提督江苏学政	湘潭方上周氏后裔
朱声亨	乾隆五十八年(1793)三甲第十四名	云南靖边知县、陕西清涧知县、甘肃漳县知县、甘肃安西直隶州知州	曾任城南书院院长
尹澍	嘉庆四年(1799)三甲第九十八名	衡州府教授	
石承藻	嘉庆十三年（1808）探花	翰林院编修、江南道监察御史、光禄寺署正	湘潭孝谨堂石氏后裔,石养源之子
李在青	嘉庆十六年(1811)二甲第六名	内阁中书	

姓名	科甲	宦历	备注
王继昺	嘉庆十六年（1811）二甲第十七名	内阁中书、东昌府同知	
尹作翰	嘉庆十六年（1811）二甲第二十九名	江西武宁知县，安徽怀远、望江、桐城知县	尹澍之子
（郭）汪璨	嘉庆十九年（1814）三甲第一百零九名	陕西鄠县知县	两江总督李星沅岳父
龙瑛	嘉庆二十二年（1817）二甲第九十九名	翰林院编修、左春坊左赞善	曾主讲昭潭讲席
张家杺	嘉庆二十四年（1819）二甲第七十三名	江西万年知县、四川盐大使	湘潭张氏后裔，张九镡之孙、张世濂第五子
郭如翰	道光三年（1823）三甲第八十三名		（郭）汪璨之子，中榜后病卒
杨邦隽	道光六年（1826）三甲第九十五名	永州教授	曾主讲昭潭讲席
黎光曙	道光十三年（1833）二甲第八十一名	翰林院编修、国史馆总纂、会考监试、江南道和京畿道监察御史	与"黎氏八骏"属同一族
李湘甲	道光十八年（1838）三甲第五十四名	湖北罗田、宜都、麻城、应山知县，汉阳府同知	
王继阀	道光二十年（1840）二甲第七十一名		其母郭佩兰为郭汪璨从姊妹
胡廷弼	道光二十一年（1841）三甲第十七名	河南禹州知州，巩县、商城、渑池知县	其祖父胡师亮为乾隆十九年明通榜进士，胡师亮之兄胡师孟为乾隆二年三甲第九十三名进士
袁芳瑛	道光二十五年（1845）二甲第二十名	翰林院编修、苏州知府	石塘山袁氏后裔，舅父为石承藻，与曾国藩为亲家
何拔秀	道光三十年（1850）二甲第七十八名	宝庆府、常德府教授	
黎福畴	咸丰二年（1852）三甲第二十一名	直隶藁城知县、署理宁国知府	黎光曙之子
黎培敬	咸丰十年（1860）二甲第一名(传胪))	翰林院编修、提督贵州学政、贵州布政使、贵州巡抚	与"黎氏八骏"属同一族

姓名	科甲	宦历	备注
龚承钧	同治二年(1863)榜眼	翰林院编修、监察御史、提督山西学政	
周庆恩	同治四年(1865)三甲第三十三名	山东宁阳知县	
王裕嵘	同治七年(1868)三甲第八名		
翁寿笺	同治十三年(1874)二甲第七十六名	署迤西道员	
張鵬翥	同治十三年(1874)三甲第五十一名	直隶曲阳知县	
朱卓英	光绪二年(1876)二甲第十七名	翰林院编修	
黄均隆	光绪二年(1876)二甲第一百五十四名	翰林院编修,提督江西学政,鸿胪寺少卿,法部左参、右丞	
谭肇松	光绪三年(1877)二甲第四十九名	兵部主事	其父为半农先生谭溆青
谢树燆	光绪六年(1880)二甲第五十七名	刑部主事	
蔡枚功	光绪六年(1880)二甲第六十八名	工部郎中	王闿运表弟及妻弟
戴辅銜	光绪六年(1880)二甲第八十三名	户部主事	
谭汝玉	光绪十五年(1889)三甲第四十一名		
赵启霖	光绪十八年(1892)二甲第五名	翰林院编修,河南道、江苏道、山西道监察御史,湖南高等学堂监督,四川提学使	
叶德辉	光绪十八年(1892)二甲第九十五名	吏部主事	
黎承礼	光绪二十年(1894)三甲第六十八名	四川崇宁县知县、湖南高等学堂监督	黎培敬之子

除上表人物外,还有赵以炯、赵以煃兄弟及林世焘等祖籍湘潭者中过进士,但因科举砗卷上,他们寄籍他省,故不列入湘潭进士榜中。其中,赵以炯是光绪十二年(1886)状元,未以湘潭县为籍贯而题名实是湘潭科举史上一大憾事。由于史料所限,笔者暂未考究出上表诸人物是否曾在昭潭书院就读,但推测下来,他们就读可能性颇高。首先,昭潭书院是清代湘潭县内办学最早、规模最大且教学质量上乘的书院,生徒年幼时难以远离家庭而求学他地,昭潭书院便成为他们最有可能的求学场所。其次,上表中的进士基本出身于湘潭县世家望族,甚至父子、祖孙皆进士,世家子弟倾向于入书院就读以接受系统的科举训练。部分进士家族内曾有人出任过昭潭书院院长,他们入读书院也就不足为奇。最后,昭潭书院是湘潭全县士绅竭力提倡而成,担负着文运重托,各家若不送子弟就读,于情于理难以说通。其实,不论上表中曾有多少进士就读于昭潭书院,他们和昭潭书院近两百年内培养的大批人才也必有着千丝万缕的联系,他们或多或少都受到昭潭书院的影响。

且对上表单纯进行解读,亦可得出昭潭书院创设后湘潭科举昌盛的结论。昭潭书院建成当年有 2 人中进士,其后的 73 次科举中有 51 人得中进士,中进士的几率相较于建成前有了明显提升。在这 74 科中,湘潭县诞生了 1 榜眼、1 探花、1 传胪,在全国各县中可列前茅。

要而言之,自昭潭书院建成后湘潭县文运兴隆是不争的事实。昭潭书院为湘潭县培育了诸多人才,在它的引领下,湘潭县举人、进士辈出,实现了张九铖兄长张九钧所言的"遂使文风甲南服"[①]。

四、结语

尽管科举时代早已远去,应"文运"而兴的昭潭书院也在完成转型后因时代变迁只留下"故事",但这也并非意味着我们只需要还原其"故事"即可。以昭潭书院的创设及延师育才为切入点,论述清代湘潭县文运,不仅能对湘潭教育发展史有更为深入的了解,亦能一探清代湘潭县士人心态。回溯昭潭书院历史,其名为县官李松倡办,实际上湘潭县士绅在其中起到极其重要的作用。清代湘

---

①张九钧:《昭潭书院》,参见政协湘潭市委员会组编,文鸣辑注:《湘潭历代诗词选(上)》,湘潭大学出版社 2013 年版,第 284 页。

潭县士绅恪守四民之分,虽主张"士农工商,各有常业"[1],但对于科举却近乎痴迷,读书入仕是士绅潜意识中的要务,他们渴望获得文运。潘世晓等士绅主导了昭潭书院的命运,使其与清代湘潭县文运紧密相连。县内土著进士致仕后,愿意出任昭潭书院院长,对书院既是幸事,也进一步固化了书院的目标——为湘潭县带来文运。这所承载着湘潭县士绅精神寄托的书院,当然也未令人失望,于文运功不可没。

---

[1]《方上周氏族谱》。

2023

战争与舆论:武汉抗战时的国际宣传研究

熊 霞[①]

摘 要:武汉抗战初期,中国因在国际舆论中被日本全面压制而陷入困局。为扭转对外宣传中的被动局面以争取外援,舆论媒体强烈呼吁加强国际宣传。以此为契机,中国政府加大对外宣传力度,注重国际宣传的专业性、隐蔽性和战略性,通过重建国际宣传体系、制定隐蔽性和对象化的外宣策略等举措大力开展国际舆论动员,逐步扭转了敌强我弱的国际宣传格局。随着中国国际宣传意识的觉醒和实践的深入,武汉抗战时期中国迎来了国际舆论的转向和国际形象的转折,由此推动了国际援华制日和世界反法西斯的进程。

关键词:武汉抗战;国际宣传

随着学界对武汉抗战史持久而深入的研究,"武汉抗战"逐渐成为中国近现代史上一个重要的概念术语。[②] 需指出的是,武汉抗战包括武汉会战前的民众动员、军事备战、文化宣传、救亡实践等准备活动及武汉会战两个阶段,与"武汉会战"不是同一概念。对于武汉抗战的时间跨度,学界基本认同始自 1937 年 11 月底 12 月初武汉成为全国抗战中心之时,终至 1938 年 10 月 25 日武汉陷落之日。[③] 本文即以此时间段为研究时间界限。

---

①湖北省社会科学院文史研究所副研究员。

②刘继增、毛磊、唐宝林等学者分别提出了"武汉抗战是抗日战争中一段断代史"、以及"武汉时期""第二个武汉时期""第三个武汉时期"等论断和概念,使"武汉抗战"成为中国近现代史上可通用的专有名词。详见刘继增的《论武汉抗战的历史地位》(《湖北财经学院学报》1985 年第 4 期),毛磊的《论"武汉抗战"的历史地位及现实价值》(《学习与实践》1998 年第 7 期),唐宝林的《论武汉抗战时期的中国政治特点》(《抗日战争研究》1999 年第 2 期)。

③相关研究见唐宝林:《论武汉抗战时期的中国政治特点》,《抗日战争研究》1999 年第 2 期。魏文享:《中国大陆的武汉史(1927—1949)研究综述》,《江汉大学学报(社会科学版)》,2005 年第 5 期。毛磊、毛传清:《武汉抗战:1938 年世界反法西斯战争的中心》,《江汉大学学报(社会科学版)》,2009 年第 2 期。

近年来,全面抗战时期的国际宣传活动受到学界关注,从政府视角考量,以对外宣传机构国际宣传处为考察中心,产生了一批富有价值的成果。[①] 但以武汉抗战时期为时间段来考察国际宣传活动的研究成果尚不多见。武汉抗战史研究中学界普遍强调了武汉抗战在军事上的转折作用,对于武汉抗战在国际舆论或对外宣传层面的影响却有所忽略。美国学者史蒂芬·麦金农在其著作《武汉,1938——战争、难民与现代中国的形成》及论文《武汉抗战:历史的转折点》中,将武汉抗战与国家对外宣传活动联系起来进行了解读和分析,认为武汉抗战时期是西方媒体与中国的"蜜月期",是中国对外宣传及国际舆论发生转折的关键时期。[②] 此观点是武汉抗战对国际舆论影响的客观中肯之评价,但对于政府战时的对外宣传研究还有待于进一步充实和深入。舆论宣传在战争中发挥着不亚于军事的作用,是另一个隐蔽和无形的战场。鉴于武汉抗战时期中国国际宣传及世界舆论的重大变化,本文拟从抗战初期中国的国际宣传现状、政府加强国际宣传的举措及作用、国内舆论对国际宣传的推动等方面,对中国在国际宣传的认知、实践及对战争带来的影响展开进一步的探讨和论述,以期丰富武汉抗战史的历史面相和研究视角。

一、国内舆论呼吁加强国际宣传

国际宣传是维护国家利益的重要手段。抗战时期,在敌我经济和军事实力对比悬殊的背景下,国际宣传在战争中发挥的作用尤为突出。充分的国际宣传、良好的国际形象,是争取国际援助以弥补军事不足的重要环节。"宣传与飞机大炮具有同等效力"[③]的说法可以说是恰如其分。

武汉抗战时期,加强国际宣传成为举国上下日益紧迫的社会关切。围绕国

①代表性研究有王晓岚的《论抗战时期国民党的对外新闻宣传策略》,《抗日战争研究》1998年第3期;王晓乐的《中国现代公共关系实践之发轫——对全面抗战时期国际宣传的历史考察》,《新闻与传播研究》2016年第10期;刘静:《"为中国发声":全面抗战初期国民政府国际宣传网络的构建(1937—1938)》,《史林》2021年第2期;艾红红、马阳:《抗战时期国民党国际宣传体系解析——以国民党中宣部国际宣传处为中心的考察》,《兰州学刊》2017年第6期;古琳晖、李峻:《论抗日战争时期国民政府的国际舆论动员》,《江海学刊》2005年第3期。

②[美]史蒂芬·麦金农著,涂文学主编,李卫东、罗翠芳译:《武汉,1938——战争、难民与现代中国的形成》,武汉出版社2008年版;[美]史蒂芬·麦金农著,涂戈尔译:《武汉抗战:历史的转折点》,《武汉学研究》2021年第1期。

③孟长泳:《改进国际宣传工作》,《新华日报》1938年7月19日。

际宣传的功能、中国国际宣传的现状及加强中国国际宣传的对策建议等议题，1938年武汉时期的报刊媒体刊发了许多评价中国当时国际宣传的文章，如《加强国际宣传》《迫切的国际宣传问题》《加紧和充实我们的国际宣传》《亟需建立国际宣传网》《国际宣传亟需充实》《国际宣传应努力进行》《继续扩大国际宣传》等，单从这些文章标题名称便可明显看出，舆论普遍认为中国国际宣传十分薄弱，并对此现状表现出高度的忧患意识，迫切希望政府当局改变现状，强烈呼吁加强、加紧、扩大、充实国际宣传。①

舆论对敌我宣传实力进行了对比分析，通过数据指出日本为争取世界舆论对宣传工作的高度重视，"据说日本为要博得世界的同情而耗费的金钱，已达到它在中国所耗费于弹药总数的一个极大百分比了"②，"日人之宣传费，每年达五百至八百万元"③。重金扶持下，日本的对外宣传网络"如水银泻地，无孔不入"④，"日本在世界各国，正像她的商业一样，到处布满了周密的宣传网。"借助于雄厚的经济后盾和严密的网络体系，日本处心积虑打造有利于自己的国际形象，他们在宣传中肆意进行"造谣、粉饰、虚伪、无耻的欺骗和不要脸的夸大"⑤，声称日本对华不宣而战的目的，"乃在防止中国共产主义的传播，乃在'开化中国'等"⑥，甚至会"不择手段，谋毁灭一切不利于他们的证物"⑦。由于日本的恶意宣传及中国自身宣传的不足，中国在抗战中的国际形象要么模糊不清，要么被完全误导、误解。"欧美人得到中国的印象，总以为中国是一个无中央政府无组织的国家"⑧，中国呈现在国际视野中的形象"除掉一向的小脚、辫子之外，便是什么无组织、无秩序、残酷的天性等等一套敌人的造谣"⑨，"大多数欧美人士，

---

①参见戈宝权：《加紧和充实我们的国际宣传》，《世界知识》1938年3月21日。梁立言：《加强国际宣传》，《全面战》1938年第7期。陈岱礎：《迫切的国际宣传问题》，《新民族》1938年第4期。孟长泳：《改进国际宣传工作》，《新华日报》1938年7月19日。《国际宣传工作亟需充实》，《立报》1938年7月22日。《国际宣传应努力进行》，《申报》1938年8月10日。杜埃：《继续扩大国际宣传》，《抗战大学》1938年第11期。

②戈宝权：《加紧和充实我们的国际宣传》，《世界知识》1938年3月21日。

③《日本在美国之宣传工作》，《世界日报》(旧金山)，1939年12月9日。

④高原：《努力国际宣传战》，《战时记者》1938年第2期。

⑤成岑：《论抗战中的国际宣传工作》，《中苏文化杂志》1938年第9期。

⑥陈岱礎：《迫切的国际宣传问题》，《新民族》1938年第4期。

⑦成岑：《论抗战中的国际宣传工作》，《中苏文化杂志》1938年第9期。

⑧陈岱礎：《迫切的国际宣传问题》，《新民族》1938年第4期。

⑨陈原：《抗战与国际宣传》，中国社会科学院近代史研究所等编：《抗日战争史料丛编》(第2辑，第19卷)，国家图书馆出版社2012年版，第479—480页。

竟怀疑现时中国,依然不脱八国联军时野蛮状态,而以东方文明国家尊视日本,是非完全倒置,舆论悉视欺朦。"[1]对于国际社会的刻板印象和偏见,中国却由于国际宣传效力的不足而无力辩解,"中国没有国际宣传,在国际间等于一个哑子,有苦说不出,受人污蔑,也只是自己心里明白"[2],打"哑巴仗"、吃"哑巴亏"使本已陷入军事危机的中国雪上加霜。

对于敌强我弱的宣传格局,有识之士提出警醒,指出一个军事上占优势的国家,尚且如此重视国际舆论的严重性,中国更应该奋起直追:"敌人已用了大量注意力和金钱,在国际间进行反对我国的宣传与工作,敌人把这种反宣传,是看作他们侵略我国的组成部分,难道我们还不急起直追吗?"[3]

二、国民政府改进国际宣传工作

由于舆论的推动和战时的需要,国民政府开始着手加强和改进国际宣传工作。针对舆论提出的国际宣传的不足和改进建议,结合战时国际关系的特点,国民政府首先重组和构建最高宣传机构及网络体系,打造专业化、素质过硬的宣传队伍,提高工作效能,同时考虑到国际关系中美英的重要地位及外交政策,武汉时期的国际宣传采取"隐蔽式宣传"的策略,以争取美英等国的援助为主要任务。

(一)重组国际宣传体系

武汉抗战前夕,国民政府已设立负责筹划对外宣传工作的部门,即军事委员会第五部。但由于机构内部权力相互掣肘及专业性不足,第五部无法发挥有效的国际宣传作用。1937年11月16日,蒋介石正式下令撤销第五部,设立新的国际宣传机构即国际宣传处(下文简称国宣处),国宣处当时隶属于国民党军事委员会。1937年12月1日,国宣处正式开始在武汉办公。1938年2月,国宣处改隶国民党中央宣传部,中宣部副部长董显光督导该处事务,曾虚白任处长并负责具体工作。

董显光是我国最早在美国接受新闻学教育的留学生,他回国后从事新闻工

---

①吴亮夫:《不要忽视了国际反侵略大会》,《创导》1938年第2卷第8期。
②《亟需建立国际宣传网》,《立报》1938年4月25日。
③吴克坚:《如何组织国际宣传》,《新华日报》1938年2月13日。

作,曾主持过多家中英文报纸,拥有丰富的新闻从业经验,是当时最有影响力的报人之一。在新的国际宣传机构中,董显光重视成员的教育背景和专业能力,注意遴选有"新闻业务与公共关系学识经验的青年"[1],除留下极少量专业人才,几乎裁汰了所有原第五部工作人员。此外,董显光用人还有意淡化政治背景等举措。国宣处工作人员或是资历尚浅的国民党新人,或为党外人士,左翼作家也被吸纳进来。因此,国宣处被认为没有一般国民党机构常有的官僚习气,董显光本人更是给人留下"没有官僚式的易怒或傲慢性格"[2]的良好印象。精简组织人员、强化专业素质、淡化政治背景等举措,为国宣处提供了专业化、纯净化的工作环境,工作效力和宣传水平较前大为提高。

国民政府军事委员会政治部第三厅也是国际宣传尤其是对日宣传的重要机构(下文称第三厅)。第三厅于1938年4月在武昌昙华林成立,郭沫若出任厅长,主要负责抗战的宣传和动员工作。从事国际宣传工作的主要机构是第三厅第七处即对敌宣传处,由范寿康任处长,管理对日宣传和国际宣传。第三厅第七处与国宣处共同推进国际宣传工作,使中国国际宣传工作进入到新的阶段。

为加强对外宣传效果,国宣处在境外各地筹设支部或办事处,广设国际宣传网络。武汉抗战时期,国宣处在香港、伦敦、纽约等地均设立支部。香港是武汉抗战时期最早的海外宣传阵地,于1937年11月下旬建立,由原北京大学西方语言文学系教授、国际公法专家温源宁筹设并主持。由于香港支部的宣传活动受到港英政府的限制,国宣处遂将海外宣传重点转移至北美和欧洲,香港支部作为中转站和联络中枢仍保留使用。1938年初,国宣处聘请英国《曼彻斯特报》记者田伯烈(H. J. Timperl)和前美国联合通讯社驻华记者李甫(Earl Leaf),赴英美两国协助筹设境外宣传支部。1938年3月,李甫抵达纽约,成立国宣处纽约支部,以"泛太平洋新闻社"的名义展开对美宣传工作。国宣处伦敦支部则由前上海麦伦书院院长、外交官员夏晋麟主持,田伯烈负责居间联络协调,与英国政界建立起密切的关系。武汉抗战时期,国宣处已构建起一套覆盖境内外的国际宣传体系,国际宣传体系的基本框架在武汉时期已经初步确立。

---

①董显光:《一个中国农夫的自述:董显光自传》,曾虚白译,台北新生报社1973年版,第77页。

②[美]麦金农著,涂文学主编,李卫东、罗翠芳译:《武汉,1938——战争、难民与现代中国的形成》,武汉出版社2008年版,第142页。

(二)制定借助外力的间接宣传策略

抗战初期由于西方大国"中立"外交政策的影响,国际社会对政府主导的国际宣传持警惕和排斥态度。鉴于此,国宣处成立后,认为在宣传工作中应避免直接宣传态势,提出了"绝对扫除一切宣传痕迹,利用外人在各国推进宣传工作"①的间接宣传策略。

间接宣传策略的核心是将西方人为我所用、借外国人人之口进行我国对外宣传,围绕这一理念,武汉抗战时期的国际宣传工作任务主要分为两个层面,其一是向外籍记者或国际友人提供抗战文字或图片材料,以供国际媒体宣传;其二是为在华外籍记者或来华国际友人做好服务工作,便于他们获取有利于中国抗战宣传的一手材料。与此相配合,国宣处的核心机构编译科和外事科,分别承担抗战材料的提供和西方媒体记者的联络工作。

国宣处编译科主要搜集和撰写文字宣传材料,是生产和提供抗战材料的核心部门。据统计,该科在汉期间共撰写通讯稿 1188 篇,计 200 余万字②,稿件用来充实外国记者的通讯材料,同时也寄往海外各支部作宣传之用。此外,作为国宣处机动部门的新闻摄影室,主要负责收集西方记者拍摄的抗战图片,供国外媒体刊登或举行中国抗战主题摄影展览,也是提供抗战宣传品的重要机构。

国宣处外事科负责联络招待外国记者、外侨和使馆人员,以搭建国际媒体与中国政府之间的沟通桥梁。抗战时期,来华的新闻记者所代表的报社或通讯社都是世界著名的舆论机关,它们报道的消息或发表的言论足以影响一般民众的心理,甚至影响各国执政者的意旨。因此,董显光要求外事科以"店主"对待"顾客"的姿态对待在华外籍记者群体,努力"使他们的喉舌变成我们的喉舌"、"使他们的笔墨变成我们的笔墨",以达到"为我宣传"的目的③。为此,国民政府放宽了对于国际在华新闻报道的审查或干预,"董显光给予了西方外交官和记者前所未有的自由,让他们可以在中国境内随心所欲地旅行和报道"④。同时,外事科还通过组织新闻发布会、陪同协助采访等方式,为他们的新闻报道提供

---

①武燕军:《抗战时期国民党政府的国际宣传处》,《民国档案》1990 年第 2 期。

②董显光:《中央宣传部国际宣传处工作报告》(1938 年),国民党中央宣传部档案,档号:718—918,中国第二历史档案馆藏。

③刘景修、张钊:《美国记者与中国抗战》,《国民档案》1989 年第 1 期。

④[美]史蒂芬·麦金农著,涂戈尔译:《武汉抗战:历史的转折点》,《武汉学研究》2021 年第 1 期。

各种服务和便利。1937年12月,国宣处在武汉召开第一次外国记者新闻发布会,此后国宣处利用定期的新闻发布会制度,向外籍记者和媒体发布有利于树立中国抗战形象的新闻。新闻发布会上,董显光、陈诚、徐培根等军政要员经常出面接见外国记者,发表具有权威性的谈话和战况报告,便于西方记者了解和宣传中国军事、政治和外交最新进展。为方便外籍记者获取第一手宣传材料,1938年4月6日台儿庄大捷后,国宣处立即组织了一架专机,专程接送武汉的外国记者前往台儿庄采访。在中国政府的协助下,各国记者得以在战场顺利采访前线官兵、完成中国抗战英勇事迹的新闻报道,并将战地报道在国际上传播。外事科陪同外国记者赴前线考察时,通常会函请各地军政当局予以便利,并介绍会见当地军政要员。据统计,在汉期间,国宣处外事科共接待国际友人百余人,向党政军高层引见90余人,并协助35人到前线采访。①

利用教会力量为我宣传也是借助外力理念的重要实践。国际教会组织和人道主义机构在国外尤其是欧美影响力大,是国际舆论的重要传播者和宣传者。日军的侵略暴行与教会宣扬的道义和慈善背道而驰,因而受到教会强烈的批判和抵制。寻求教会组织的支持和合作,成为国宣处进行国际宣传的路径之一。通过传教士的关系网,国宣处聚集了一大批同情中国抗战的国际主义人士。南京沦陷期间,国际红十字会南京分会的美国牧师马吉,使用16毫米小型摄像机秘密拍摄的南京大屠杀的现场实录,是迄今为止记录南京大屠杀最早的影像资料之一。武汉抗战初期,美国基督教南京青年会牧师乔治·费奇将摄影资料秘密送往上海。随后,国宣处派员前往日本秘密放映该片。1938年3月8日,前中国基督教青年会干事、美国传教士费吴生携带南京大屠杀纪录片乘飞机离华赴美,在美国各地放映该影片,并多次向众议院外交委员会、政府官员和各种新闻媒体控诉日军的侵华暴行,呼吁对日本实行军事禁运。在华传教士毕范宇协助国宣处,赴美国华盛顿等地开展多种形式的反日宣传运动,并创办极具影响力的援华组织"不参加日本侵略委员会",呼吁美国政府和公众舆论对日军事禁运和改变对华所谓"中立"外交政策。

国宣处还曾在海外组建宣传别动队,如在欧洲即有特种宣传委员会,主要由华人华侨或外国友人构成,采取不露痕迹的方法,以私人交往或个人接触的

①《中央宣传部国际宣传处工作概要(1938—1940年)》,国民党中央宣传部档案,档号:718—918,中国第二历史档案馆藏。

方式做"低声宣传"或称"耳语宣传",为中国抗战争取同情与支援。①

(三)在国际宣传中采用对象化策略

国民政府在国际宣传中还注意采用"重点突破""因国而异"的对象化策略。在此基础上,武汉时期的国际宣传呈现出以美国为宣传重点,并针对不同国家的国情采用不同的宣传策略的特点,如对美英苏等"友国"运用"感化"与"共情"宣传,对敌国日本则采取"分化"与"辟谣"宣传。②

美国在整个抗战时期始终是国民政府对外宣传的重点。国内舆论界认为国际宣传应将美国作为"第一个集中宣传的对象"③,除美国的实力强大能主导国际舆论之因素外,还与美国社会环境和民族个性相关,"美国民间的舆论,最为自由,最为发达,而美国人的个性,也较富于感情冲动,易于接受宣传"。国民政府在分析各国国情时,也提出要把国际宣传重心放在美国,认为美国的舆论较为民主,民众的意愿可在一定程度上左右政府的决策,"英国老谋深算,说之匪易;俄亦自有国策,求援无效;惟美为舆论国家,较易运动"④。

为实施以美国为重点的宣传政策,1938年初,董显光与外交部长王宠惠商议后拟定十条对美宣传办法⑤,主要内容包括派遣中国外交官留美专门从事宣传工作、派遣在华美国记者及传教士赴美组织或动员反日宣传等,拟通过这些宣传方法最终以舆论力量影响美国远东政策,改变其对中国的"中立"态度,争取其支持与援助。国宣处纽约办事处成立后,在整个抗战中始终都是国宣处驻外机构的重心,也是国民党在美宣传的中心机构。其主要任务是推进对美宣传,联络美国的一切亲华团体并推动其开展抵制日货运动,促使美国政府对日实行禁运军用物品;联络美国上层人物,并在各地举行集会、演讲,推动侨胞工

①王晓乐:《中国现代公共关系实践之发轫——对全面抗战时期国际宣传的历史考察》,《新闻与传播研究》2016年第10期。

②艾红红、马阳:《抗战时期国民党国际宣传体系解析——以国民党中宣部国际宣传处为中心的考察》,《兰州学刊》2017年第6期。

③赵澍:《国际宣传的要点》,《中山周刊》1938年第6期。

④刘静:《"为中国发声":全面抗战初期国民政府国际宣传网络的构建(1937—1938)》,《史林》2021年第1期。

⑤《国际宣传处为促使美政府援蒋派品赴美宣传办法》,中国第二历史档案馆藏,全宗号:9,案卷号:69。

作;利用美国宣传机构和各大报刊发表宣传抗战的文章。① 国民党的一切宣传指令由国宣处发给纽约办事处,再由其分送其他各处。办事处成员在美国广交朋友,积极地推动美国民间的援华制日运动。此外,国宣处还向美派遣各宣传团体,在美国各主要城市设立宣传机构,聘请美国知名人士帮助扩大影响,并与美国民间团体携手合作,这些宣传措施使美国援华制日的呼声日见高涨,在一定程度上影响了美国政府的决策。

对日本的宣传是中国国际宣传的重点和难点。抗战时期对日本的宣传有着现实的困难,日本军阀暴虐凶残,但日本民族有别于日本军阀,故而在对日宣传上不能一味地驳斥攻击,蒋介石曾要求"对敌加以笔伐之时,应止于攻击日本军阀,决不可对日本皇室及日本民族有所诽谤",指出对日宣传应采取"刚柔并济、奇正互用。特别要区别对待,以分化敌人"②之方式。蒋提出的"分化"宣传,成为对日国际宣传工作的主要特点。对日分化宣传,主要从瓦解敌军士气和揭露战争真相层面展开。

为提升宣传效力,国宣处和第三厅着手借助日籍反战人士推进对敌宣传。日本反战作家鹿地亘、池田幸子夫妇,以及日本进步女诗人、世界语作家绿川英子(原名长谷川照子)都因受日本军国主义迫害来到中国,在对日宣传中发挥重要作用。武汉抗战时期,在郭沫若的举荐下,鹿地亘出任国民政府军委会政治部设计委员,在第三厅第七处从事对日宣传工作,绿川英子则加入国宣处对敌宣传科进行反战宣传。鹿地亘和绿川英子借助于母语优势,轮流作日语广播对日进行演讲宣传。广播以反战、向日本国民揭露战争真相、控诉战争给中日人民带来的灾难为主要内容,配合鹿地亘和绿川英子极富感染力的母语播音,很大程度上瓦解和动摇了日本的军心。媒体评价绿川英子"用柔和嗓音制造出电闪雷鸣","用流畅日语把一把闪光的尖刀刺向侵略者的胸膛"③。绿川英子充满情感的温婉声线,往往能突破日军心理防线,令其"心情不能平静"④。日本军方查明武汉播音员的身份后,恼羞成怒地污蔑绿川英子为"娇声卖国贼",然而绿

---

① 王晓岚:《论抗战时期国民党的对外新闻宣传策略》,《抗日战争研究》1998 年 3 月。

② 王晓乐:《中国现代公共关系实践之发轫————对全面抗战时期国际宣传的历史考察》,《新闻与传播研究》2016 年第 10 期。

③ 唐惠虎、林阳春、韩兆海:《武汉抗战图志》,湖北人民出版社 2005 年版,第 109 页。

④ 廖利明、仇玉勇:《国民政府军委会政治部第三厅与抗战广播》,《郭沫若学刊》2018 年第 2 期。

川英子的正义行为赢得了中国人民的尊敬,周恩来赞誉道:"日本帝国主义者把你称为'娇声卖国贼',其实你是日本人民的忠实的好女儿,真正的爱国者"。①

为加强对日宣传,国宣处还采取了在敌区散播反战、辟谣宣传品的有效方式。武汉抗战时期,中国空军远征日本的"纸片轰炸",可以说是一场影响深远的对日宣传战。1938 年 5 月,在日军对武汉进行狂轰乱炸之际,国民政府派出两架轰炸机从汉口远征日本,在日本长崎、佐世保军港和八幡等城市进行"空袭"反击,但是此次"空袭"并非发射以牙还牙之炸弹,而是采用并无任何杀伤力的"纸弹"宣传。"纸弹"传单揭露日本法西斯罪恶、进行反战辟谣宣传,由第三厅厅长郭沫若和日籍反战人士鹿地亘组织编写、翻译。传单有十余种,诸如《告日本国民书》《告日本工人书》《告日本农民大众书》《告日本工商者书》等,数量达二百万份左右②。中国的"纸片轰炸"发挥了良好的宣传效果,赢得了国际舆论的普遍赞誉,当时美联社评论:"中国空军远征日本的成功,证实中国实力甚强,绝非日本所能击败。其投下的是传单而非炸弹,堪称仁义之师。"③1938年 5 月 21 日《中国的空军》编辑部空战座谈会上阐明了本次远征的宣传意义:"这次出征,不投炸弹而撒传单,所以它的性质不是军事的,而是政治的与宣传的,这次出征的本身任务即是伟大性的宣传。"④中国在抗战中的"仁义"形象与日本法西斯恐怖凶残的观感形成强烈对比,中国的国际形象在国际视野中得以改善,中国国际地位开始提升,日本的欺骗和谎言宣传则逐渐被揭穿。"仁义远征"赢得了国际舆论,开始扭转敌强我弱的宣传格局,改变了以往国际宣传中对中国不利的局面,可谓是一场成功的对外宣传战役。

三、国际视野下的中国抗战形象

经过广泛而深入的国际宣传工作,中国的国际宣传活动在不露声色中,通过聚焦于揭露日军侵华暴行、驳斥日本虚假宣传、用事实说明中国抗战实力及彰显英勇不屈的抗战精神等宣传内容,在国际上树立了中国为正义与世界和平而战的反侵略战斗者的形象。借助于国外媒体之"喉舌"和国内民间外交开展的国际宣传活动,中国的声音在世界广为传播,中国的抗战形象在国际社会视

---

①欧阳植梁、陈芳国:《武汉抗战史》,湖北人民出版社 1995 年版,第 475 页。
②武汉地方志编纂委员会办公室:《武汉抗战史料》,武汉出版社 2007 年版,第 412 页。
③陆茂清:《1938,中国空军"轰炸"日本本土纪事》,《档案春秋》2007 年第 7 期。
④武汉地方志编纂委员会办公室:《武汉抗战史料》,武汉出版社 2007 年版,第 413 页。

在政府的舆论动员和"隐蔽宣传"策略引导下,大量西方媒体成为打造中国抗战形象的重要平台。图片最能反映敌人暴行和战争真相。1938年,美国发行量最大的新闻摄影周刊《生活》杂志曾陆续刊登一批表现以日军轰炸武汉、武汉难民逃亡、台儿庄大捷和前线中国士兵抗战为主题的照片,其中该刊1938年5月16日的中国面孔给世人留下了深刻印象。这是一张即将从汉口开拔去前线的中国少年士兵的肖像,少年头戴钢盔,站姿挺拔,年轻稚嫩的脸庞上充满了坚毅果敢和无所畏惧。这张图片是法国著名摄影记者罗伯特·卡帕的作品,被《生活》选用后,刊登于报刊封面,并将其精准、传神地命名为"中国守卫者",其昂扬向上的精神面貌被国际视为中国抗战精神的绝佳体现。"中国守卫者"成为抗战中的中国在国际视野中的代表性形象,它让国际社会对中国的抗战前景开始充满信心。

西方记者镜头下和笔墨下的电影、媒体报道、文学作品及各种评论则使中国抗战形象更为生动和丰满。武汉抗战时期,荷兰艺术家尤里斯·伊文斯在武汉拍摄纪录片《四万万人民》(又名《一九三八年的中国》)后,评价中国抗战"实为保卫全人类的和平而奋斗",表示要把自己拍摄的"中国英勇抗战的实地记录,向全世界进行宣传"①,影片通过镜头生动展现了中国军民团结一致、英勇无畏的抗战精神。武汉沦陷前,苏联著名电影导演和摄影师罗果·卡尔曼抵达武汉,在短短的20来天的时间里,摘录了武汉会战的许多战斗场面,完成了两部表现中国抗战的纪录片《中国在战斗中》和《在中国》,热情讴歌了抗战中的中国军民。②英国记者田伯烈《外人目睹中之日军暴行》以铁的事实揭露了日军惨无人道的种种罪行。国宣处组织人手将该书书稿翻译、出版,向海内外广为发行,使敌人的狰狞面目充分暴露于世人眼前。美国著名记者、作家史沫特莱、斯诺、斯特朗来到中国,见证和亲历了武汉时期的中国抗战后,撰写了《中国在反击》《中国的士兵》《人类的五分之一》《西行漫记》等著作,反映了武汉抗战时期中国抗战的真实情况,展现了中国士兵和人民不屈的斗争精神。此外,还有英国作家阿特丽的《扬子前线》《日本的泥足》,新西兰作家勃脱兰(也译为"贝特兰")《华北前线》,日本的反战作家鹿地亘、绿川英子的《所谓"国民的公意"》《现实的

---

①欧阳植梁、陈芳国:《武汉抗战史》,湖北人民出版社1995年版,第486页。
②肖效钦、钟兴锦:《抗日战争文化史》,中共党史出版社1992年版,第105页。

正义》《赵老太太会见记》《日本朋友的慰问信》等系列作品①使中国抗战形象更加鲜明，这些作品或揭露日军暴行和战争真相，或同情中国在日本侵略下的不幸与灾难，或推崇中国士兵英勇抗战和全民团结中彰显的民族精神，或强调中国抗战是为了民族危机而战也是为了世界和平而战的国际性特征。通过这些西方记者的作品，中国正义、团结、英勇的抗战形象在国际视野中进一步深化，赢得了更为广泛的同情者和支持者。

从武汉抗战时期的国际舆论来看，国际社会对中国及中国抗战的印象发生明显改观。供外国侨民阅读的《大美晚报》将全面抗战爆发一年来国际报刊对中国抗战的评论进行了汇集整理，于1938年8月13日、14日发表了《抗战一年来国际舆论》一文。文中详细介绍了国际媒体对中国抗战形象的观点与论述，这些国际媒体包括等苏、美、英、法、德等各国报刊，它们对中国抗战的观点集中在"最后胜利必属中国""结果日军必致溃败""中国战士无上荣誉""华军充满胜利之血""新中国军人之自觉""中华民族团结一致"等方面②，从这些舆论来源及观点不难看出，武汉时期的国际舆论导向表现出空前的统一，即激烈谴责和揭露日本的侵略暴行，对受难的中国表示深切的同情；明确了中国抗战为正义和世界和平而战的反侵略性质，鼓励和支持中国坚持抗战；对中国军人的英勇坚韧、对中国团结不屈的抗战精神给予充分肯定，并表示出对中国抗战实力的坚定信心。

显然，国际舆论已经改变了过去认为中国抗战必败、武汉必降的不利中国抗战的论调和观点，对中国的抗战形象有了全新的认识，对中国抗战前景表现出明显的乐观和积极态势。可以认为，武汉抗战不仅是中国抗战在军事上的转折点，也是对外宣传和国际舆论的转折点。

舆论的乐观反转，使得更多和平力量愿意与中国携手共同捍卫世界和平。

---

①参见新华出版社出版的《外国人看中国抗战》丛书，包括(英)贝特兰：《中国的新生》《华北前线》；爱泼斯坦：《中国未完成的革命》；(美)卡尔逊：《中国的双星》；(英)斯坦因：《红色中国的挑战》；(美)福尔曼：《北行漫记》；(英)克兰尔、斑威廉《新西行漫记》；(美)贾安娜、白修德：《中国的惊雷》；(英)阿特丽：《扬子前线》《中国在战争中》；(美)费正清：《中国之行》等。绿川英子：《赵老太太会见记》，《抗战文艺》1938年第2卷第4期。绿川英子：《日本朋友的慰问信》，1938年8月27日，《新华日报》。鹿地亘：《所谓"国民的公意"》《现实的正义》《从"防共的圣战"到"驱逐白种的圣战"》(1938年3月9日到10日，《新华日报》连载。

②《抗战一年来国际舆论均认日本必败》《抗战一年来国际舆论均认日本必败》(续)，《大美晚报》1938年8月13日、14日。

在武汉抗战这一时期,从援助形式来看,除了舆论和道义的支持,也有抵制日货运动、阻止军火供给日本等制日行动,还包括对中国捐款、捐助医疗物资、派遣军事人员或医疗队来华参与抗战和救援等援华行动。从援助力量来看,有共产国际、国际反侵略大会、国联同志会、世界学联等国际组织,还有美、英、法等世界各国民间团体,更有苏联政府军需物资和军事顾问及苏联空军志愿队的直接援助。世界援华力量大大声援了中国的抗战事业,增强了中国人民抗战胜利的信心,为中华民族解放作出了重要贡献。

四、结语

"1938 年发生了什么,使得国际舆论转变如此之快?"美国学者史蒂芬·麦金农较早提出了关于武汉抗战与国际舆论关系的思考,他认为"正如我们所看到的,这种转向,部分原因是外国舆论看到了中国人民在抗战中所做出的顽强抵抗,以及局势所发生的重大变化,并把它们看成如同起死回生的奇珍异宝,还有部分原因是中国人民对自己的辉煌抗战在国际上进行一系列宣传所带来的积极效果。"①无论是军事上的顽强抵抗,还是宣传上的不懈奋斗,都说明在艰难曲折的中国抗战中,中国之所以能得到外部援助,固然离不开世界爱好和平与正义力量的同情与关注,但归根到底在于中国自身的努力,"用自我的努力来取国际间更大的援助,也是自力更生范围内的事情"②。

这些努力,包括本文中重点探讨的武汉抗战时期中国在国际舆论上的奋斗,在国际宣传的无形战场上,中国以舆论为武器,充分发挥舆论的巨大力量,最终扭转了国际社会对中国的偏见和刻板印象,国际视野中的中国以团结、英勇、不屈的正面形象呈现,赢得了世界的好感与尊重,中国的国际地位得以提升,从而为争取国际外援奠定了坚实基础。这些努力,还包括中国在军事、政治、经济,尤其是军事上的英勇抗战,"我们所争取的同情和援助,并不是以眼泪和鼻涕去摇尾乞怜,而是以血肉换来的代价……"③。这些努力,更包括武汉时期的中国抗战在世界反法西斯战争中作出的巨大贡献。学者们在大量历史事实和严谨论证的基础上,提出了武汉抗战是 1938 年世界反法西斯战争的中心

①[美]史蒂芬·麦金农著,涂文学主编,李卫东、罗翠芳译:《武汉,1938——战争、难民与现代中国的形成》,武汉出版社 2008 年版,第 136 页。
②孟长泳:《改进国际宣传工作》,《新华日报》1938 年 7 月 19 日。
③庸:《拥护第二次世界青年大会》,《团结周报》第 80 期。

的观点①,武汉抗战与苏军在中、苏、朝边界进行的张鼓峰战役和西班牙人民进行的马德里保卫战遥相呼应,事实上成为当时世界反法西斯战争的中心之一。"因为我们是为全人类的正义而战,所以国际上会有众多的同情与声援"。② 时人评论深得其精髓:"和平运动的促成,与其说是国际爱和平人士热烈的拥护人道的表现,则不如说是中国人对侵略者回击的猛勇及保卫和平之忠实所致……由此,我们可以推定将来的国际和平运动的开展与巩固,全看中国人的努力为标准。"③

---

①参见胡德坤:《武汉会战时期的日本对华政策研究》,《武汉大学学报(人文科学版)》,2008 年 2 月。毛磊、毛传清:《武汉抗战:1938 年世界反法西斯战争的中心》,《江汉大学学报(社会科学版)》,2009 年 4 月。

②杜埃:《继续扩大国际宣传》,《抗战大学》1938 年第 11 期。

③梁立言:《加强国际宣传》,《全面战》1938 年第 7 期。

长江学研究
2023

论陈应松神农架小说的生态美学意蕴

梁桂莲①

摘　要：陈应松是聚焦自然书写较多的作家。他的神农架小说，将森林立场与自然审美、物性真实与民生关怀、生态吁求与人性反思等融合在一起，既书写自然生存条件下底层社会的物质、精神困境，也关注现代社会中人与自然、环境与发展、文明与异化的矛盾冲突，探讨生态伦理与文明建设，吁求人与自然和谐发展，显示出了丰厚的生态美学意蕴。

关键词：生态美学；物性真实；自然审美；森林立场

自 2000 年陈应松到神农架挂职开始，神农架就成了他的精神圣地和文学根据地。自此，陈应松相继发表了《豹子最后的舞蹈》《松鸦为什么鸣叫》《马嘶岭血案》《独摇草》《吼秋》《像白云一样生活》《猎人峰》《森林沉默》等多部作品。在这些作品里，陈应松延续了其关注底层的民生情怀和书写自然的生态意识，为森林立言，弘扬生命主体价值，关注现代社会发展中人与自然、环境与发展、文明与异化等的矛盾冲突，探讨生态伦理和生态文明建设，吁求人与自然和谐共存的美好愿景，为中国生态文学贡献了自己的力量。

一、森林立场与自然审美

在湖北当代作家中，陈应松是聚焦自然书写较多的作家。在《森林给我源源不断的创作冲动》中，陈应松坦言，自然山野是文学的故乡，呼吁作家"好好地去感受大自然、体会大自然、触摸大自然，才能热爱大自然、悲悯大自然、书写大自然"②。在他笔下，自然作为自在自足的本体，不仅具有一种自在天然的美，而

①湖北省社会科学院文史研究所助理研究员。
②《对话著名作家陈应松：森林给我源源不断的创作冲动》《中国环境》，https://m.thepaper.cn/baijiahao_13980683。

且也洋溢着生命的活力。学者张子程认为，"自然生态美则是自然生态本身所呈现出的一种充满生机的健康的样态之美……给人以一种充盈的生命之感，能够引起人对生命的敬畏和愉悦……是自然本身创造出来的，是自然生态本应如此的一种感性状态"①。在神农架小说中，陈应松不吝笔墨地赞颂了神农架冷峻的山峰、甘冽的清泉、奇崛的风景，为我们展现了自然造物之美和造化之奇。如在《云彩擦过悬崖》中，陈应松就用大量笔墨书写了神农架山顶变幻无穷的云海及所带给人的心灵皈依。在《森林沉默》中，陈应松用占全书六分之一的篇幅，书写了神农架的近百种动植物，如马缨花、羊踯躅、鸢尾和射干、淫羊藿花、延胡索花、冷杉、桦树、连香木、天师栗、摆手树……还有美丽的旷野、山冈，嶙峋的山峰，呜咽叮咚的响泉以及各种关于森林的物候、地质、气象等，用文字创造了一个温润、深邃的"森林秘境"。在这片"森林秘境"中，陈应松不仅还原了神农架山区幽邃、原始、神秘的自然氛围，展现了森林生态系统的丰富性及自成一体的自然运行规律，也展示了森林沉默外衣下生命万物的喧哗与骚动、激情与活力：如太阳张牙舞爪地照在雪地上，整个神农架群山像过节一般，神采奕奕地欢呼着，溪水哗哗解冻，羞涩地在山林流淌（《猎人峰》）；卡在石头缝里的松树和冷杉，会发出野狼般的吼叫（《松鸦为什么鸣叫》）；青苔奋勇争先地爬上大树，苍鹰在头顶盘旋，逮食兔子和竹鼠，松鸦在歌唱，商陆花、胖婆娘腿花、大蓟、七七芽花盛开不败……到处是生存的智慧，自然的光辉（《森林沉默》）……陈应松用诗意般的语言描摹神农架的自然景观，为我们展现了神农架丰富的生命形态，也为我们展现了一个丰盈的天人合一的生命世界。

"文学如何书写自然，往往最能显示该文学的精神品质。"②自然审美，也是作家与自然心灵契合的过程。张子程在《自然生态美论》中说："原生态自然美是自然本身和谐本质的一种显现。对原生态自然美的感受以及由此引发的美感正是原生态自然本质与人的生命本质的一致因同质共生而达成的和谐，是原生态自然生命和人的生命的一种天然契合……"③陈应松自己也说，他描写的自然是一种内心的自然，是一种精神向度的东西，是真真切切能够慰藉和安抚我们的一个世界。④ 因此，神农架虽不是陈应松的故乡，但却是他灵魂和肉体的

①张子程《自然生态美论》，中国社会科学出版社 2012 年版，第 45 页。

②汪树东：《生态意识与中国当代文学》，中国社会科学出版社 2008 年版，第 35 页。

③张子程《自然生态美论》，中国社会科学出版社 2012 年版，第 71 页。

④周新民、陈应松：《灵魂的守望与救赎——陈应松访谈录》，《小说评论》2007 年第 5 期。

双重故乡,他欣赏神农架原始、古朴的自然美,也尊重神农架的每一个生命,每一处存在,他描绘自然,也敬畏自然,他将神农架纳入自己的情感、心灵世界,也将自己的灵魂、精神交给神农架,由此达成了和谐、同构。对此,陈应松多次在作品中书写人与自然、物与自然合一的生命状态,表达出人与自然互相感应,人只有置身于自然才能诗意栖居和精神皈依的生态理想。《云彩擦过悬崖》中的苏宝良失去女儿,与家人疏离,长期孤独一人与自然山川为邻,与星空、流云为伴,最终在天人合一的境界中寻找到精神的慰藉,体会出生命的价值和意义。《森林沉默》中的玃娃作为自然之子,更是与自然形成同构,花仙子来到森林,才找到了心灵的寄托;《豹子最后的舞蹈》中的豹子作为灵兽,只有在森林中才能找到自己的尊严;《太平狗》里的太平跟随主人来到城市,却对故乡神农架魂牵梦萦,最后在故乡的呼唤中历尽千辛万苦回到大山……在《愿为森林立言》中,陈应松说:"现代文明应该是与森林互补的,绿色永远是人类文明的底色。我无法预言现代文明还要吞噬多少森林,但我还是坚信人类终将回归森林,并且是更高层次的回归,是灵魂的回归。"①为此,陈应松主张让自然回归自然,主张人与自然和谐共存,他将人与自然并置于同一生态系统,书写生命的尊严与大美,展示出自然、森林与我们的精神世界达成的和谐、同构,重建人们对自然、山川森林的信仰,树立了文学的"森林立场"。

二、物性真实与生命关怀

在陈应松的神农架小说中,有一部分是关于动物生命书写和叙事的,如《豹子最后的舞蹈》《太平狗》《神鹭过境》《青麂》等。在这些小说中,陈应松不仅真实描绘了动物之为动物的习性特点和基本生存欲求,而且以动物为视角,站在动物的角度,真实书写了动物所具有的内心情感和心理活动,高扬了动物生命价值和主体尊严。在《豹子最后的舞蹈》中,陈应松以豹子为视角,以"最后一个"的模式,讲述了神农架山区最后一只豹子在生命最后岁月对食物的渴求,对亲人、朋友的怀念和对猎人老关一家的仇恨。"动物像人一样,也有感受痛苦的能力。"叶广芩也说:"能感受到快乐和痛苦的不仅仅是人,动物也同样,它们的生命是极有灵性的,有它们自己的高贵和庄严。我们应该给予理解和尊重。"②

---

① 陈应松:《愿为森林立言》,《检察风云》,2021年12期。
② 叶广芩:《老虎大福》,太白文艺出版社2004年版,第226页。

站在动物的立场,陈应松不仅描摹了豹子作为生命个体的基本生存欲求(如食欲、情欲),也深入细致刻画了豹子的孤独、思念、绝望、仇恨等种种思想情感,谱写出豹子一生的行动轨迹和生命的最后绝唱。同样,在《太平狗》里,陈应松以人狗互涉的方式,讲述了赶山狗"太平"在城市的遭遇和为生存所进行的各种抗争。与主人程大种的逆来顺受、不敢抗争不同,面对困境,"太平"不仅表现出了神农架赶山狗的骁勇、倔强、忠诚和直面困难、为生存勇于抗争等优良品质,而且也以狗眼看人观世,表现出了其身为动物所具有的生命主体意识和认知、记忆、情感等习性。除此之外,陈应松还在其他作品中,描写了野猪、熊、豹子、松鸦、青鼬、麂等动物的习性,如野猪不仅能猜人心思,还懂人语(《猎人峰》);青麂宁肯站着死也不跪着生(《青麂》);青鼬机灵敏捷,发怒时尖得像耙齿的嘴凶残毕露,所向披靡(《狂犬事件》);虎即使死了也余威犹在(《牧歌》)……在这些作品中,陈应松一方面真实地还原动物的习性、特点和生存欲求,另一方面又用细腻的笔触对动物的行为、心理、神态和情感进行丰富生动的描写,展现动物的物性真实和生命本真,表现出对动物生命价值的体认和关怀。

福克斯说:"我们必须以动物自身是什么来加以评价,而不是用只适合人类的标准来衡量它们部分是什么,部分不是什么而予以评价。"[1]汤姆·睿根也说:"许多非人类的动物也是生命主体。"[2]换言之,动物作为生命主体,不是徒具动物外形的"人",也不是作为工具或食物存在,"为了人类而生存"的资源,而是具有自身习性、欲望、感知、记忆、尊严的地地道道的动物。也因此,动物小说的魅力就在于"物性真实"。在陈应松小说中,"物性真实"一是对动物生命原生态的展示:陈应松描写的大多是神农架山区的野生动物,这些动物一方面有着野生难驯的习性,另一方面又依据丛林法则、自然法则生存,弱肉强食、优胜劣汰,陈应松对这些动物进行生动、具体、细致的描写,还原他们的生活习性和生存状态,也展示它们与人对抗中的悲惨命运;二是动物视角下动物生命本体价值和尊严的彰显与体认:如在《豹子最后的舞蹈》《太平狗》中,陈应松以动物为叙事主体,以动物为叙述视角,以动物阅人观世,在故事行进中树立真实、可感的动物形象,娓娓叙写它们的内心情感和心理活动,由此确立了动物的生命主体性,彰显了动物生命价值和尊严;三是动物于生命本能、生存竞争等生存斗争中展

---

①[美]福克斯:《深层素食主义》,王瑞香译,新星出版社 2005 年版,第 81 页。

②[美]汤姆·睿根:《打开牢笼:面对动物权利的挑战》,莽萍、马天杰译,中国政法大学出版社 2005 年版,第 84 页。

现的自然之美和原始之力,以及其作为生命个体所拥有的与人同样的母爱、友情、爱情、信义等生命情感和美好品质:如《森林沉默》中母熊为了寻找小熊,冒着生命危险向人类靠近,最后被围攻电死;小熊在母熊死后,会像人一样抽泣;《猎人峰》中的母猴为了幼子,临死前还要给孩子喂一次奶,并挤一碗奶搁着;金丝猴在同伴死后,会闹着嚷着跳着哭着,将同伴埋进去,像人埋人一样……美国学者彼得·辛格说:"无论在科学上还是哲学上,都没有适当的理由否认动物能感受痛苦。如果我们不怀疑其他人能感受痛苦,也就不应怀疑其他动物能感受痛苦。"①陈应松书写这些发生在动物身上的亲情、爱情、友情,不仅使我们认识到生命形式的普泛性、同一性,而且也将爱、美、善、尊严、自由、宽容等普世价值应用于一切生命个体,由此树立了大自然的伦理尊严。

除此之外,陈应松对"物性真实"的书写,还浸透了自然生态环境的"真实",如《森林沉默》中咕噜山区开发前后生态的对比、《豹子最后的舞蹈》中森林环境今非昔比的变化等。毫无疑问,自然生态的变化又势必影响到自然万物的生存处境和命运遭际。而环境恶化的实质,是人类行为的结果。因此,从物性真实入手,陈应松不仅为我们呈现了动物的生命美和自然美,也展现了人兽冲突下人类对动物的屠戮和虐杀,从中折射出尊重自然万物的生命伦理和"人与自然和谐相处"的生态文化意蕴。卡西尔说:"生命在其最低的形式和最高的形式中都具有同样的宗教尊严。人与动物、植物都处于同一层次上。"②张炜也说,人与动物的关系,不是高级动物与低级动物的关系,也不是一种动物与另一种动物的关系,而是地球上的一种生命与另一种生命的关系。带着这种尊重生命、尊重自然的态度,陈应松在作品中不断反思人与动物、自然的关系,并对造成动物生存困境、生态恶化的人类活动及其伦理道德等进行批判、反思,由此超越了人类的价值偏见和叙事立场,走向了广泛的生命认同和生命伦理。

三、文明批判与人性反思

列维·布留尔曾说:"在诸神和上帝还未从人们心中退隐之前,自然界还受到宗教和神话的保护,而在诸神和上帝被技术理性杀死之后,自然界内的万事

---

①[美]彼得·辛格:《动物解放》,祖述宪译,青岛出版社 2004 年版,第 15 页。
②[德]卡西尔:《人论》,甘阳译,上海译文出版社 1985 年版,第 108 页。

万物不再受到神圣者的保护,丧失了任何魔力,只能听任人类的宰割。"①的确,现代文明"擅理性,役自然",把自然降格为人类发展的资源库,剥夺了其内在价值和生命灵性。在神农架小说中,陈应松批判了这种以发展破坏自然的现代发展模式:如在《松鸦为什么鸣叫》中,陈应松就描写了修建公路后现代文明对神农架森林资源的掠夺:"进山的是空车,出山的是重载,一车一车的松、杉、桦、栎,都是做枕木、榨木的料,还有香果木、麦吊衫、青檀以及麝香"。这种掠夺式的现代文明发展模式,不仅加剧了森林自然生态的崩毁,也加深了乡村的贫困,加速了现代人精神生态的失落。在《森林沉默》里,陈应松也书写了开发咕噜山区、建设机场所造成的百鸟哀鸣、百兽逃亡、河流堰塞的生态惨象;而《独摇草》里因为建度假村,堵了落水孔,导致滴雨未下,村民无法耕种……陈应松深刻描写了现代文明所造成的自然之殇,并针对人类行为义愤填膺地说:"对山冈的杀戮是共同的,不分种族、姓氏、阶级和派别,为了对付树木,人们开始修路以便砍伐,更多的是对准了野兽。"②站在生态的角度,陈应松控诉了现代文明对自然的戕害,也对人类杀戮动物的行为进行了严厉指责。在《豹子最后的舞蹈》《猎人峰》《青麋》《神鹫过境》《巨兽》《森林沉默》等作品中,陈应松描写了人类出于各种欲望而对动物的残害,也批判了人类以自我为中心,以欲望为追求的生活方式的病态,映射出对自然、生态的忧虑和对人类文明的批判、自省。

"在文明的表象之下,凶残与暴虐、虚伪与自私、冷漠与荒唐,也同时存在于城市的角角落落,而且令人触目惊心"。③ 在小说中,陈应松一方面以人兽对比的方式,展现"道德主题与自然主题相遇"下人与自然的冲突,另一方面又以城乡对比的方式,展现了现代文明对人的戕害和精神的异化。在《太平狗》里,程大种到城市寻找工作,结果连人带狗受到城里人的歧视,为了谋生,他只好在工地泥坑里挖泥,结果两只脚泡得稀烂,最后被骗到化工厂里,工作没几天就七窍流血、骨瘦如柴,被老鼠啃噬而死;《农妇·山泉·有点田》里的晚霞到城里打工,半年后就"头晕、呕吐、肌肉发颤、萎缩",最后眼盲腿烂;《像白云一样生活》里的王红霞进发廊没几天就染了病;还有细满、金贵、喜旺等也都在城市或迷失心性犯错或失去性命……"神农山区的妮子们可一个个都是水灵灵的,水好,皮肤就好,然而走出去,什么也没换回,却换来了一身残败,外头就是残败你身子

① [法]列维·布留尔:《原始思维》,丁由译,商务印书馆 1985 年版,第 60 页。
② 陈应松:《猎人峰》,湖南文艺出版社 2020 年版,第 2 页。
③ 李志孝:《论底层文学主题的多样性》,《文艺争鸣》2008 年第 12 期。

的啊！"①通过程大种、太平狗、早霞姐妹、王红霞等在城市的遭遇，陈应松展现了现代工业文明所造就的环境污染及城市文明对人的异化和身体的戕害，也展现了现代文明对农业文明侵袭、挤压的现实。不仅如此，随着中国现代化进程的发展，现代文明也渗透进乡村的角角落落，对乡村固有的道德秩序和伦理规范造成冲击，昔日田园牧歌般的乡村在金钱、利益观的主导下，也成了罪恶的繁衍地。这里有恃强凌弱、欺男霸女的恶霸，徇私舞弊的村长、偷鸡摸狗的村民（《火烧云》《青麂》），六亲不认的公婆小叔（《归来》），视亲人为仇人、为分家百般算计的叔嫂姑侄（《豹子最后的舞蹈》），见利杀人的村民（《马嘶岭血案》），误入歧途的少年（《像白云一样生活》《望粮山》），见利起心残害侄子眼睛的伯伯（《猎人峰》）……在这些小说中，陈应松以冷峻到近似残酷的笔触，书写了神农架山区的贫穷、愚昧，也向我们展示了现实社会中亲情沦丧、人欲横流、人不如兽的人伦现实，再现了欲望沉沦下的人性之恶，表达了对科技理性、工具理性下人的义利观、价值观的质疑和对现代文明理性下人性失衡的深深隐忧。对此，陈应松警告我们——"在最文明的时代有可能有最野蛮的事发生，这就是祖先的狩猎带给我们的无穷后患。我们今天的一切，说到底，都是狩猎的延续，逃不脱这个宿命……"②。确实，自现代以降，人与自然的关系愈益成为控制、利用的关系，而人与自然关系的恶化，无疑又造成了人的精神生态的恶化。在陈应松小说中，我们看到，即便偏僻如神农架，人与人的关系也随着现代文明的发展而只剩"利益"二字。为了利益，村民之间互相倾轧，亲人手足之间互相残杀，昔日农耕文明及乡村伦理秩序所形成的勤劳、善良、朴素、仁义等美好品德已荡然无存。陈应松就这样揭开了乡村伦理关系解体和人情冷漠的现实，展现出现代文明冲击下农民的生存之困和精神之困，从物质到精神、从自然到社会等诸多层面为我们全方位勾勒出乡土社会的陷落与危机。

四、生态吁求与信仰重建

我国古代生态智慧源远流长。早在《周易·文言》中就有"夫大人者，与天地合其德，与日月合其明，与四时合其序"的说法，之后老子、庄子又提出了"道法自然""与天合天""无以人灭天"等生态环保思想，主张"顺其自然"，顺应自然

①陈应松：《农妇·山泉·有点田》，《马嘶岭血案》，中国言实出版社2020年版，第56页。
②陈应松：《猎人峰》，湖南文艺出版社2020年版，第349页。

万物的本然及其运行规律。儒家则从持续发展、永续利用的原则出发,相继提出了"取物不尽物""取物以顺时"的自然伦理思想和"民胞物与""天地万物为一体"的生态整体思想,承认动物、植物乃至整个自然界的内在价值和生存权利,主张有限利用资源,遵循自然生态规律。受巫楚文化影响和中国古代生态智慧启发,陈应松重视人与自然的和谐统一,相信"众生平等,万物至善",对此,他一方面通过自然书写、动物叙事为自然正名、"复魅",于物性真实中展现自然界生命的主体和尊严,另一方面,他又通过人兽对比、城乡对比展现人类发展所带来的自然危机、生态危机、精神危机,对现代文明及其造成的人的异化进行批判,重建森林立场,重拾人类精神信仰,探索人类重回自然的生态文明之路。

在《森林沉默·后记》中,陈应松说:"拥抱星空,啸叫山林,是人类童年的生趣,尽管深山老林中的生活艰难,犹如被人类的进化抛弃的遗址,……可是,我们终归是要回到森林中去的,我坚信这一点。"陈应松坚信"森林是人类永恒的故乡",为此,在《森林沉默》里,他借獾娃这个自然之子书写森林的历史与现实,借他的逸出与回归再现人类"从森林中来,到森林中去"的命运轨迹,并以其漫游的寓言形式为我们建构出一幅人类与自然和谐共存、自然与现代文明交融互补、和谐发展的生态文明图景。同样,在《猎人峰》里,陈应松也以瞎眼的白椿回到神农架改良玉米为归宿,表达了人与自然和谐共处,发展生态农业、建设生态乡村的美好愿景。小说中,白椿热爱自然,热爱生命,瞎眼之后他从自然中受到启发,通过改良玉米改变了白家人以枪为命、以猎为生的生活方式,为山村播撒下希望的种子。

蕾切尔·卡森在《寂静的春天》中说:"那些感受大地之美的人,能从中获得生命的力量,直至一生。"梭罗也说,荒野中蕴藏着拯救人类的希望。但在《森林沉默》里,陈应松否定了单纯依靠自然、走向荒野的人类救赎和生态文明建设。在他看来,现代意义上的生态文明建设,并非指向原初的自然文明,也不能沿袭现有的文明发展之路,必须以新的精神力量建构和新的启蒙话语实践,实现现代与自然的融合,否则一切都是虚妄。《森林沉默》中獾娃面对现代文明的无力、花仙子的死也正说明了自然状态或现行发展模式下生态文明建设的不可能。因此,小说最后,陈应松以寓言、想象的方式,建构了生态文明的理想话语:他让獾娃乘坐的飞机打败龌龊凶残的翼人和无耻的怪兽,战胜无数艰难险阻,最终找到母亲;并以善、真为引导,以磨难、血汗、坚韧、牺牲为代价,采鲜花装饰飞机,重返森林、自然,于天地经脉谛听所有命运,到达灵魂的栖息地。罗尔斯顿说:"在人类历史的童年,人类需要逸出自然以便进入文化,但现在,他们需要从利己主义、人本主义中解放出来,以便获得一种超越性的视境,把地球视为充满生命的千年福地,一片由完整性、美丽、一连串伟绩和丰富的历史交织而成的大地。这不是对自然的逃逸,而是在希望之乡的漫游。对大自然的这种治理要求我们遵循自然。"①确实,生态文明要求我们尊重自然,遵循生态法则,但这种尊重并不是要回到原始的自然状态,也不是摒弃知识、精神的力量,相反,生态文明建设必须是在现代文化视野下对自然、生命等维度的重申,是超越现代文明弊端的生存方式的转变和思想文化的重塑。瞿娃自断舌头,主动失语后才能找到母亲,也正预示着人类要重返森林,建设生态家园,必须改变现行以人为标准、尺度的思维模式和文化习惯,重新找到另外一种生活方式和另外对待自然、生命的方法,如此才能精神返乡,抵达生态文明的绿洲。

"人类像其他物种一样,其定位在于其与自然环境的联系。人是在与生物共同体各部分的相互联系中确立其同一性的,而这种联系才是人类真正的自我实现。"②换言之,人类只有与整个生态系统融为一体,从与其他生物体的联系中确立其本源和同一性,才能从自我之爱扩展到自然之爱,实现个体生命价值。陈应松相信生命的普泛性,认为"人类是大自然的一份子……大自然的一草一木、一禽一兽都有自己的尊严"③,为此,他将生命整体性原则运用于一切动植物,从人道主义的"小爱"走向宇宙大爱,在人/兽冲突、神人交融的寓言中探寻人与自然的相处之道,探讨个体生命超越的可能与救赎。《云彩擦过悬崖》中的苏宝良在失去亲情后与自然和解,体味到生命的价值和意义;伯纬在"背尸"中渡人渡己,其朴素的信义和善良的举动,成为苦难生存中的光芒与救赎;白椿在"黑暗"中参透生命的真谛,以自己晦暗的双眼照亮乡民们前行的路……通过苏宝良、伯纬、白椿等人物形象,陈应松探讨了人类与自然、他人交渗互融的相处之道,显示出对美好人性的吁求和人与自然和谐相处的美好期盼,也表达了于黑暗中看见光明、于绝壁上寻求生路、于苦难中发现诗意、于无声处领悟神性,重建对河流山川森林神祇尊重,重拾人类精神文明信仰的文学追求和使命意识。

①[美]H·罗尔斯顿:《环境伦理学的类型》,刘耳译,《哲学译丛》1999年第4期。
②[美]H·罗尔斯顿:《环境伦理学的类型》,刘耳译,《哲学译丛》1999年第4期。
③陈应松:《我与生态写作》,中国作家网,2021年6月5日。http://www.chinawriter.com.cn/n1/2021/0605/c403994-32123366.html。

近代以来神农架野人现象探析

路彩霞[①]

摘　要：作为生物的神农架野人是否存在虽无定论，但由于神农架野人相关记载悠久，口头传说众多，不乏目击记录，且一度成为关注热点，其本身已构成一种社会现象，成为一种文化资源。本文尝试剖析近代以来人们关注神农架野人的重点和动因，并对当下如何利用神农架野人文化资源给出建议。

关键词：近代以来，神农架，野人现象

神农架野人，是世界四大未解自然之谜之一，也是神农架林区可资利用的文化资源。以往关于神农架野人的研究，主要集中在对野人记载、口头传说、目击记录、科考报告的梳理，以争论神农架有无野人。近年也有学者从传播学视角，分析不同主体塑造野人记忆、开发野人旅游资源的途径、动机。目前尚无论文从社会现象和文化资源角度，对近代以来野人问题背后的文化和社会动因进行剖析，本文即尝试沿着这一思路进行探讨。

一、神农架与古代野人记载

神农架位于湖北西北部，因传说神农氏在此架木为屋而得名。神农架主体在房县境内，当地人称为老君山，与巫山、大巴山同脉。位于房县、巴东、兴山三县交界处的顶峰，高 3 千余米，是华中最高峰，也是狭义的神农架，因古木参天，翼蔽如城，又称"木城"。在 1940 年代国民政府进行勘测前，神农架顶"附近百余里绝无人烟，为未经开发之处女地"。[②]

按中国动物地理区划，神农架属于东洋界、华中区、西部山地高原亚区，为

---

①湖北省社会科学院文史研究所副研究员。

②《各地集锦：川鄂》，《正谊周刊》1943 年第 1 卷第 2 期，第 9 页。

南北物种混杂过渡地带,有物种基因库之誉。神农架动植物资源,在近代进入国际视野。英国驻宜昌海关医官奥古斯丁·亨利称神农架是"惊人的地方"。20世纪,英国博物学家威尔逊和日本矿物质学家平凌贞干等先后踏足神农架,考察珍稀植物和地质资源。

神农架所在的鄂西北,是古代"荆蛮"居住之地,处于文教和统治的边缘。隋朝时,由清江郡改为施州。唐宋以后,虽有大量汉人迁入,但主体仍是民族地区。宋代设置城寨,加强统治。明洪武十四年(1380)在湖广都司下设立施州卫军民指挥使司,辖恩施、宜昌地区各土司。清雍正十三年(1735),忠峒等土司改土归流后,设置施南府,附郭县为恩施,辖宣恩、来凤、咸丰、利川、建始五县。

神农架僻远山深,《子不语》所提到的秦人避乱房县,即源自神农架地区特殊的地理环境,这部分离世隐居的秦人,最怕听到人们喊"筑长城",久而久之变成了传说中的野人。[①] 神农架当地还流传有唐代薛刚在大九湖练兵建城,辅佐庐陵王李显反抗武则天的传说。蔽塞的神农架,在民间传说中,卷入了都城政治斗争的漩涡。

神农架地区野人记载和传说,主要发生在今天的神农架林区及房县、来凤等县。相关记录古已有之,据前人梳理,关于神农架野人的最早记载为《山海经》中提到的熊山"枭阳""狒狒"。屈原楚辞中言及的"山鬼"、1981年房县出土汉墓残片上的"毛人"画像等,也被视作鄂西北山区的野人。[②] 清同治年间纂修的《房县志》中,同样将野人叫作"毛人":"房山高险幽远,石洞如房,多毛人,长丈余,遍体生毛,时出啮人鸡犬,拒者必遭攫搏"。[③]

有说法认为,"野人"之名源自李时珍《本草纲目》所记"长丈余……呼为山大人,或曰野人"。[④] 此外,当地民间传说称之为"神人""人熊""猿人""野人嘎嘎"等,不一而足。文献记载和民间记忆中的野人共同特点是人形、高大、无尾、多毛、善笑[⑤]。总体而言,古代认知中,神农架野人来源有三:神秘的山鬼、神人、山大人,避世隐居者以及动物性更明显的人熊、猿人、狒狒等,而产生这些认知的基础,则是神农架地区作为荆蛮之地远离统治中心的自然与社会基础。

---

①《秦毛人》,(清)袁枚:《子不语》,浙江古籍出版社1985年版,第51—52页。

②杨兆波:《千古一野人》,《中国软科学》1994年第6期。

③(清)杨廷烈修,郁方董纂:《房县志》卷12《杂记》,同治四年(1865)刊本。

④杨兆波:《千古一野人》,《中国软科学》1994年第6期。

⑤可参见《发现野人》,上海《图画日报》1910年7月4日第349号,第10页。

二、近代对野人的认知与神农架野人传说

(一)近化论为认知野人提供了新的解释

1859年,英国生物学家达尔文的《物种起源》出版,所提出的生物进化论学说,对宗教界的上帝创世说,以及生物界的"物种不变论"造成了巨大冲击。稍后,英国生物学家赫胥黎出版了《进化与伦理》,用进化论的物竞天择解释人类社会制度的演变。1897年,严复以《天演论》为名,将生物进化论和社会进化论译介到中国,对当时国人思想产生了巨大影响。工业帝国的坚船利炮下,晚清中国沦入半殖民地半封建社会深渊,曾经的文明古国被视为落后愚昧未开化的国度。

受生物进化论、社会进化论影响,近代中国关于野人的记载动机和内容发生了变化。这一时期,"野人"常与"土人"同用,和日新月异的近代文明、城市文明相对应,被视为未开化或半开化种群。如报载新哥衣诺亚地方的人,身量短小,多毛,在树上用茅草架屋,吃生食,是"像猴子一样的野人"。[①] 菲律宾北方群岛山谷中,也生活着未开化但有自己独特历法的土著野人。[②] 而1940年代的亚洲文明国家日本,岛上仍居住着施行酋长制的多毛野人族。[③]

(二)新式大众媒介加速野人形象传播

传统时期,知识和信息的传播以书籍和口头为主,传播速度和范围有限。报刊等近代大众媒体出现后,信息得以在更广人群中加速传播。借助大众媒体引介,不同国家和地区的野人记载和传说为时人所了解。在喜马拉雅山最高的"爱佛勒斯德"峰上,探险队发现了野人的脚印。[④] 而富饶繁华的浙江余姚,民国时期流传着"直脚野人"的故事。[⑤] 1930年的《时事新报》爆出四川屏岳县老君岳发现野人,教育部电令该县县长捕养野人的新闻。[⑥]

这一时期,大众媒介是扩散神农架野人传说的重要载体。神农架"昔日为神秘之境域,年来已为建设界所注意,并经宣传,其中有奇珍异兽、灵芝仙草、野

---

① 《像猴子的野人》,《演说报》1913年第43期,第1页。
② 《风俗:山省野人之文化与风俗》,《南洋时事汇刊》1926年第10、11期。
③ 《最奇异半开化民族》,《周播》1946年第21期。
④ W生:《喜马拉耶高峰中的野人》,《东方杂志》1925年第22卷第15号。
⑤ 《直脚野人》,《妇女杂志》1921年第7卷第8期。
⑥ 鲁孚:《教育部电令捕养野人》,《石生杂志》1930年第1卷,第11—13期。

人怪客之类,亦经报称。"①相关记载开始见诸报刊之中,如 1944 年《新华日报》称神农架作为还没有开发的神秘区,"相传那里有野人和六足兽,毒蛇猛虎等很多,因此大家都不敢去。"②

口耳相关仍是当地集体记忆的载体。始于这一时期的传说有王老中的故事:1915 年房县猎人王老中被女野人掳掠,并与女野人生下一小野人,后趁女野人不在设法逃脱,被发现后小野人坠入激流被冲走,女野人坠崖身亡。③

神农架野人传说也见诸官方正式档案。民国末年神农架林业公司的参考资料显示,当时流传"山上有吃人的大猩猩,凡是三县路过深山的人,两臂都套着毛筒,万一被猩猩捉住手臂,可以脱手逃脱,一旦被它捉住,它就向你一阵狂笑,把你吓死,又说山上有尺余长的大兽迹,又有野马、野羊、虎、豹、狗熊、豪猪等野牲口。但我们一路经过,虽带了猎户,但连一个野鬼野羊都没有打到"。④

(三)神农架林区开发与野人传说

神农架一带有林地 29.5 万公顷,占湖北省林地面积的 90.8%。湖北古代采伐林木的零星记载,和神农架地区或有关联。如秦始皇修建陵寝时"蜀、荆地材皆至"⑤,南宋嘉泰元年(1201),四川资州知州刘述因"施州边民"在与四川交界地带砍伐森林树木,奏请枢密院下令严禁。⑥

受限于交通等因素,神农架森林长期处于原始封闭状态。作为"华中唯一大林区",官方主导下的神农架森林开发始于 1940 年代末。1938 年 10 月,湖北省府迁到恩施,恩施成为全面抗战时期湖北省临时省会。富饶的森林资源引起官方注意,1940 年,时任房县县长贾文治对神农架森林资源进行了初步探察,其估算神农架面积约 2250 方里,"范围内绝无人烟,实一极美之天然林",虽陆路难行,但山下有河流,修筑滑道,杉木可下山走水路输往外地。⑦ 此后贾文治又

---

　①彭禹谟:《神农架之勘测》,《工程报告》1947 年第 22 期。

　②《鄂西神秘的"神农架",林木禽兽样样都有》,《新华日报》1944 年 5 月 31 日,第 2 版。

　③玉边:《中国的野人》,《河北农机》1994 年第 2 期。

　④尤嘉章:《神农架森林勘测记》,《木业界》1947 年第 11 期。

　⑤(汉)司马迁撰,(南朝宋)裴骃集解:《史记》卷 4,《周本纪第四》,中华书局 2011 年版,第 102 页。

　⑥(清)徐政撰,刘琳、刁忠民等校点:《宋会要辑稿》刑法二,《禁约三》,上海古籍出版社2010 年版,第 131 页。

　⑦贾文治:《湖北神农架探查结果》,《大公报》1944 年 4 月 28 日,第 3 版。

安排多人次进行局部探察。

1942年9月22日,贾文治和湖北省农业改进所主任魏儒林一行138人,进山勘测月余,并登上神农顶。《神农架探察报告》称这一"千年来未开发之天然林……可供制造飞机、枪械、船舶、桥梁、枕木、电杆、车辆之用"。[①] 神农架森林资源被视为战时军事用材、交通用材、建筑用材的重要来源。

1947年6至8月,农林部林业司长陶玉田、省农业改进所森林组科长贺常等五人带队,再度进山勘测,确认了神农架是当时湖北省政府和国民政府的"大利源",提出宜将该地设为"林区",并指出"整个神农架林木最近数百年内采伐不虞或缺"[②]。这次的勘察报告写道,当地极少有人登上过神农架主峰,除森林本身交通不便外,"惑于种种神话,无坚定勇气者不敢轻易上山探勘"[③]。此所谓种种神话,即包括野人传说。

密集勘测揭开了神农架神秘面纱,突显了神农架森林资源的"抗战建国"价值。1946年秋,湖北省政府与国民政府联合勤务总署合作,组织成立了神农架林业公司。1947年,修筑进山路12公里,滑木道一条,砍伐杉木千株,出售给已预付15亿金圆券定金的粤汉铁路局制作枕木。

同时,湖北省政府设立专门机构,以农民日常必需的盐、布,换取神农架天然林木。"即便是妇女,也和男人一样,会拿着斧子和锯子跑进森林,拼命地砍树做柴;自己没有树林的,去帮别人家砍,也可分取那换得的盐和布,做她们劳力的代价,不过这么一来,恩施山上的大树都被砍光了,最后连那特长的出木油的木子树和胡桃树、栗子树之类也被砍了……"。[④]

新中国成立后,百废待兴,工业建设急需木材,对神农架森林资源的粗放式开发不断推进。1956、1957年,林业部、湖北省林业厅联合对兴山、房县、巴东交界的4500多平方公里进行勘察,并制定开发利用方案。1962年,湖北省委正式批准开发神农架,开启以修路、架桥、伐木、垦田为主要内容的林区开发历程。1970年5月,国务院批准设立神农架林区建制,由湖北省直辖。1980年代起,保护神农架天然生态的呼声高涨。1982年,神农架自然保护区设立,林区经济开发步伐放缓。2000年3月,神农架全面停止天然林砍伐。

---

①《类似神话之神农架》,《大光明》1946年第2期。

②陶:《勘查神农架森林概要》,《林业通讯》1947年第2期。

③《专载:神农架查勘报告》,《工程(武汉版)》1947年第5、6期。

④林平:《恩施的农家妇女的生活》,《现代妇女》1948年第12卷第5期,第23页。

原始生态是神农架野人可能存在的必要条件，1940年代以来对神农架的持续开发，引发天然生态的变化，物种的消失也是必然的结果。神农架原始森林中有无野人，目前肯定和否定说都无确凿证据。笔者认为，历史上神农架或有野人存在，但在大规模持续开发后，作为人形生物的野人或已不存在。

三、当代神农架野人现象化

野人也许不存在，但关于野人的文献、传说等一直流传至今，是真实发生的社会现象。其背后，既有历史记忆，也有现实需求。

（一）神农架野人从焦点到沉寂

20世纪70年代末和2010年前后，两次野人话题热潮都是由野人目击事件引发。1976年，神农架林区干部偶遇"红毛怪物"引起关注，相关部门组织了对神农架野人的正式科学考察，这也是迄今为止政府部门唯一一次介入神农架野人问题。2010年前后，又有大量野人目击事件爆出，神农架到底有没有野人成为当时少有的民间高热话题。

前述两次目击事件中野人形象被描述的更为详细，除延续原有人形、高大、多毛的外部特征，所有目击者看到的野人都是棕红色毛发，民间甚至流传野人劫掠妇女生娃逸闻。政府科考、民间团体及个人在搜寻过程中，找到的疑似物证有巨大脚印、毛发、粪便、箭竹窝等。对于传闻和目击事件中的神农架野人是什么，一般有两种看法，部分人猜测可能是人类进化分支上的新物种，但大多数目击对象最后都被证明是短尾猴、狒狒、棕熊等。而作为野人存在佐证的脚印，被鉴定为熊的掌印，毛发经检验是某种菌丝，至于粪便和窝，则无法明确证明其来源。

上世纪70年代末官方组织了正式科学考察，2010年前后的野人话题官方则未直接参与，被视为以实际行动为神农架无野人定调。这次的野人热主要发生在学界、民间和媒体范围内，如2009年湖北省野人考察研究会恢复成立，华东师范大学生物系教授刘民壮终生坚持认为神农架野人存在，社会人士张金星在神农架孤身搜寻野人二十余年，中央电视台制作并播出纪录片《神农架野人》，中美合拍影片《大脚印》，[①]《中国社会科学报》发表相关专家访谈文章，等等。

随着目击事件、官方科学考察和民间野人热，神农架野人和飞碟、尼斯湖水

---

①《中美合拍惊悚电影，〈大脚印〉解密神农架野人》，《中国电影报》2012年12月6日，第12版。

怪、百慕大三角洲并列为世界四大自然之谜，成为了自然神奇魅力的代表，拥有了神秘这一基本特征。

2010年迄今十余年，再无目击野人事件发生，神农架野人话题遂陷于沉寂。其原因一方面在于科学普及，接受野人为人类进化链条分支说的人大为减少；另一方面，手机、相机等便携摄录设备人手可得，无图则无真相；此外，伴随神农架林区旅游业发展，林区经济社会发生巨大变化，人与野生动物生活空间分割越来越明显，"相遇"的几率大为减少。

（二）两次野人热背后动因

20世纪70年代野人问题受到关注，与不断推进的史前考古或有关联。湖北是人类起源的重要区域，1957年在清江流域发现了距今20万年的长阳人上颌骨化石，1968年在恩施发现了距今约200万年的建始人牙齿化石，与流传久远的人文始祖炎帝传说、1984年发现的汉民族创世史诗《黑暗传》等，共同指向一个可能，即在人类起源中鄂西北发挥过重要的作用。因此有人认为神农架野人可能是研究人类起源的一个突破口。[①] 更有考古专家推测神农架野人可能是存活的类人猿："在中国长江流域三峡地区，古猿、古人类和巨猿化石不断出土，尤其是湖北巴东、建始一带曾出土过数百颗巨猿牙齿化石，证明那里曾是大型灵长类动物的家园。野人如果存在，可能是进化过程中不成功的介于人与猿之间的动物，这种动物理论上已经灭绝。但是，如果有一只像大熊猫一样的存活到现在，这对认识灵长类动物是怎样走过人和猿分家的过程是很有帮助的。"[②]

2010年前后的野人热，是人群互动的结果。持有野人说和否定野人存在的两大群体，观点对立，争议本身催生了这一话题的热度[③]。支持者欣然看到野人热背后的经济、文化价值，而否定者则忧虑于非科学认知所造成的负面影响。[④]作为湖北原始生态标志物的野人，是神农架开展自然风光游的天然招牌，林区政府力主野人存在。民众的口耳相传，和媒体公开报道，触发了社会层面的广泛关注。在多方"共谋"下，野人热成为一种社会现象，目击事件经多途径传播，

---

①《"野人"研究或揭示人类起源之谜——访中国科学探险协会奇异珍稀动物专业委员会秘书长王方辰》，《中国社会科学报》2013年12月20日，第6版。

②陈永杰：《"野人"寻踪，科考还是忽悠》，《中国科技报》2010年10月25日，第16版。

③毕舸：《别让神农架"野人"云里来雾里去》，《中国商报》2010年11月30日，第7版。

④杨蕾：《对有"野人"说传播现象的剖析及反思》，《新闻前哨》2002年第2期。

野人从而成为这一时期的集体记忆。①

(三)旅游资源视角下的神农架野人

进入新世纪,神农架林区也迈向了以旅游为重点的绿色开发历程。2001 年谭徽曾提出神农架旅游要举生态旗,打野人牌②。鄂西北地区相关县州开发了多处以"野人"命名的旅游景点,如神农架野人博物馆,房县野人洞、野人谷,建始野人峡等。2012 年,神农架获评为国家 5A 级旅游景区。2016 年 7 月,神农架进入《世界遗产名录》。这一传说中的野人出没区,升格为世界自然遗产,成为国内生态游热门景区。

1. 重构神农架野人文化资源

神农架野人是神农架地区和"炎帝神农""自然保护区"并列,但更具神秘色彩,兼具自然和人文属性的复合资源。

神农架野人是最知名的中国野人,有明确记载的目击记录达百余起,在国内各野人中次数最多;20 世纪 70 年代末的神农架野人科学考察是我国唯一由官方主导的大规模野人科考;神农架林区野人博物馆,是国内唯一的一座野人主题馆。有关神农架野人的著述丰富,部分学者以及民间人士为野人执着数十年。此外,神农架野人在英语世界拥有自己的专有名称——汉语拼音 Yeren。

神农架野人是湖北省重要的特色资源。无论是作为动物,还是介于人与猿之间的"类人猿"式神秘生物,都是独特的自然资源,这是此前人们关注的重点;但同时,无定论但有历史的野人,有诸多相关史籍记载、民间传说、目击事件、媒介传播等,这也构成了野人资源的一部分。神农架野人,需要进行资源和价值重构,充分开发其文化价值,并将其创造性转化为自然和人文融合的旅游资源。

2. 做强做好野人旅游品牌

神农架野人旅游资源开发,目前存在各野人相关景点过于分散,未能形成品牌合力;开发方式单一,只注意野人自然属性,未挖掘其文化资源意义等问题。

双创背景下,笔者建议着眼神农架野人历史性、神秘性、知名性等特征,开

---

①刘晓雯:《集体记忆视域下神农架野人传说的传播机制》,中南民族大学硕士学位论文,2018。

②谭徽:《举生态旗 打野人牌 走特色路——推进神农架旅游经济快速发展的思考》,《政策》2001 年第 9 期。

掘其复合价值。相关举措包括汇编《神农架野人资料集》，为神农架野人资源转化提供基础支持；借鉴加拿大大脚野人故乡哈里逊温泉地方做法，完善野人博物馆，把野人资源宣传好、传播好；在林区建立"野人部落"，策划"野人节"活动，开展自然生活游；整合森林资源、野人资源、神农资源，打"绿野仙（神）踪"牌；深入挖掘野人传说、薛刚大九湖练兵建城传说以及《黑暗传》等文学资源，开展民间文学与旅游相结合的文旅活动。

《灵泉志》中明代楚藩占地文本
真实性和可靠性考论

田宝中①

摘　要：各版本《灵泉志》中的楚藩占地文本是研究明代楚藩与地方社会的重要资料，但目前学界在使用该资料时，未注意其真实性和可靠性问题。本文从明代官方文献和楚藩占地文本本身着手，发现《劾楚藩本稿》和《杨慎、邹守益上言复勘楚藩奏疏稿》等文本中所谓楚藩"矫诏立碑""倒提年月"和"伪托大学士李贤撰写碑文"等，皆不符合史实，进一步论证这两篇奏疏并非高桂、杨慎和邹守益本人之作，而是后人因某种意图而写就的伪托之作。本文还认为，《参楚藩本》、《再参楚藩本》、《拨换灵泉山事实》和《奉旨拨换灵泉山公案》等文本也存在诸多不符合史实的地方，如有违明代制度性史实、相关事件主要人物的时空错乱和记载内容相互矛盾等。进而推论，以上楚藩占地文本应写作于万历至清初，很可能是编写者或抄写者为了现实利益与需要而重塑的历史记忆。

关键词：明代藩王；楚藩；楚藩占地；《灵泉志》；灵泉山

明代藩王与地方社会的问题，长期以来受到明史学界的重视，楚藩作为明代的大藩之一，也颇受关注。

目前学界关于楚藩的专门研究如下：日本学者佐藤文俊在《明代の王府》（研文出版社 1999 年版，第 245—356 页）一书第二部分的第四章、第五章中从政治史和经济史的侧面梳理了楚王府的相关史实，在楚王府的经济状况的考证与统计上着力甚多，对我们了解楚王的政治状况以及宗禄、徭役、庄田等有很大的帮助。毕明君的硕士论文《明代楚王与地方社会》（武汉大学硕士学位论文，2011 年）从楚王与朝廷的关系、楚王宗室对地方经济的压力、楚王宗室与地方统治秩序等角度展开，认为楚藩人口繁衍极盛，宗室禄米、供应役使、婚丧嫁娶等

---

① 重庆市第八中学校高中历史教师。

费用浩繁,加上宗室经济犯罪严重,对地方经济造成严重负担,也对地方治安和社会风气造成了不良影响。杨向艳利用整理收藏在日本的孤本《刑部奏议》的机会,结合相关史料,写就了《沈一贯执政与万历党争——以楚宗案、妖书、京察三事为中心的考察》(商务印书馆 2018 年版,第 1—88 页)一书,在第一章梳理了楚宗案的始末、楚宗案勘查引起的朝堂之争、时人对楚宗案对立双方的评议及楚宗案的影响等。田宝中的硕士论文《明代楚藩的经济状况和宗室斗争》(武汉大学硕士学位论文,2019 年)对明代楚藩二百余年的经济状况及其与宗室斗争之间关系进行了长时段的考察,并在该论文第一章第二节(第 24—42 页)对楚藩在灵泉山的经营做了初步梳理。

楚藩在就藩湖广武昌府的二百余年间,和地方社会之间产生了持久而广泛的互动,楚藩灵泉山占地案便是生动例子。楚藩占地案的相关记载,目前主要见于各版本《灵泉志》中,而学界利用《灵泉志》对楚藩占地案进行的研究还极少,张小也在《何为"来历":从〈灵泉志〉看明清时期土地权利的"证据"》一文中以《灵泉志》为中心史料,兼用历代官方文献,清晰地梳理了灵泉山"八大家"如何构建自己"汉唐宋元以来"谱系的历史,也梳理了楚藩强占灵泉山的过程,但由于其主要目的在于指出"其中的材料从一个侧面反映了明代早期地方社会的秩序和土地权利的依托[1],故而对《灵泉志》所载楚藩强占灵泉山文本的真实性和可靠性未做深入考察。此外,笔者在网络上检索"楚藩占地"相关文章时,发现不论是严肃的学术文章,还是通俗的介绍文章,作者们都只是直接引用《灵泉志》楚藩占地文本的原文,没有注意到这些文本的真实性和可靠性问题。[2] 所以,本文拟以明代官方文献的记载为参考,从楚藩占地文本本身的诸多矛盾和谬误之处着手,对《灵泉志》楚藩占地文本的真实性与可靠性进行初步的考察,以求教于方家。

一、《灵泉志》楚藩占地文本概述

明万历至清中期,湖广江夏县有人利用民间文集和族谱等资料编成了《灵泉

---

①张小也:《何为"来历":从〈灵泉志〉看明清时期土地权利的"证据"》,《江汉论坛》2012 年第 9 期,第 104 页。

②如王斯:《不同阶层历史记忆背后的动机意识——以明代楚藩王与龙泉乡绅争产血案为例》,《民间文化论坛》2009 年 4 月,第 90—94 页。

志》一书,以记录灵泉山的人文历史、地理风貌、名人诗文和楚藩占地始末等。① 据笔者目力所及,现存《灵泉志》有:湖北省图书馆收藏的《灵泉志》清抄本,武汉出版社于 2006 年出版了张高荣主编的以此版本为底本的《新编灵泉志》。台湾"中央研究院"历史语言研究所于 2016 年出版的《傅斯年图书馆藏未刊稿钞本》第 12、13 册载录了《灵泉志》甲(清光绪二十九年朱文甫钞本)、乙、丙三种皆不分卷的清抄本,其中乙种又分为乙一、乙二、乙三和乙四等四种抄本。这几种抄本互为补正,是目前较为齐全的《灵泉志》抄本,本文即以此数种为依据。② 这些抄本中,编著者以受害者身份收集的大量关于楚藩占据灵泉山过程的族谱、文集等文献尤其值得注意。③

经笔者梳理,以上几种版本的《灵泉志》中楚藩占地文本大略情况如下:

《灵泉志》版本信息	文本数
1. 傅图甲本(旧称《灵泉山志》,光绪二十九年灵泉屯朱文甫记)	12
2. 傅图乙一本(旧称《江夏灵泉志》,沈兰陔藏)	12
3. 傅图乙二本(行文与傅甲本、《新志》颇异)	5
4. 傅图乙三本(旧称《灵泉志》,灵泉傅荫槐藏)	0
5. 傅图乙四本(增入一些反映灵泉明末清初变化的文章)	2
6. 傅图丙本(旧称《灵泉寺艺文》,嘉庆至咸丰年间抄本)	9
7.《新编灵泉志》(录自湖北省图书馆藏《灵泉志》抄本)	14

①曾冠雄考证《灵泉志》编成于万历元年至二十四年之间,详见《"中央研究院"历史语言研究所傅斯年图书馆藏未刊稿钞本丛刊·方志》12 册前言,"中研院"史语所 2016 年版,第 5 页。张小也在《何为"来历":从〈灵泉志〉看明清时期土地权利的"证据"》(《江汉论坛》2012 年第 9 期,第 104 页)中认为《灵泉志》编成于清初。涂明星在《湖北省图书馆藏孤本〈灵泉志〉之编纂历程与史料价值(《中国地方志》2015 年第 5 期)认为《灵泉志》在清中期由江夏人汤氏兄弟最终编纂完成。

②傅图本前言(《"中央研究院"历史语言研究所傅斯年图书馆藏未刊稿钞本丛刊·方志》12 册,第 4 页)称"傅斯年图书馆所藏旧题《灵泉山志》《江夏灵泉志》《灵泉寺艺文》,三书内容多重合,仅少部分有差异,或同题篇章文字有出入,或收录篇目次序不同,三者当为同人所撰,其差异应为传抄或增补使然,三书题名均改作《灵泉志》。然利于行文间三本的比对,分别以甲、乙、丙做区别"。

③学者张小也在《地方志与地方史的建构——以清代〈江夏县志〉和民间文献〈灵泉志〉的对比为中心》(《清史研究》2012 年第 3 期)中认为《灵泉志》对于研究湖北地方社会以及明代藩王有难以替代的价值,并研究了《灵泉志》与清代历本《江夏县志》的互相影响,从其材料和编纂方式上研究了地方社会的自我认知过程和地方史(包括家族史)的建构过程。

前述各版本《灵泉志》中有关楚藩占地文本的数目不一,且部分篇目的标题和行文略有出入①,共计有张钟灵《覆楚靖王均鉌书》、张大海《与八家书》、张通《与张学悟书》、张通《上楚端王书》、张翲《参楚藩本》、张廷凤与张廷鸾《再参楚藩本》、李璋《陈抄家草稿》、沈世昌《上楚愍王书》、高桂《劾楚藩本稿》、《杨慎、邹守益上言复勘楚藩奏疏稿》、《计开楚府所占》、邹振奇《建李都堂盛神像》、李春芳《占永丰山》、张昌亮《拨换灵泉山事实》、《奉旨拨换灵泉山公案》(新编《灵泉志》从中分出《陈嘉言回奏稿》单列)等 15 篇(傅图抄本中部分文本没有篇名,以上篇名以主要参照《新编灵泉志》:笔者注),其他一些片段或侧面涉及楚藩占地的文本,或是清代人依照前人之记录转述的文本,在此不论。上述文本叙事时间节点主要集中在正统十二年(1447)到嘉靖前期,叙事节点最早的是邹振奇的《建李都堂盛神像》(写作于明末清初),追溯至楚昭王时期,最晚至万历元年(1573)(高桂《劾楚藩本稿》等)。

若以这些文献作为主要依据,我们可得到一个从正统十二年(1447)开始,直到嘉靖前期,包括楚藩诸代亲王和楚府宗室人员、灵泉山本地数代仕宦乡绅与民众、湖广抚按两院、部分朝廷大小官员和从孝宗到世宗的历代明代皇帝都参与其中的楚藩占地叙事,可谓旷日持久、牵涉面极广。而楚藩在灵泉山换地和占地营建陵寝,也给灵泉山本地的人文景观和灵泉山士人乡绅居民的生活和心理带来了翻天覆地的变化。那么,这些文本形成的楚藩占地叙事中,各种事件、事件参与人物、各方的行为和态度,是否全都符合真实的历史呢? 我们通过对张昌亮《拨换灵泉山事实》《奉旨拨换灵泉公案》(含《陈嘉言回奏稿》)、张翲

①各版本《灵泉志》楚藩占地文本行文出入情况详见田宝中《明代楚藩的经济状况与宗室斗争》附录 2 七种《灵泉志》文献中有关楚藩占地文本统计表,武汉大学硕士论文,2019 年,第110 页。

《参楚藩本》、张廷凤和张廷鸾《再参楚藩本》、高桂《劾楚藩本稿》①、《杨慎、邹守益上言复勘楚藩奏疏稿》等几份叙事性较强的文本进行详细考察,似乎可以窥见一些端倪。

二、楚藩"矫诏立碑""倒提年月"考

《灵泉志》楚藩占地文本中指证楚藩强行占地的一大"罪行"便是正统十二年(1447)在灵泉山"矫诏立碑""倒提年月",以图用圣旨和碑文来增强其占地的合法性与权威性,从而达到混淆视听、长期占有的目的。这种说法在礼部官员高桂《劾楚藩本稿》②以及《杨慎、邹守益上言复勘楚藩奏疏稿》③两文中最为明显。这两个文本用了大篇文字指斥楚藩"不尊王制、强夺宦产、矫诏立碑、倒提年月"等事。那么这些弹劾是否属实呢?

首先,我们要确定两疏写作的时间。从高桂《劾楚藩本稿》中有"自嘉靖而

---

①本文所引《劾楚藩本稿》来源于《新编灵泉志》。各版本《灵泉志》中,高桂《劾楚藩本稿》这一文本有两个明显不同的版本,傅乙二本中的《劾楚藩本稿》的行文与其他几个版本的行文有很大差异。疑是传抄过程有两个版本。这两个版本可能是出于同一人之手,但其中一份为草稿,另一份为修改后的文本。特将傅乙二本的不同处列举如下:

(1)对灵泉八家"汉唐宋元以来"历史与在明朝廷的事迹的追溯占了不少篇幅。

(2)《新编灵泉志》和傅甲本有"大学士李贤具疏",此文无"大学士"。且几乎没有关于对李贤的事迹、年代的叙述与考辨。

(3)此后多了"又于灵泉山外倒提洪武九年一小碑,使往来通衢断绝"和"钳死尹生,国法竟置而不论"等语。又有几句对明太祖制度的追溯。

(4)该奏疏中的楚王仍然是楚靖王"化钧(应是钧铫)",万历初年楚王为"华奎"。

(5)倒提年月年月的说法改为"更可骇者,于昭陵之前高建丰碑,忽倒提其上曰'正统十二年三月朱垲立',文称'李贤具疏,奉旨请题'……臣查楚宪藩,讳季垎,楚邦之贤王也。薨于正统九年,礼部有讣报文书可查也。岂有既薨之亡者,宾天三年而显然复生,忽于正统十二年春三月,犹自立碑于昭陵之前者乎?按宪藩无嗣,可以假名。宪藩已薨,可以诡冒。宪藩无知,可以倒提年月。若然,是欺死者之无闻,而败身平之名节;是坏法乱纪,自宗藩始也。"

(6)奏疏最后多了一句"臣职司各省藩王宗亲典礼之责,不得不直言"。

②高桂:《劾楚藩本稿》,见张高荣主编:《新编灵泉志》,第69—71页。以下有关《劾楚藩本稿》的引文皆来源于此,不再一一注明。

③《杨慎、邹守益上言复勘楚藩奏疏稿》,见张高荣主编:《新编灵泉志》,第71—72页。又见(明)张廷赞等编:《灵泉志》不分卷(甲),第148—149页。以下有关《杨慎、邹守益上言复勘楚藩奏疏稿》的引文皆来源于此,不再一一注明。

隆庆,则五十一年矣",“今皇上御宇,又一年矣",穆宗驾崩于隆庆六年(1572)七月,神宗同年即位,次年改元万历,则高桂应是在万历元年(1573)写奏此疏。从"礼部高桂等奏为楚藩倒提年月矫诏立碑越占宦产欺君害民一本,上遣状元杨慎、邹守益二臣行查回京,上言谨奉圣命行查不敢隐情事"可知,《杨慎、邹守益上言复勘楚藩奏疏稿》应该写于同年或次年。

其次,针对"矫诏立碑"和"倒提年月",高桂疏中言有"未有窃号改年,矫旨树碑为可骇也""乃不尊王制,越占宦产……以为陵寝,又立丰碑,忽题其上曰:‘正统十二年三月某日朱某立'""臣思藩臣即不请旨,而竟自立碑,世孰得而非之也;即用本年,而不须改年,人乌得而议之也""惟其并未请旨,而诬为请旨,则矫旨之罪,谁认其咎""今非正统,而诡提正统,则改统之罪,谁执其咎""臣揣藩臣之意,我既夺宦产,又恐人心不甘其侮夺,不如矫旨立碑,以为请旨以压服之,亦为久远以朦混之"等语。《杨慎、邹守益上言复勘楚藩奏疏稿》中有"臣私访灵泉昭寝,见高碑约有二丈,上镌正统十二年朱季坦立,实系倒提年月。按宪王季坦,薨于正统八年,今又勒石其上,是矫诏立碑、越占宦产可知矣"等语。以上引文,可谓言之凿凿,认为楚藩有"改统"和"矫旨"之罪。

两疏中所言之"碑",乃指楚昭王陵寝前碑亭中的楚昭王碑(现存龙泉山风景区楚昭王陵寝碑亭),石碑正面和背面共刻两篇碑文。楚昭王碑文的抬头是"孙楚王季坦奉敕撰",落款为"正统十二年三月某日孙楚王季坦奉敕立石",其文字现今依然清晰可读。

以此为据,《杨慎、邹守益上言复勘楚藩奏疏稿》所言"镌正统十二年朱季坦立",实误。其目的可能在于以季坦薨于正统八年(1443),而碑却立于正统十二年(1447)这样一个时间差,来指控楚王立碑倒提年月。既有石碑原文作证,碑是楚康王季坦而非楚宪王季坦于正统十二年(1447)所立,那么所谓倒提年月的说法自然也不成立。奏疏作者为何如此写?可能就是故意为之,也有可能是看石碑时只注意到抬头的"季坦撰",便以为落款也是"季坦"。当然,还有可能是根本就没有杨慎、邹守益私访灵泉昭寝见碑之事。高桂《劾楚藩本稿》中又有"正统十二年三月某日朱某立""臣谨将藩臣朱季坦所刻碑文,墨印一张,封缄进呈,臣言切直,冒干圣听"之语,他既然敢于把碑文墨印给神宗看,那就应该确保所奏无误,可这么明显的漏洞却被作者故意忽略了。那么,唯一解释得通的便是这篇奏疏根本不会被皇帝看到,而只是想要给其他人看到,故而可以按照自

己的想法刻意如此写,以表明自己所言之真实性,从而达到某种目的。

既然倒提年月是假,那么矫诏立碑又是否为真呢?

《明英宗实录》《明宪宗实录》中的几条记录给了我们答案,其原文如下:

1. 丙戌,楚王季坱奏欲于昭园、庄园(楚庄王陵寝:笔者注)立碑,表扬先德。上从之,复书曰:"此孝子慈孙当然之义,叔文学迈众,且素得于侍下,目见者最详,且实于自撰述为宜,或授事实于府中儒臣,俾之代述,亦皆宜也。"①(正统七年七月,笔者注)

2. 礼部尚书胡濙等言:"曩者,楚王季坱奏欲立昭、庄二园碑,朝廷令王自述,或府中儒臣代王述,今王复言:'臣与本府儒官俱学浅才疏,制作不足以表扬先德,乞请名儒撰文。'"上曰:"文令翰林院代撰,碑令王自立。"②(正统七年十二月)

3. 甲子,书复楚王季埱曰:"承喻宪王尝请立昭园、庄园碑,已命儒臣代撰文,并碑额附去,可量宜砻石镌刻,叔其亮之。"③(正统九年八月)

4. 甲申,楚王均鈋奏,祖父坟园已如例每春一祭,乞再赐秋祭。上曰:"秋祭准三岁一行。"④(成化十年十月)

通过以上几则材料,可知所谓"矫诏立碑"也实乃子虚乌有之事。楚王季坱于正统七年(1442)七月上奏欲在楚昭王陵园、楚庄王陵园立碑,表扬先德,得到了明英宗的首肯,并认为楚王亲自撰文最好,或请府中儒者代撰亦可。此后,楚王又于十月上疏,称才疏学浅,请求由朝廷名儒撰文。英宗应允,遂让翰林院选人撰文,而碑则由楚王自立。由于是翰林院选人撰写,一方面搜集楚昭王的相关资料需要时间,二是也许翰林院事务繁忙,不能迅速写作,故而时隔将近两年,到正统九年(1444)八月,英宗方才书信告知楚王碑文已撰写好,并碑额一齐派人送达,让楚王量宜砻石镌刻,只是请旨立碑的楚王季坱已于正统八年(1443)三月薨逝⑤,此时接到英宗书信的是本年四月因季坱无子而承袭王位的

①《明英宗实录》卷94,正统七年七月丙戌,"中研院"历史语言研究所1962年校印本,第1903页。
②《明英宗实录》卷99,正统七年十二月甲辰,第1997页。
③《明英宗实录》卷120,正统九年八月甲子,第2427—2428页。
④《明宪宗实录》卷134,成化十年十月甲申,第2513页。
⑤《明英宗实录》卷102,正统八年三月乙丑,第2058页。

楚王季塾。

从请旨到英宗同意,再到翰林院撰文且送达楚王,整个过程清晰明白,实无"矫诏立碑"之事。而碑文抬头为季埂,落款为季塾,也是尊重季埂乃立碑首倡者的身份。从正统九年(1444)年中接到碑文和碑额,到寻找体量庞大的碑石,再到碑石的采掘与运输,碑身和底座的凿刻,再到碑文的篆刻,再到选定合适的立碑时间,自然需要一段时间,故碑文落款为正统十二年(1447)三月也就不奇怪了。

傅图乙二本《劾楚藩本稿》中言"臣查楚宪藩,讳季埂,楚邦之贤王也,薨于正统九年(实际薨于正统八年三月:笔者注),礼部有讣报文书可查。世岂有既薨之亡者,宾天三年而显然复生,忽于正统十二年春三月,犹自立碑于昭寝之前者乎?按宪藩无嗣,可以假名,宪藩已薨,可以诡冒,宪藩无知,可以倒提年月"①,意思是楚宪王薨年早于碑文落款和立碑之日,碑文抬头又是"孙楚王季埂奉敕撰",故而认为是楚藩蓄意"倒提年月"和"矫诏立碑",该疏写作者应当不知楚宪王季埂生前上书请旨立碑,及英宗复书楚康王季塾言送碑文碑额之事,故而对"倒提年月"大肆渲染,目的是希望朝廷追究楚藩"欺君矫旨""罔上改年"之罪,同时也以此揭露楚藩占地手段之卑劣。文本最后附有一句"蒙旨俞允,削藩禄一千石,姑免究(其他版本为'姑究':笔者注)",可能是后人注记的事件处理结果。可是,这个结果也是不符合史实的。所谓"削楚藩禄一千石",确有其事,但这不是朝廷以惩罚的方式削夺,而是楚恭王英㷼于隆庆三年(1569)主动"奏辞禄米一千石",②考诸各类文献,再未发现有其他"削楚藩禄一千石"的记载了。该奏疏的真实作者注意到了楚王减禄之事,便将其附会为本案的处理结果,亦有混淆视听之嫌。

总之,这几份疏稿的真实作者没有看到《明英宗实录》的相关记载,故而可以大胆地玩弄文字游戏,在奏疏中将碑文明载的"季塾立"改为"季埂立",并以此为据,断定楚藩实乃"矫诏立碑""倒提年月",俨然成一家之说。那些没有机会看到昭王碑文和《明英宗实录》相关记载,或愿意相信此种说法且需要这种说

---

① 高桂:《劾楚藩本稿》,(明)张廷赞等编:《灵泉志》(乙册二),第361页。

② (明)申时行等纂:《明会典》卷38《宗室禄米》,中华书局1989年影印本,第271页。亦见(明)张学颜等撰:《万历会计录》卷32《宗藩禄粮》,北京图书馆古籍珍本丛刊》史部第52册,书目文献出版社1998年版,第1030页。

法广为传散,以形成一种特定历史记忆的人们,便会尽可能在自己的文字中转述此种说法。后来阅读到此两份疏稿而又不予以深究之人,便以之为的论,认为楚藩占据灵泉山是靠"矫诏立碑""倒提年月"的卑鄙手段,果能如此,则其伪托名人为作者、混乱时间的叙事也就达到了目的。当然,这种做法确实很有效果,如《灵泉志》阅读者张大友(夏)批注沈世昌《上楚愍王书》言"八家住基,为楚靖王所夺,营为九寝,其后矫诏立碑,倒提年月,坏江夏风水者傅生,而非藩宗也。倾灵泉世家者楚靖,而非楚昭也"①。抄本的整理者汤半品在批注中言"后楚藩且倒提年月,矫旨立碑,明有可据,如石碑果真,则余不传也"②。

如果以上考证和推断没有问题,则张小也《何为"来历":从〈灵泉志〉看明清时期土地权利的"证据"》③和王斯《不同阶层历史记忆背后的动机意识——以明代楚藩王与龙泉乡争产血案为例》④等文中以楚王"矫诏立碑""倒提年月"之事来说明楚王伪造对自己有利的历史,消灭对自己不利的历史记载和历史记忆,以此证明自己拥有灵泉山土地的合法性的说法,似有欠对所引文献真实性和可靠性的考察,值得商榷。

三、楚藩"伪托大学士李贤撰写碑文"考

高桂《劾楚藩本稿》中还有一处明显的谬误,即对于碑文中"李贤"一人的误识与混淆。疏中有"又称'大学士李贤具疏,奉旨请题'"、"不假枢臣李贤,而任人撰文,世又谁得而訾之也"等文字,写作者指出"李贤撰文"乃载于楚昭王碑文,其意图是指证碑文由楚王"伪托大学士李贤"撰写,但其所引碑文文字,实际上并不见于真实碑文,不知高桂从何处得见。高桂疏中又有"疏非出于李贤之手,而诬之曰李贤。李贤实非正统之人,而矫之曰正统,将以窃号之罪诬贤耶,抑以矫旨之罪诬贤耶? 今大学士李贤,日侍皇上之侧,事非己往,人非己往,皇上召贤而问之:然耶,否耶……"等语,又指斥楚王伪托大学士李贤撰写碑文,是对李贤的诬陷,更是犯了欺君之罪。又论证楚王把李贤所在的年代弄错了,以

---

①沈世昌:《上楚愍王书》,见张高荣主编:《新编灵泉志》,第 82 页。

②《灵泉樊侯墓碑》,见张高荣主编:《新编灵泉志》,第 86 页。

③张小也:《何为"来历":从〈灵泉志〉看明清时期土地权利的"证据"》,第 108 页。

④王斯:《不同阶层历史记忆背后的动机意识——以明代楚藩王与龙泉乡争产血案为例》,第 93 页。

此说明楚王立碑的居心叵测。那么，奏疏中所言"今大学士李贤，日侍皇上之侧"是否属实呢？

笔者遍索《明实录》、《明史》等文献，发现名为李贤且有大学士衔的，只有一位。此李贤（1409—1467），字原德，邓州（今河南邓州市）人，宣德八年（1433）进士，历宣德、正统、景泰和天顺数朝，颇受重用，英宗复辟后，迁翰林学士，入内阁，升吏部尚书。宪宗即位后晋李贤为少保、吏部尚书兼华盖殿大学士，成化二年十二月（1467）去世，享年58岁，谥文达，曾总裁或编修《明英宗实录》《大明一统志》等。① "李贤"之名也至少7次出现于《明神宗实录》，6次指的是此李贤，多是在张居正因居丧夺情或因其他政事需要而引用先朝故事时出现，剩下的1次是任命蓟镇右营游击李贤为曹家寨游松棚峪游击。② 而高桂疏文中的"大学士李贤"则"生于成化"，且"今大学士李贤，日侍皇上之侧"，言之凿凿，俨然实有其人，事实却是万历初年考无其人。此外，傅甲本《灵泉志》中高桂《劾楚藩本稿》中有张廷学注记"按正统大学士李冥，非李贤也"，则又恰好否认了正统时期存在大学士李贤，又言"弘治有一学士李贤，非大学士李贤也，须辨"，不知此"李贤"又是张廷学从何处知晓。张廷学注记最后言"大学士李贤讽礼部高桂弹之"，则该是认为大学士李贤生活于万历初年，并暗中鼓动高桂弹劾楚藩。③ 由此可见，不管是高桂《劾楚藩本稿》，还是后来的抄写者，都没有注意到万历初年不存在"大学士李贤"这一基本史实。

其实，"李贤"这个名字的确见于碑文，但不是"大学士李贤"。楚昭王碑文正面碑文中有"讣闻，上震悼，辍视朝三日，遣丰城侯李贤赐祭，谥昭"，背面碑文有"廿二年春二月戊辰，王薨，上遗丰城侯李贤祭，谥曰昭"。高桂所言"李贤"乃

①（清）张廷玉等撰：《明史》卷176《李贤传》，中华书局1974年版，第4673—4679页。
②七次出现分别如下：1. 自天顺成化弘治年间，偶遣内官，然率随置随罢，而一时谋国诸臣，若李贤、马文升等，犹惓惓建议，以苏民困（万历四年三月庚戌）。2. 大学士张居正初闻父丧，次辅吕调阳、张四维疏引杨溥、金幼孜、李贤夺情起复故事（万历五年九月己卯）。3. 谓先朝杨溥、李贤亦尝起复，然溥先以省母还家，贤既以回籍，奉旨夺情，固未有出都门，而可谓之起复者也（万历五年十月乙巳）。4. 先朝李贤夺情起复，罗伦力辩斥之："居正不归，无情可夺，无复可起，远非贤之俦矣。"（万历五年十月丁未）。5. 凡夺情起复者，皆居官食禄，与见任不殊，故先年大学士杨溥、李贤等皆从服中升官考满（万历八年二月戊寅）。6. 以蓟镇右营游击李贤为曹家寨游松棚峪游击，薛经为古北口参将（万历十年三月癸酉）。7. 或召大臣议政，如宋濂、解缙等之常侍左右，李贤、刘大夏之常被顾问（万历十三年五月丁亥）。
③高桂《劾楚藩本稿》，见（明）张廷赞等编：《灵泉志》不分卷（甲），第147页。

大学士,昭王碑文所记"李贤"为丰城侯,两者根本不是同一人。检索《明史》可知,楚昭王碑文中的"李贤"为丰城侯李彬之子。李彬,字质文,凤阳人,其父李信曾跟随明太祖起兵,屡有军功,后李彬因跟随明成祖参与"靖难之役"有功,于永乐元年(1403)议封丰城侯,禄千石,予世券,卒于永乐二十年(1422)春,其子李贤嗣侯位,景泰初卒。①奏疏中所言"大学士李贤"如何云云,应该是《劾楚藩本稿》的真实作者以石碑上"李贤",误作或故作为"大学士李贤"。若万历年间果真有大学士李贤,且每日侍奉皇上之侧,为何《明神宗实录》和《明史》等文献竟不记一字呢?且高桂此时正在明廷任官,以本朝实无其人之"大学士李贤"写于奏疏之中,岂不是犯了欺君之罪?身为礼部官员的高桂又怎敢这样做呢?那么唯一的解释就是本疏其实并非高桂本人所写!由此可见,所谓楚藩"伪托大学士李贤撰写碑文"一事,也不符合史实。

有以上诸多史实错误或误用,我们可以判断,《劾楚藩本稿》并非高桂所写。那么,该文的真实作者又为何伪托高桂之名呢?

以上问题还得结合《杨慎、邹守益上言复勘楚藩奏疏稿》来看,疏稿的内容是状元杨慎、邹守益奉旨查勘礼部高桂前奏事宜后,回京向皇帝所呈查勘情况。从前文中,我们已知高桂奏疏写于万历元年(1573),该疏稿也应写于同年或次年。有意思的是,考诸《明史》列传,杨慎于正德六年(1511)考中状元,卒于嘉靖三十八年(1559)②,邹守益卒于嘉靖四十一年(1562)③,且考诸明代各类史料,明代再无其他名为杨慎且考取状元的人,亦无其他在朝为官的邹守益。杨、邹二人去世之时,神宗皇帝(1563—1620)尚未出生,更未继承皇位,又怎能派遣此二人去查勘案件呢?显然,奏疏所言神宗派杨、邹二人前去查案是断然不可能的事情,那么这一奏疏极有可能是后人伪造的,而托以杨慎、邹守益之名写出,其目的或是借用邹、杨二人之名气,来增强奏疏的可信度,只是在写作时,并未注意到时间问题。

值得注意的是,傅乙二本中的《奉旨部议拨换灵泉山公案》一文,似乎注意

①(清)张廷玉等撰:《明史》卷154《李彬传》,第4233—4236页。
②杨慎(1488—1559),字用修,四川成都人,东阁大学士杨廷和之子,正德六年(1511)状元及第,嘉靖三十八年卒,年七十二。(清)张廷玉等撰:《明史》卷192《杨慎传》,第5081—5083页。
③邹守益(1491—1562),字谦之,江西安富县人。明代著名理学家、教育家,嘉靖四十一年卒,年六十二。(清)张廷玉等撰:《明史》卷283《邹守益传》,第7268—7270页。

到了这些文本时间线多错乱的问题，于是将几篇文章叙述内容的顺序进行了调整，其叙事过程为"弘治二年靖王破头案—楚府嘉靖年间翻案—礼部尚书高桂等奏楚府倒提年月—状元杨慎、邹守益查案—掌堂陈嘉言奏疏—嘉靖九年结案"①。但由于"礼部尚书高桂"具有明显时间节点，且多数抄本并未采纳这一时间线索，故而我们认为这一篇的时间线也是不可取的。

总之，从相关性上看，既然《杨慎、邹守益上言复勘楚藩奏疏稿》是假，那它所查勘的高桂的《劾楚藩本稿》也必不为真，且《劾楚藩本稿》本身也存在前述诸多史实问题。由此，我们可以断定，以上两疏并不是高桂、杨慎、邹守益所写，而是有人借他们之名写就，把他们叙述成重要参与者，以此来表达自己的某种意图和目的。仔细研读，可以发现两份奏疏的核心问题是陈述楚藩"倒提年月、矫诏立碑、越占宦产、为害地方"的事情。"倒提年月、矫诏立碑"是意图从国家制度和道德伦理层面否认楚藩占据灵泉山的合法性，"越占宦产、为害地方"则是强调自身曾经的权利，试图揭露楚藩实际的罪行，也是作者最想要表达且又痛心疾首的内容。

四、嘉靖下旨"亲讯杖毙犯法楚宗三人"考

此外，张鷟《参楚藩本》②和张廷凤、张廷鸾《再参楚藩本》③后所批注的"嘉靖批旨"的相关内容，如"亲讯杖毙""杖毙三人"，也与明代宗藩管理制度不符，值得怀疑。《新编灵泉志》中张鷟《参楚藩本》一文的最后是"嘉靖批旨：如再掘张姓冢，开棺迁葬者，照庶民例处斩"④，张廷凤、张廷鸾《再参楚藩本》一文的最后是"嘉靖批旨：痛恨无涯，着三法司将犯法三人拘来，亲讯杖毙"⑤。傅丙本《嘉

①见(明)张廷赞等编：《灵泉志》(乙二册)，《"中央研究院"历史语言研究所傅斯年图书馆藏未刊稿钞本丛刊·方志》12册，"中研院"史语所，2016年，362—377页。

②各版《灵泉志》中对此文本的写作时间描述不一，《新编灵泉志》注释为"嘉靖九年，庚寅，参楚藩"。傅图丙本该文本的标题为《嘉靖七年陈情》。

③各版《灵泉志》中对此文本的写作时间描述不一，《新编灵泉志》注释为"廷凤、廷鸾嘉靖十年辛卯，再参楚藩"。见张高荣主编：《新编灵泉志》，第68页。傅图丙本该文本的标题为《嘉靖八年陈情》。见(明)张廷赞等编：《灵泉志》(丙)，《"中央研究院"历史语言研究所傅斯年图书馆藏未刊稿钞本丛刊·方志》13册，"中研院"史语所，2016年，87—88页。

④张鷟：《参楚藩本》，张高荣主编：《新编灵泉志》，第68页。

⑤张廷凤、张廷鸾：《再参楚藩本》，张高荣主编：《新编灵泉志》，第69页。

靖八年陈情》一文最后批注为"谕旨着三法司将犯法拘来视讯。辂墓天马峰下之西，石隔坚硬，楚宗洗视之，又复葬于石。廷凤陈情，痛哭无涯，竟以杖毙楚宗三人，其害终昭免"。① 这三份批注都认为嘉靖曾下旨"杖毙楚宗三人"。那么，这些说法是否属实呢？

首先，"嘉靖批旨"四字值得考究，如果真是当时上疏后就得到旨意，作者显然不会如此书写。一种可能就是当时确实写了此疏，也得到了旨意，只是后人在誊抄批注时，将之转述成"嘉靖批旨"。或者是作者当时写作了此稿，但并未上疏，或者上疏了并未得到回应，所谓嘉靖的旨意实际只是文本作者或抄写者所做的批注而已。意图以皇帝的圣旨和皇帝对张、李二姓的支持、对楚藩的处罚来增强文本的说服力。还有一种可能是所谓《参楚藩本》《再参楚藩本》，根本不是嘉靖时期所写，而是后人所写，并在文后附以所谓的"嘉靖批旨"。当然以上诸种可能只是猜测，还有待发掘更多的史料进行深入辨析。

其次，不管奏疏描述内容是否真实客观，世宗皇帝所下旨意也值得揣摩。若说《参楚藩本》中"照庶民例处斩"具有警告威胁之意，并不会实施，还说得过去，而后本中"将犯法三人拘来，亲讯杖毙"则似不符合明代对于宗藩犯罪处理的相关措施。对于明代的宗藩犯罪处治措施，据学者研究，有"书涵警示与降敕责让，减革犯罪宗藩的岁禄，革夺犯罪宗藩的封爵，最严厉的便是处斩、斩首焚尸、赐死（勒令自尽）"等。而对犯罪宗藩的管理与安置则有宗室重犯发落高墙禁锢、革爵宗藩迁守祖坟禁住、设置闲宅居住等方式。② 就笔者目力所及，有明一代，尚未有将犯罪宗室"亲讯杖毙"的案例。由此，所谓"嘉靖批旨"以及这两份文本部分史实的可信度，还需斟酌考量。

再次，这几种文本关于"杖毙三人"时间的记录，还有相互矛盾之处。

第一，傅图丙本《灵泉志》收录张廷凤、张廷鸾《嘉靖八年陈情》中的文后批注言"廷凤陈情，痛苦无涯，竟以杖毙楚宗三人，其害终昭免"③，从批注可推断，"杖毙三人"应发生在嘉靖八年（1529）。

第二，《灵泉序》中有"再传至愍王……而诸胜地遂荡然无余矣……嘉靖九

① 张廷凤、张廷鸾：《嘉靖八年陈情》，（明）张廷赞等编：《灵泉志》（丙），88页。
② 雷炳炎：《明代宗藩犯罪问题研究》，中华书局2014年版，第157—217页。
③ 张廷凤、张廷鸾：《嘉靖八年陈情》，（明）张廷赞等编：《灵泉志》（丙），第88页。

年,被进士张㷍等叩阍,杖毙楚府三人,始结案。已而愍王得心恙,眇一目"等语。① 该序文认为"杖毙楚府三人"发生在嘉靖九年(1530)。此外,楚愍王是嘉靖十五年(1536)袭位,嘉靖九年(1530)还是楚端王在位,嘉靖九年(1530)结案与否,与愍王无关,作者却又说"已而愍王得心恙,眇一目",又提及愍王被英燿弑杀以及恭王无嗣,其意图应在于用因果报应来表达对楚藩占地的痛恨。

第三,《新编灵泉志》和傅图甲本《灵泉志》收录的张廷凤、张廷鸾《再参楚藩本》中言"嘉靖批旨:痛恨无涯……将犯法三人拘来,亲讯杖毙"②,按照文本注记,此疏写于嘉靖十年(1531),那么"杖毙三人"又是嘉靖十年(1531)的事情了。

第四,张昌亮《拨换灵泉山事实》中又言"延至愍王显榕,于嘉靖十五年丙申嗣位,愈嗣凶恶,欲翻案求胜,尽诛二姓苗裔……世宗皇帝……杖死宗室三人",③该作者又把"杖死三人"的时间定在嘉靖十五年(1536)之后。且其中"尽诛二姓苗裔"的说法是否可靠(傅甲本无此说,可能是后人添改),也值得怀疑。

四个文本,对于"杖毙三人"的时间,竟有嘉靖八年、九年、十年和十五年以后四种说法,每一个文本又都言之凿凿,且不同抄本《灵泉志》同一篇文章的作者和写作时间也都存在差异。笔者认为,"杖毙三人"这种说法很可能是出现于这些文本中较早的一个,或是源自其他文本的说法,抑或是民间的传说,甚至是作者的一种想象,各文本的作者以为可信或愿意相信,便在自己的陈述注记中予以采用,却没有注意到时间不一的问题。

总之,所谓"杖毙犯法楚宗三人",事实上极有可能没有发生。

五、楚藩"拨换灵泉山事实"考

《拨换灵泉山事实》《奉旨拨换灵泉山公案》(含《陈嘉言回奏稿》和《与八家书》等文本也存在真实性和可靠性不强的问题。依照《拨换灵泉山事实》的"有张钟灵上靖王书""有张长空上端王书""有沈世昌上端王书"等批注和叙事时段从正统十二年"邹元儿、林森换地于楚康王"一直到嘉靖"杖毙三人",《奉旨拨换灵泉山公案》中有"此弘治年间事""正德末年间事"等语和叙事时段从弘治二年

---

① 《灵泉序》,见张高荣主编:《新编灵泉志》,第8—10页。

② 《再参楚藩本》,见张高荣主编:《新编灵泉志》,第68—69页。亦见(明)张廷赞等编:《灵泉志》清钞本不分卷(甲),第166—167页。

③ 《拨换灵泉山事实》,见张高荣主编:《新编灵泉志》,第63—64页。

八月楚府"血本上疏"直到嘉靖年间陈嘉言回奏换地事,可知这两份文本写作于嘉靖以后,是后人在楚藩灵泉山换地和占地已成事实后的追述,并不是事发时的原始记录。前述几份文本的主要问题是:

其一,有违明代制度性史实。《奉旨拨换灵泉山公案》(含《陈嘉言回奏稿》)开篇即言"弘治二年八月……皇上震怒,即遣三法司,赐尚方剑一口,并湖广巡抚,协围张、李二宅,抄家执凶魁赴京待问"①,这其中的"赐尚方剑一口"就值得考究。明代确实有尚方剑,但考诸《明实录》《明史》等官方文献,尚方剑在明代中前期几乎没有出现,到万历中后期及天启、崇祯朝才频繁使用,且主要应用于军政大事。②根据前文对高桂疏,杨慎、邹守益疏的考察,我们怀疑这一文本也写作于万历中晚期以降,尚方剑因广泛地使用,已广为人知之时。作者在知晓尚方剑权威的情境下,在写作该文本时将尚方剑附会于弘治时期,试图以尚方剑来证明其叙事的可靠性。

其二,拨换灵泉山叙事中主要人物的时空错乱。《新编灵泉志》的《拨换灵泉山事实》中有"弘治二年,王竟亲临面换。张长空等先声抗论,声喧林谷"③等言,傅图甲本和傅图乙一本《拨换灵泉山事实》记为"王深恨之,竟亲临面换,张长空等先身抗论,声喧林谷",傅图乙一本《灵泉事实》中记为"王深恨之,竟亲临面换,张通号长空等先身抗论,声喧林谷"④。可知,虽是不同文本,都认同"张长空"此人参与了弘治二年(1489)的换地事件,并在其中发挥了重要作用。也可得知张长空生活于弘治初年,且至少已经十多岁,也就是说,张长空至晚在公元1475年左右已经出生。傅图甲本、乙一本、乙四本、丙本都收录了张长空《上楚端王书》,《新编灵泉志》中收录了张通《上楚端王书》,且在"张通"后批注"通,字长空",同书还收录了张长空《与张学悟书》一文,对"张长空"的批注是"长空,讳通"。可知,张长空和张通是同一人,"通"是名,"长空"是字。从《上楚端王书》可是,张长空也生活于楚端王时期(1512—1534)。《新编灵泉志》还收录了江沛然《张东白先生传》和《与师张文山子书》,对张东白的批注为"东白,讳通,字长空,号东白,谥文山",对文山的批注为"文山,讳通,号东白,字长空,文山其

---

①原文详见《奉旨拨换灵泉山公案》,见张高荣主编:《新编灵泉志》,第64—65页。亦见(明)张廷赞等编:《灵泉志》不分卷(甲),第139—141页。

②柏桦:《明代赐尚方剑制度》,《古代文明》2007年第4期,第85—89页。

③《拨换灵泉山事实》,见张高荣主编:《新编灵泉志》,第63—64页。

④(明)张廷赞等编:《灵泉志》(乙一),第385页。

谥号也",可知该处的张东白、张文山与前文的张通、张长空是同一人。《张东白先生传》中言"沛亲炙门下十余载……沛举进士,宾客往贺,先生不为之喜;既任吉水,吏治民风略有可观,先生又深为之喜。沛尝黜职,宾客往吊,先生不为之忧;既作提刑……余奉命至京师,会先生于署邸"①,对江沛然的批注为"沛然,字应吾,隆庆丁卯举人,辛未进士",可知江沛然曾师从张长空十余年,隆庆年间科考及进士第,且曾在吉水任职,又因故黜职。《明神宗实录》万历七年三月二十三日条记载"吉安知府张振之,患病乞休,不待报辄行……振之揭报吉水县知县江沛然贪酷,沛然谓振之以私嫌揭害,是非未定,故荐刻两置之。二臣并有才名,乃以意见偶乖,遂起戈矛……揆之《明例》,俱合为民,但振之疾亦是真,沛然才实可任吏部,酌议上请命,革振之职,降沛然二级"②,两相对照,证明江沛然前文所言是真。由此可见,至早在万历七年(1579),张长空仍然在世,且在此之后又活了数载。结合前文张长空至晚出生于 1475 年左右,则张长空活了 100 岁以上,甚至可能超过 110 岁,果真如此,江沛然在写传记时应当会有所记录。以常理推断,张长空活到 100 以上的可能性很小,再结合《明神宗实录》的记载,我们能确定张长空死于万历七年之后,那他就不可能生活于弘治初年。倘若前面分析无误,则有两种可能,一是《拨换灵泉山事实》描述的张姓族人抵制楚王换地之事有误,张长空并未也不可能参与,主角另有其人;二是《拨换灵泉山事实》所描述的楚王亲临换地的事情本身就没有发生,所谓张长空抵制换地的情节,很可能是写作者编写的一个故事,并有意附会于张氏名人,以此增强文本叙事的权威性和说服力。

除了张长空外,《奉旨拨换灵泉山公案》对张璧、张璞两人的描述也存在时空错乱问题。该文本中载"楚府(弘治二年:笔者注)九月复疏,为宦臣谋王,故杀非诬事,疏中语侵部堂。上疑部堂有私,忽出内旨:如敢故杀情真,即着羽林军三千,星夜赴灵泉山,严拿张、李二姓全族,至京分处。有侦信报来,灵泉绅衿士庶,逃走一空……",可知弘治二年(1489),曾有孝宗皇帝下旨捉拿张、李二姓全族,而张、李二姓等灵泉山绅民因提前得到消息,逃走一空之事。《新编灵泉志》和《灵泉志》(甲)等收录的张大海《与八家书》中言"昨李狗儿、张快儿至京,

<hr>

① 江沛然:《张东白先生传》,见张高荣主编:《新编灵泉志》,第 59—60 页。亦见(明)张廷赞等编:《灵泉志》不分卷(甲)98—99 页。

②《明神宗实录》卷 85,万历七年三月二十三日,第 1793—1794 页。

到阁老别山府内,说楚王血书以上,皇上准旨,着三法司不日到江夏,仰地方官委兵严拿灵泉乡宦抄家。别山相公闻知此事,召六部科道御史等官,交章急救。事在未定之日,别山、中美二公,叫八家着速逃匿,莫念家资,字到之日,火速潜行"①。两份文笔内容对比,可知张大海《与八家书》所言之事便是《奉旨拨换灵泉山公案》中"有侦信报来"。《与八家书》中所言"阁老别山"、"别山相公",文中注记为"别山,张璧号",考诸史料,张璧,石首人,弘治八年(1495)中举人,正德六年(1511)与杨慎等同年科考,杨慎高中状元,张璧则中进士后入翰林院,嘉靖二十二年(1543),张璧由南京礼部尚书调任北京礼部尚书,次年入阁参与军机,兼东阁大学士,卒于嘉靖二十四年(1545)②。《与八家书》中所言"中美",乃张璞之字(亦字中善),考诸史料可知,张璞,江夏人,弘治十八年(1505)进士,由归安知县召授御史,正德八年(1513)出按云南,因得罪镇守中官而为之所诬,被逮捕入诏狱,死于狱中,嘉靖即位后,赠太仆少卿,赐祭葬。③ 对比张璧、张璞二人的经历,两人同在北京为官的年份仅限于正德六年至正德八年,若加上张璧已经是"阁老""相公"的身份,则两者并无同在京师为官的交集。由此可见,《与八家书》中所言"别山、中美二公",事实上并不能在弘治二年(1489)一同给灵泉八家报信,让人提前催促他们避祸。也就是说,《与八家书》可能也是伪造,而《奉旨拨换灵泉山公案》一文的可信度也因此降低。

值得注意的是,《奉旨拨换灵泉山公案》文本中的"御史孙公秉直,谏台杨公世英,给事申公以赞、俞公华国、桂公以正,天子内侍鄂于渚、董正乾、李典、掌堂陈公嘉言、徐有贞、周至德"等人,遍索《明实录》《明史》等文献,以及通过古籍数据库检索,也未出现与以上官职相应的人名,偶有同名者,或是太监、或是军职、或与弘治年间相隔甚远,若说两三个人名不被记于各种材料中,尚可以理解,为何这么多有较高官职的人都没有一人被官方文献记录呢? 如此似能进一步说

①《与八家书》,见张高荣主编:《新编灵泉志》,第96页。亦见(明)张廷赞等编:《灵泉志》不分卷(甲),第82—83页。

②(明)张弘道、张凝道同辑:《皇明三元考》,周骏富辑《明代传记丛刊·学林类16》109册,明文书局1991年版,第381—386页,(明)焦竑编《国朝献征录》(一)一一九,周骏富辑《明代传记丛刊·综录类26》109册,明文书局1991年版,第585—586页,又见(明)过廷训纂集:《明分省人物考》(九),周骏富辑《明代传记丛刊·综录类36》137册,明文书局1991年版,第319—321页。

③(清)张廷玉等撰:《明史》卷188列传第76《张璞传》,第4995页。

明《奉旨拨换灵泉山公案》的真实性和可信度较低。同理，《奉旨拨换灵泉山公案》首句为"楚府自弘治二年八月一疏,为破脑伤首,罪同杀君事,是疏以血掌涂于上,连用三痕,皇上震怒"①,按文中所言,楚王因此事曾连番上奏。亲王被破脑伤首,罪同杀君,楚王血本上奏,事关重大,应该会在朝廷引起不小震动。但笔者检索《明孝宗实录》,涉及"楚府"者共计103条,基本都是给楚府宗室人员赐名、赐封、赐诰命冠服、赐禄米和免还禄米的记录,涉及"楚王"者共8条,也都是册封世子、赐名、赐婚等内容,却没有任何关于"自破其首,血本上奏"奏的记载。而检索其他明代各类文献,也是同样的结果。也就是说,所谓楚王"自破其首,血本上奏",目前仅见载于《拨换灵泉山事实》和《奉旨拨换灵泉山公案》这两份由后人追记,且本身可靠性严重存疑的文本当中。那么,我们有理由怀疑,楚王"自破其首,血本上奏"事实上可能并没有发生。

当然,以上分析并不是的论,也许在灵泉占地过程中,确实有楚王上奏以及孝宗处理该案之事,只是后人在追溯此事的时候,融入了不少的夸张和想象!

六、结论

根据前文论述,笔者认为部分《灵泉志》楚藩占地文本的写作时间,可能是在万历中期至明末清初,因为这时楚藩已经完全将灵泉山占为己有,他们写作这些文本的目的是为了记录楚藩占地的过程,并加以渲染以形成一种历史记忆,借此机会再次阐明自己曾经对于灵泉山土地的合法权利。当然,这些文本更可能是写作或修改于明清鼎革之后,此时楚藩已经覆灭,楚藩所占的灵泉山也暂时失去了主人,当地乡绅在重占灵泉山土地的过程中,为了证明自己对灵泉山土地权利的历史合法性,而刻意搜集整理了相关楚藩占地的文本,甚至杜撰了其中一些文本,由于是不同人所写,这些楚藩占地文本被收入《灵泉志》后,又有所改动,且多经传抄,故而在诸多事件的时间顺序和具体史实上出现了诸多纰漏。

由于官方史料欠载,且未发掘出更多其他新史料,加上笔者能力所限,目前对张钟灵《覆楚靖王均釰书》、张通《上楚端王书》和《与张学悟书》、李璋《陈抄家

---

①原文详见《奉旨拨换灵泉山公案》,见张高荣主编:《新编灵泉志》,第64页。亦见(明)张廷赞等编:《灵泉志》不分卷(甲),第139页。

草稿》、沈世昌《上楚愍王书》和李春芳《占永丰山》等文本中有关楚藩占地内容以及《灵泉志》其他文章中相关片段的真实性和可靠性,暂不能做出准确判断。但就其行文风格和内容本身所言之事而言,可信度要高于前文中已经考察过的几份文本。

总之,各版本《灵泉志》楚藩占地文本中,至少有《拨换灵泉山事实》、《奉旨拨换灵泉公案》(含《陈嘉言回奏稿》)、张巘《参楚藩本》、张廷凤和张廷鸾《再参楚藩本》、高桂《劾楚藩本稿》《杨慎、邹守益上言复勘楚藩奏疏稿》和张大海《与八家书》等文本的真实性和可靠性是很值得怀疑的,但这几份文本又恰好构成了楚藩占地叙事较为核心和关键的部分,且同一文本在各版本的《灵泉志》抄本中,又有一些文字上甚至是史实上的差别。因而,完全依靠这些文本去还原楚藩换地或占地的全部史实是不可行的。当然,本文也并非完全否认《灵泉志》楚藩占地文本的史料价值,我们从其他几份楚藩占地文本中,亦可确定楚藩灵泉山换地或占地曾真实发生过,并可勾勒出楚藩换地与占地过程之大概。需要强调的是,我们在利用这些文本时,还应充分参考对照官方文献,致力于挖掘更多新材料,并结合文本本身及其产生的时代背景与写作者的意图,做综合全面细致审慎的考察,以求得出更加准确、可靠和客观的结论。这是我们以后在研究楚藩与地方社会,尤其是研究楚藩在灵泉山的经营需要特别注意的。

利尽江河:试论秦人治水对传统水利的贡献

解红玉①

摘　要:春秋战国时期,列国竞争激烈,出于发展农业和军事的需要,秦人尤为重视水利工程的建设。在长期的水利工程实践中,秦人逐渐形成了一套独特的治水理念。秦人在治水过程中讲究因仍自然,注重系统性和综合治理,将运河开凿、防洪治河与农业灌溉相结合,在水利建设方面做出了诸多开创性贡献。

关键词:秦人;治水;水利

善治国者必先治水,水资源作为维系农业发展的命脉,如何合理地开发与利用水资源一直是困扰古代国家的重要难题,治水事业的成败关系到国家的兴衰。春秋战国时期,日趋激烈的国家竞争推动着农业生产与水利建设事业的发展,各诸侯国都对境内的河流进行了不同程度的开发利用。古代中国也在这一时期完成了治水社会到水利社会②的转型。水利社会中,国家对河流湖泊的开发可辐射带动流域内的整体社会生产,生产力的进步又对河流水利设施的养护实现了反哺,形成了良性的互促,秦人正是这一时期水资源开发的佼佼者。学界关于秦人③

---

①中国历史研究院专项工作处干部。

②"治水社会"一词出自魏特夫的《东方专制主义》,魏特夫通过对干旱、半干旱地区大型水利工程兴建的考察,创造性地提出了"治水社会—东方专制主义"的互动逻辑,然这一观点是其对东方社会、东方政权的错误性认识,本文所强调"治水社会到水利社会"意在说明中国的水利事业发展经历了从"治水"到"水利"的转型。

③水利建设并非一人之功,都江堰、郑国渠以及灵渠等浩大的水利工程是全体秦人的共同努力下建设完成的。因此本文的秦人主要指秦朝统治者、列国来秦的游士,以及秦疆域内生活的广大普通人民。

治水的研究已有较多成果①。本文拟在现有研究成果的基础上,以秦国三大水利工程为切入点,深入探讨秦人兴修水利的历史经验,对秦人治水理念进一步明确总结。

一、秦人治水的历史背景与现实成就

秦人治水具有悠久的历史传统,早在五帝时期,秦人先祖便投身于治水事业中,《史记·秦本纪》记载:"女华生大费,与禹平水土。已成,帝锡玄圭。禹受曰:"非予能,亦大费为辅"②,秦祖大费在大禹治水过程中发挥了极为重要的作用,也对后世秦人对治水的重视产生了深远的影响。

都江堰作为秦人治水的第一项伟大工程,其对大禹治水的历史传统或有所承袭,《舆地纪胜》中提到"禹之导江,由岷山以施功",郑肇经也认为"大禹蜀人也,开明蜀帝也"③,《尚书·禹贡》有"岷山导江,东别为沱"的记载,即指大禹采用"导江治河"的方式将岷江分为沱江和岷江,而导江分水也正是都江堰的建造理念。此外,秦国治水并非单纯为治而治,而是包含统一天下、九州共贯的宏大目标,秦惠文王听取司马错意见将伐蜀作为完成统一大业的第一步,即"蜀有桀、纣之乱,其国富饶,得其布帛金银,足给军用。水通于楚,有巴之劲卒,浮大舶船以东向楚,楚地可得。得蜀则得楚,楚亡则天下并矣"④。蜀地位于楚国上游,可借水利之势直攻楚国腹地,公元前 309 年,司马错率大军十万"大舶船万艘,米六百万斛,浮江伐楚,取商於之地,为黔中郡"⑤,足见蜀地战略重要性,后派遣李冰担任蜀郡太守,治理岷江也是出于这种考虑,《史记·河渠书》记载"蜀

---

①如彭邦本的《秦人治蜀时期蜀地水利与农业的发展》,论述了秦人开发蜀地时的种种水利政策;李红有的《秦国统一天下过程中水利工程建设及其作用探析》,对秦的发展国策以及三大水利工程对秦国产生的重要影响进行了论述;张铭洽的《从秦水利工程看秦文化的特点及影响》,介绍了秦修建的一系列水利工程并提出秦文化具有"重功利"的特点;冯广宏的《都江堰创建史》,对都江堰的创建人,创建时间以及当时的工程性质与面貌等一系列问题进行了梳理和总结;刘建新的《灵渠》,前两章叙述了灵渠的创建发展历程以及产生的重要历史作用等。但秦人治水对传统水利的贡献作为研究的新视角,还未在学术界引起重视,就目前而言,很少有学者对此进行过论述。只有彭煜清《秦水利政策初探》涉及了秦人治水的政策,该文认为秦修水利主要是为了战争的需要,以上研究成果并未对秦人治水的理念进行总结。

②(汉)司马迁:《史记》卷 5《秦本纪》,中华书局 1982 年版,第 173 页。

③郑肇经:《中国水利史》,商务印书馆 1998 年版,第 25 页。

④(清)马骕:《绎史》卷 123《秦并巴蜀》,中华书局 2002 年版,第 3091 页。

⑤(清)马骕:《绎史》卷 123《秦并巴蜀》,中华书局 2002 年版,第 3091 页。

守冰凿离碓,辟沫水之害,穿二江成都之中。此渠皆可行舟,有余则用溉浸,百姓飨其利"[1],以"行舟"为首要目的,而将"有余"之水供给土地灌溉,可见秦人将治水视为统一天下的重要实现手段。

同样,秦王嬴政即位后,郑国渠的修建也是服务于统一大业,秦国都城咸阳位于"八百里秦川"腹地,广袤肥沃的关中平原是秦朝军队的粮食供应地,但由于水旱不均,农业生产并不稳定,而都江堰建成后的巴蜀平原从"水旱从人"变成旱涝保收的天府之国。因此,秦王嬴政吸收李冰治水的经验,极为重视关中平原的水利建设工作,《吕氏春秋·上农》指出"量力不足,不敢渠地而耕",秦人认识到耕地扩大与兴修水利相辅相成,故大胆任用韩人郑国主持关中水利建设,而间谍郑国也不得不承认"臣为韩延数岁之命,为秦建万世之功"。

秦人治水既有自己的历史传统,也有实现国力发展的现实需要,而农业是人类社会发展的基础,是人口增长和经济发展的重要保障,秦人借助兴修各种水利设施促使耕地面积扩大,农作物产量稳定,成功地吸引各国流民入秦耕种。

春秋战国时期,列国纷争不断,人口成为各国最重要的竞争资源,各诸侯国均以增加人口为重中之重,如管子便提出"修旧法,择其善者,举而严用之。慈于民,予无财,贫无财者,当施与之。宽政役,敬百姓,则国富而民安矣"[2]的治国理念。商鞅为秦强而奠基,亦极为重视人口增长与国家实力强大的关系,提出"农战为先"的主张,坚决打击贵族、商人等"利民"群体,更是积极招徕各国流民,推行"徕民"政策,"利其田宅而复之三世",不断增加国家的农战人口。而农战人口的增长需要农业作为坚实后盾,铁犁牛耕的推广使大规模屯种垦荒成为可能,秦国地区的"陵阪丘隰"皆成为可供耕种之地,甚至在征服蜀地后进行大规模移民,"秦惠王置巴郡,以张若为蜀国守,戎伯尚强,乃移秦民万家实之"[3]。为了维持规模宏大的垦荒事业,将农垦区建设成稳定的战略基地,秦人开始进行大规模的水利建设,秦国社会开启了"水利社会"的转型进程,兴修了都江堰、郑国渠等重大水利工程。

秦人通过对境内若干水域的治理,尤其是在都江堰、郑国渠修建完成后,秦国在农业水平、粮食供应以及人口数量上,相比东方六国有了显著提高,助推了秦国的统一进程。中国传统水利主要包括防洪治河、农田灌溉以及开凿运河三

---

①(汉)司马迁:《史记》卷29《河渠书》,中华书局1982年版,第1407页。

②黎翔凤:《管子校注》卷8,中华书局2004年版,第412页。

③(晋)常璩:《华阳国志》卷3《蜀志》,齐鲁书社2010年版,第30页。

个方面,秦人在这些方面取得了巨大的成就,都江堰、郑国渠以及为统一岭南而修建的灵渠等,都展现了秦人治水的智慧。

都江堰修建于公元前3世纪,坐落于成都平原西部的岷江上,是一个兼有防洪、灌溉、航运等功能的系统、完整、科学的水利设施。秦汉时初名"湔堰",亦称"北江堋""湔堋",到宋朝时才被称为都江堰。战国后期,岷江时常泛滥,引发水涝灾害,秦国统辖蜀地后,出于争霸战争的需要,秦王任命李冰为蜀郡太守①治理岷江,李冰经过多年的实地考察,在前人的基础上主持修建了都江堰,实现了防洪、航运、灌溉的综合利用,"于是,蜀沃野千里,号为陆海。旱则引水浸润,雨则杜塞水门。故记曰:'水旱从人,不知饥馑。'时无荒年,天下谓之'天府'也。"②

郑国渠,始建于秦王政元年(公元前246年)③,为韩人郑国于渭北平原上主持建造。《史记·河渠书》记载:"泾水自中山西邸瓠口为渠",由此可知渠首应当位于瓠口,引泾水入渠,渠道"并北山东注洛三百余里"④,一直向东流去,经过谷水、清水、浑水、沮水、漆水等河流。渠成后,改善了渭北平原的盐碱地环境,泽及千里,其首开的引泾灌溉之法对后世影响深远。汉武帝时,赵中大夫白公开凿白渠,便是借鉴了郑国渠的引泾灌溉之法,郑白二渠相通,共同滋润着关中腹地,时有歌谣:"田于何所? 池(阳)、谷口。郑国在前,白渠在后。"⑤

关于灵渠的相关记载,最早见于《淮南子·人间训》:"使监禄无以转饷,又以卒凿渠而通粮道,以与越人战,杀西呕君译吁宋"⑥。秦始皇在吞并六国一统中原之后,决定南下平定百越,实现统一大业。为了行军运输方便,在广西兴安

---

①关于李冰入蜀时间学界一直存在争议,有秦昭襄王说和秦孝文王说两种观点,由于传世文献的记载不一以及缺乏可靠的考古资料,这一问题尚未能解决。详见李钊、彭邦本:《20世纪以来李冰研究述论》,《中华文化论坛》,2018年9月,第36—46页。

②(晋)常璩:《华阳国志》卷3《蜀志》,齐鲁书社2010年版,第30页。

③(汉)司马迁:《史记》卷15《六国年表》,中华书局1982年版,第751页。

④(汉)司马迁:《史记》卷29《河渠书》,中华书局1982年版,第1408页。

⑤(汉)荀悦:《汉纪·孝武皇帝纪》,中华书局2002年版,第260页。

⑥(汉)刘安编,何宁撰:《淮南子集释》卷18《人间训》,中华书局1998年版,第1289页。

开始兴建灵渠①,灵渠全长 36.4 公里,其工程主要由铧嘴、大小天平、南北渠道、陡门、泄水天平和秦堤等部分构成,沟通长江(湘江)和珠江(漓江)两大水域。灵渠开通之后,秦人的军资粮草就可以走水路到达番禺(今广州)、云贵等地,这大大促进了秦始皇统一岭南的进程。

秦的治水工程处处体现着实用主义,其中都江堰、灵渠历 2200 余年,碧水常流不断,人们世代享受其通航、灌溉之利。这在中国乃至世界水利史上都是奇迹。秦在统一天下后"决通川防",使黄河河防工程归于统一,为后世统一治河奠定了基础。秦还在春秋古运河的基础上建成北起丹徒南到钱塘的水道,奠定了以后的江南运河走向。总体而言,秦在传统水利建设方面多具开创之功。

二、秦人的治水理念

秦人的治水理念是中国传统水利思想的重要内容,主要包括三个方面,即秦人"以水为重"的历史认识、秦人治水的系统性以及因仍自然的特点。

前述秦人取得治水成就不是偶然的,这与秦人对水利的重视密不可分。如郑国渠本是韩国为自救而想出的"疲秦"之计,"韩闻秦之好兴事,欲罢之,毋令东伐,乃使水工郑国间说秦"②。尽管韩国本意是想让秦国将大量人力物力用于修渠上而无力攻韩,但鉴于都江堰修筑后取得的良好成效,秦国也欲将关中平原打造成和成都平原一样的"天府之国",因此秦王欣然接受郑国修渠的建议。即使在韩国的"疲敌"之计败露以后,秦王依旧允许郑国主持修渠工程。渠成之后,"用注填阏之水,溉泽卤之地四万余顷,收皆亩一钟。于是关中为沃野,无凶年,秦以富彊,卒并诸侯,因命曰郑国渠。"③

《云梦秦简》中的一些记载也印证了秦人"以水为重"的历史认识,如《为吏之道》中的"除害兴利"思想④,其中的项目就有沟渠水道、苑囿园池等;在《秦律

---

①关于灵渠的开凿时间,迄今仍有两种不同的说法,一种说法是始皇二十八年(前 219 年),这一观点最早见于鄂卢梭的《秦代初平南粤考》,唐兆民在《灵渠文献粹编》中也认同此观点;另一种说法是始皇三十三年(前 214 年),据《史记·秦始皇本纪》记载:"三十三年,发诸尝捕亡人、赘婿、贾人略取陆梁地为桂林、象郡、南海,以适遣戍",宋人吕祖谦以此为依据作《大事记》,王应麟在《困学记闻》中引用此说,同意了吕祖谦的说法。

②(汉)班固:《汉书》卷 29《沟洫志》,中华书局 1962 年版,第 1678 页。

③(汉)司马迁:《史记》卷 29《河渠书》,中华书局 1982 年版,第 1408 页。

④睡虎地秦墓竹简整理小组:《睡虎地秦墓竹简》,文物出版社 1990 年版,第 170 页。

十八种》的田律中提到"毋敢伐材木山林及雍（壅）堤水"①；在《日书》中也可以看到秦国的农业水利等有关状况，比如凿井、挖水池以及修水渎等，这充分说明了人们对水利事业的重视。

秦人治水注重系统性，讲求综合治理。历史上很多水利工程目的单一，顾此而失彼，往往水利变为水害。如南北朝时期梁武帝筑造的浮山堰，梁武帝一心只想从北魏手中夺回寿阳城，忽视了浮山峡的地形地质，"咸谓淮内沙土漂轻，不坚实，其功不可就"②，浮山虽地形有利，但地质为沙土，不宜建大坝。梁武帝以举国之力来修筑这空前绝后的水坝，却造成了灾难性的后果，当地官员管理上的失误以及淮水突发大水，使大坝瞬间溃决，"淮水暴涨，堰坏，其声如雷，闻三百里，缘淮城戍村落十余万口皆漂入海。"③

而秦人在蜀地兴修的都江堰"引水以灌田，分洪以减灾"，注意到了治水的多面效益。秦国修建都江堰时有两方面的考虑，一方面为了行军顺畅补充军事资源以便进一步攻楚，另一方面则是为了防洪、灌溉，保证农业生产，使巴蜀之地成为秦国的物资贮备基地。秦惠文王时期，大将司马错提出了伐蜀的建议，他认为"取其地，足以广国也；得其财，足以富民缮兵；不伤众而彼已服矣。故拔一国而天下不以为暴；利尽西海〔而〕诸侯不以为贪。是我一举而名实两附，而又有禁暴正乱之名"④。秦惠文王也听取了这个建议，于公元前 316 年，举兵伐蜀。秦既得巴蜀，便开始准备攻楚，但当时蜀地岷江时常泛滥，是粮食丰收的一大障碍，同时也影响了秦军的行军进程以及军用物资的运输，使秦灭楚未能取得成功。因此，都江堰的修建并不仅仅只是防洪灌溉的作用了，它作为秦攻楚的战略要地，对保证秦国军事资源的充足和交通运输的便利意义重大。秦王正是认识到了这一点，才决定遣李冰入蜀，在成都平原上建造都江堰，治水兴农，发展农业生产，积蓄力量。堰成以后，成都平原"土地肥美，有江水沃野，山林竹木疏食果实之饶。……民食稻鱼，亡凶年忧，俗不愁苦。"⑤

灵渠修成后，形成"北有长城，南有灵渠"之说，沟通了长江水系与珠江水

---

①睡虎地秦墓竹简整理小组：《睡虎地秦墓竹简》，文物出版社 1990 年版，第 20 页。

②（唐）姚思廉：《梁书》卷 18《康绚列传》，中华书局 1973 年版，第 291 页。

③（宋）司马光：《资治通鉴》卷第 148《梁纪》，中华书局 1956 年版，第 4626 页。

④何建章：《战国策注释》卷 3《司马错与张仪争论于秦惠王前章》，中华书局 1990 年版，第 102 页。

⑤（汉）班固：《汉书》卷 28《地理志》，中华书局 1962 年版，第 1645 页。

系,完善了当时岭南地区的交通网。灵渠本意是为战争的需要而修建的,秦灭六国之后,秦军在岭南征战中遭遇当地人的顽强抵抗,加上山脉阻隔,秦军转饷困难,军粮难以为继,在这种情况下,秦始皇接受了史禄开凿渠道的建议。公元前214年,即灵渠凿成通航的当年,秦兵就攻克岭南,随即设立桂林、象郡、南海3郡,将岭南正式纳入秦王朝的版图。灵渠不仅保证了秦军在作战过程中物资可以及时补充,而且沟通了长江与珠江两大水系,促进了岭南地区与中原地区的经济文化交流,刘建新在《灵渠》中指出:"灵渠除了军事和货物运输以外,很重要的作用就是方便了南北之间的人员往来。一些到岭南的官吏、商贾和移民,除了走陆路,就是循湘江—灵渠—漓江这一最便捷的水路南来。"[1]后来,随着社会的发展,灵渠的灌溉和防洪功能也显得尤为重要,如《宋史》中就有对灵渠灌溉作用的记录"旧有灵渠通漕运及灌溉"[2],《明实录》中亦有记载:"其渠可溉田万顷亦可通小舟"[3]。灵渠修建铧嘴有分洪的作用,泄水天平则能够保护堤坝,这都可以有效地防控洪水,保证了岭南地区社会生产的稳定。

战国时期,黄河下游两岸的诸侯国纷纷修筑防河大堤,以邻为壑。虽在一定程度上阻止了黄河的泛滥,但并非长久之计,随着黄河下游河道的淤积,黄河出现了多处险段。秦人在大一统基础上"决通川防",还对诸侯国"壅防百川,各以自利"的筑堤情况进行了调整,这一政策也体现了秦人治水的系统性,既疏浚了黄河,减少了洪涝灾害,也有利于黄河下游发展灌溉、航运,在一定程度上巩固了秦的统一。

秦人治水讲究以水治水、因仍自然,充分利用河道的自然走向和地形,而不以人力为转移。陆游在《禹庙赋》中称:"世以己治水,而禹以水治水也。以己治水者,己与水交战,决东而西溢,堤南而北圮,治于此而彼败,纷万绪之俱起。"[4]都江堰的修建就是完美运用了以水治水,因仍自然的理念,成都平原和岷江的地理环境与都江堰工程实现了完美融合,做到了"因高卑之宜,驱自行之势,目尽水利,而富国饶人"[5]。

都江堰在选址之初便注意到成都平原的地形,将工程选址定在岷江进入成

①刘建新:《灵渠》,广东人民出版社2010年版,第31页。
②(元)脱脱:《宋史》卷388,中华书局1985年版,第11905页。
③《明太祖实录》卷247,洪武二十九年丙辰条,台北"中研院"史语所校勘影印本,1962年。
④曾枣庄,刘琳:《全宋文》卷4923《禹庙赋》,上海辞书出版社2006年版,第165页。
⑤(清)严可均:《全上古三代秦汉三国六朝文》,中华书局1958年版,第1748页。

都平原的入口处,把握住岷江顺流而下的龙头,便于调整全局的水利状况。随后修建的都江鱼嘴和宝瓶口,实现了"四六分水","江至都安,堰其右,捡其左,其正流遂东,郫江之右也"①,雨季不涝,旱季不枯,保证了都江堰地区的农业生产。而在都江堰的维护方面,秦人深刻认识到水的力量,绝不与水为敌,采用杩槎截流、笼石砌堰的方式,用软堰来调整江流,这种做法一直延续至当今时代。但由于笼石砌堰需要年年更换,颇为麻烦,故争议不断,元明清时期都有用巨石代替笼石的尝试,但无一成功,尤其是在光绪三年(1877),四川总督丁宝桢修筑巨石堰,耗费巨大,但仅仅几个月后便被冲垮。笼石与巨石砌堰的差别在于笼石有孔隙,水的压力明显比无孔隙要小,笼石堰虽有破损,但损毁不会太大,也易于维修,因此都江堰时修时新,生机永葆,成为我国古代治水与水利结合的典范。

总之,治水需注意人与自然的和谐,充分利用河道的自然走向和地形,做到合理分流,越是顺应自然,减少人为控制,水利设施便越长久。

三、秦人治水在传统水利技术方面的开创

秦人水利工程的技术,可以说是非常先进的。其中所运用的技术,不仅在当时产生了巨大的效益,为秦统一天下奠定了坚实的物质基础,也对后世的水利建设的发展产生了巨大影响。

郑国渠渠首选址科学,在泾河出山的一个峡谷口,充分利用了当地的地形优势,"大坝正位于泾河左岸(东侧)的一级阶地上,处于'葫芦'状地形的中部峡口处(今尖嘴湾里王村南一线)。此处是泾河出山后一级阶地最窄的地方(宽约2300米)……地理环境特别优越,是一个天然峡口……同时该处地势较高,便于控制渠水沿最高坡前地势延伸,保证最大灌溉面积。"②郑国渠全长200多里,有百万亩以上的灌溉区,而作为渠水主要来源的泾水位于季风气候区,水量变化悬殊,无法保证在干旱的时候能够完成浇灌,于是郑国将北山诸流纳入渠道,以此来扩大水源,保证供水充足。这条东西向的水道要横穿几条天然河流,这是渠系工程中的难题,郑国渠采取了原始"立交"技术,在自然河流上架设渡槽做

---

① (北魏)郦道元著,陈桥驿校证:《水经注校证》卷33《江水》,中华书局2007年版,第766页。
② 赵荣,秦建明:秦郑国渠大坝的发现与渠首建筑特征,《西北大学学报(自然科学版)》,1987年第1期。

飞渠,成功解决了水渠横交河道的问题,这种规划设计,不仅扩大了水源,也扩大了灌区受益面积。郑国渠还利用泾水含有大量有机质泥沙的特点,采用淤灌技术,"用注填阏之水,溉泽卤之地四万余顷"①,在灌溉的同时,改良了盐碱化农田,提高了土壤的肥力,"举臿为云,决渠为雨。泾水一石,其泥数斗。且溉且粪,长我禾黍。衣食京师,亿万之口。"②可见其对粮食产量增加的成效。

又如都江堰,其三大主体工程的设计非常巧妙,一是能自动控制内江进水量,起"节制闸"作用的宝瓶口;二是把岷江分成内外二江,排洪、灌溉之水各行其道的鱼嘴分水堤;三是自行溢出多余水量,具有泄洪排沙功能的飞沙堰。三大主体工程紧密配合,构成了一个科学的整体。宝瓶口是人工开凿的控制江水的通道,面对艰难的开山工程,秦人利用热胀冷缩的原理,先将石头加热,再利用冰冷的江水冲击,使石头质地变脆,易于开凿。这是我国古人第一次娴熟地运用热胀冷缩原理进行水利建设,秦人开凿宝瓶口的智慧至今让人赞叹;鱼嘴分水堤是都江堰的分水工程,它将岷江分流为内外河段,外江排洪,内江灌溉。李冰巧妙地运用了岷江内江河段平面弯道环流泄水特性,保证了内江水流的平稳,这种分水工程至唐朝修建它山堰时仍有保留;飞沙堰又为"泄洪道",它集泄洪、排沙和调节水量的功能于一身,是都江堰工程永葆青春的关键。我国古代修建的水利工程大多因为泥沙淤积而阻塞,飞沙堰巧妙地利用离心力的作用和虎头岩的顶托作用将上游顺流而下的岩石和泥沙抛入外江河道,保证了内江的畅通,这种束水攻沙的机制对于古代中国乃至当今时代治理黄河仍有巨大的借鉴意义。鱼嘴、飞沙堰、宝瓶口是都江堰渠首的三大主体工程,尽管修建于两千多年前,但治水理念的开创性值得深入挖掘,它内含的系统工程学、流体力学等,即使在今天仍是处在科技的前沿,普遍受到推崇和运用。

灵渠的选址为湘、漓两江上游,这个位置上两江相距较近且水量充足,这样就能够充分利用自然之力,其中全长30公里的南渠,人工开凿的不足5公里,节省了大量时间和人力物力。铧嘴的修建,将湘江"三七分派",利用了都江堰的先进经验和技术,在湘江中心建立了分水装置,使水流左右分流,调节水量;铧嘴还起到了分洪的作用,减轻了洪水对大小天平的冲击力;铧嘴还可以用于导航,刘新建在《灵渠》中提到"由于铧嘴所在地的海拔相对南北二渠为高,南来

---

①（汉）司马迁:《史记》卷29《河渠书》,中华书局1982年版,第1408页。
②（汉）班固:《汉书》卷29《沟洫志》,中华书局1962年版,第1685页。

北往的船只,都是逆水到达铧嘴,绕过铧嘴之后,即可转为顺水扬帆而去"①。建于湘江上的拦河滚水坝——大、小天平可以把洪水排泄到湘江故道去,平衡水位,汛期不泛溢,枯期不干竭。天平坝体被设计成"人"字形,使坝面与水流方向呈斜交,这样可以减小水流对坝体的冲击,避免坝体的损坏。秦人在开凿灵渠时,还在北渠设计了多个"S"形线路,这样延长了渠道的流程,减缓了水流的速度,方便行船,同时也防范秦堤溃堤。唐朝时期在灵渠上重修了多处陡门②(亦称闸门),通过启闭陡门,调节渠内的水位,保证船只正常通航。正如《徐霞客游记》中记载:"渠至此细流成涓,石底嶙峋。时巨舫鳞次,以箔阻水,俟水稍厚,则去箔放舟焉"③,陡门因此也被称作"世界船闸之父"。

四、结语

秦国作为七国争霸的最终胜利者,对水利工程的重视是其成功的重要原因。都江堰、郑国渠的修建,使得蜀地关中沃野千里,极大地提升了秦国的国家实力,自此秦军的后勤保障有了坚实的后盾。除上述水利工程之外,秦人在完成统一后,在全国范围内进行了大规模的水利建设,北方修建了银川秦渠、北地新渠、枋口水利工程等,南方开凿了陵水道、漆渠等,但由于史料记载较为稀少,我们只能在历史记载的只言片语中领略秦人水利建设的辉煌成就。秦人在传统水利的创造对后世产生了深远影响,直至今日,都江堰、灵渠等工程依旧发挥着作用。以秦朝为始,我国开始了长达两千多年的封建帝制时代,而统一下的中国依靠中央集权政府的强力,正式开启水利社会时代。

---

①刘建新:《灵渠》,广东人民出版社 2010 年版,第 10 页。
②唐兆民:《灵渠文献粹编》,中华书局 1982 年版。
③徐宏祖撰,朱慧荣校注:《徐霞客游记校注》,中华书局 2017 年版,第 366 页。

5.——1901 年初,为了满足大型船只不断提出的需要停泊的申请,港口的范围延伸到了西边的殷管沟;但是,从目前的情况来看,那些申请者对这次扩张并不满意,他们对介于英租界和扩张地之间的龙开河妨碍了他们公平的享有贸易份额这一事而愤愤不平,而且这一条河的水流短促湍急,使得去往停在那一地带(扩张地)船只的路程艰难险阻。因不能公平享有贸易利益而反对的呼声高涨也许是真实可信的;但是后来者无望得到这一地带以前所保证的住宿福利。然而,龙开河的短浪激流而使这一地区掉价贬值,这一说法恐怕只是谣言,浪花激流只是在河口处稍有显现,而那里离船只停放的地方还有一段距离,并且水流也没有急促湍急到给驶来的船只造成阻碍和危险。

6.——不幸的是,1900 年本省突然发生了暴动和骚乱,但不能说是意料之外的。就像北京的义和团运动爆发之前,并不是没有警告,而九江也不断有内地动荡不安的谣言传来。1899 年天主教在广信府的鹰潭损失了一座教堂,其中一个神父侥幸逃脱,又被暴民抓住了并遭到了毒打。幸运的是,1900 年本省没有一个欧洲人被杀害,尽管充满着巨大的危险,也只有部分人受伤。然而,许多皈依的信徒被残忍地杀害,几乎所有人都遭到了最野蛮的迫害。后面的(k.)部分对此会有更多详细的说明。

7.——1900 年的灾难算是过去了,人们希望 1901 年的贸易能有个好年头;但是七月初到八月底的洪水导致贸易陷入停滞,并造成了巨大的生命财产损失。随之而来的饥荒、疾病和增税,使人们的痛苦灾难剧增到了可怕的程度;1901 年是自太平军横扫江西富饶的河谷平原以来,最为灾难性的一年。有关这次洪水和饥荒的详细情况见(k.)部分。

8.——1901 年 11 月 11 日,九江常关,以及距离鄱阳湖口七英里的大姑塘,都交由海关控制。交接工作悄悄地进行,这似乎有足够的理由相信,这项新的事业一定会取得成功。常关的详细信息见(q.)部分。

二、贸易

(b.)港口贸易——贸易的渠道没有发生任何变化,十年前的进口商品现在仍然出现在我们的报表中;但是在需求上出现了很大的波动,在某些情况下,价值的差异非常明显。

出口方面,我们的主要税收来源,茶叶,呈现大幅度的下滑。在年复一年中,印度茶和锡兰茶稳固地控制了国内市场,中国茶叶在激烈的竞争中缓慢而坚定地让步。有关中国茶叶贸易的衰落,人们说了很多,也写过很多,并提出了各种补救的办法;但是,迄今为止,还未能采取任何措施去帮助曾经主宰过世界市场的茶叶贸易。我们年度贸易报告中引用了由熟悉贸易的人所提供的评论,在寻求茶叶贸易复苏前,有两件事似乎是必不可少的:改善生产方式和种植方式;降低税收。

我们都知道精心的种植和生产会给茶叶贸易带来优势;但是几乎没有人知道每担茶叶出口所缴纳的税收是多少,尽管人们普遍认为,这个费用肯定很高。因此,追踪一担茶叶从产地到出口港口的全部过程,这会非常有趣。下述是中国茶商向作者提供的税收清单,可能值得细读:

江西茶叶	
	每担
宁州箱茶	
义宁州	1.2.5.0 库平两
涂家埠	0.0.2.5 库平两
大姑塘	0.3.0.0 库平两
九江海关	2.5.0.0 关平两
武宁箱茶	
陆路:龙开河卡	2.3.6.2 库平两
陆路:九江海关	2.5.0.0 关平两
水陆:涂家埠	1.4.0.0 库平两
水陆:大姑塘	0.3.0.0 库平两
水陆:九江海关	2.5.0.0 关平两
河口箱茶	
河口	1.2.5.0 库平两
大姑塘	0.3.0.0 库平两
九江海关	2.5.0.0 关平两
浮梁箱茶	
景德镇	1.9.0.0 库平两
大姑塘	0.3.0.0 库平两
九江海关	2.5.0.0 关平两
安徽茶叶	
	每担
婺源箱茶	
景德镇	1.9.0.0 库平两
大姑塘	0.3.0.0 库平两
九江海关	2.5.0.0 关平两

休宁和祁门 BoxTea 的价格与婺源茶的价格相当。

由此可见，与缴纳出口关税的印度茶和锡兰茶相比，中国茶叶受到了多大的阻碍。降低税收和改进种植，这些是否能使中国茶叶恢复到昔日的最高地位仍是一个有争议的问题；但是这能保证它在对外贸易中拥有一个合适的贸易份额，这似乎是毫无疑问的。

港口生产的茶砖的需求量在不断增长，自 1897 年以来，锡兰茶末的进口不受限制，并与中国生产的茶末混合在一起。在这里，中国再次处于不利地位，令人惊讶的是，锡兰茶末以保证金存放，并保证一年内再出口，进口免税，复出口时也同样免税，尽管出口的时候成了茶砖而不是茶末。只有九江是用红茶来制作茶砖。

小京砖茶，1891 年生产了 3700 担，到了 1895 年达到了 6547 担；但是从 1895 年就开始下降，到了 1900 年出口仅 1008 担。1901 年，也就是上一个十年结束时，港口的出口量由回升到 2018 担。

大量的绿茶运往美国，当然，在这个国家是普遍使用的，但与 1882—1891 年相比绿茶的出口总额几乎没有什么差异，仅仅只是减少了 13402 担；与同期相比，红茶却减少了 682271 担。

下表显示了过去这二十年的茶叶出口情况：

茶叶类别	1882—1891		1892—1901	
	数量（担）	价值（关平两）	数量（担）	价值（关平两）
红茶	2012824	45280581	1330553	31691239
绿茶	412930	9183679	398528	12166001
茶砖	259268	1894158	342760	2989622
小京砖茶	3700 *	41000	37974	549289

＊1891 年首次出口

其他的税收较高的出口商品，如纸张、烟草、苎麻、靛、瓷器和夏布。

至于纸张和瓷器，我冒昧地引用了海关税务司包罗先生（Mr. C. A. V. Bowra）[1]为 1900 年巴黎展览会所写的一些非常有趣的笔记：

> "江西省的造纸业规模庞大、发展迅速。1898 年，在九江港口装运的纸张总数价值 1094067 关平两。但是这仅仅表示外国船只出口的数量；此外，毫无疑问，还有大量的纸张是由本地船只运送到国内各地。中国的纸张几乎全部都在国内消费，或者是移居国外的侨民消费了。"

---

①包罗（C. A. V. Bowra），英国人，任期：1903.3—1927.5，先后在山海关、苏州、厦门、奉天、总司署、驻伦敦办事处任职。

"对中国人而言，纸张用途广泛。例如，它能取代玻璃，用在窗户和灯笼上；制作鞋底；中国人的雨伞是用油纸做的；他们的画不会用玻璃裱装，而是贴在纸卷轴上。还有用于祭祀和宗教仪式中焚烧的各种纸制品。还有无数种类型的纸张，分别用于信纸、包装纸、打包盒等各种用途。"

"这种重要商品的起源及发展的历史一定非常有趣。不幸的是，没有目光会投向它。诚然，中国人把纸的发明归功给了一个叫蔡伦的半神话般的人，他去世于公元114年。但这个故事只能被看作是一个神话传说。我们可以说，在欧洲，发明的历史被中世纪的黑暗所遮蔽，而在中国，发明的历史却被古代的迷雾所淹没。在纸张的这个领域，中国是当之无愧的首创发明，领先于欧洲几个世纪，而不是几年。"

"各种纤维性的植物被用来造纸。在江西，造纸的主要原料是竹子和褚树的树皮，这是桑树中的一种（褚桑：构树）。这种树皮也称作构皮，显然，构树也是另一个相同名字的树。这些树主要来自湖广一带的省份。江西的许多地方都有造纸厂。最大的造纸厂在本省东部的广信府，靠近浙江省。造纸厂选址的最重要的一点就是要靠近清澈、湍急的溪流，那样原料可以浸泡和软化。"

"造纸的第一步是先在溪水中浸泡。无论使用什么样的植物，在溪水中浸泡几天后都会得到很好软化，树皮就可以除去，要么用脚踩要么切掉。然后再捆起来，放在大锅中煮，以分离出木质纤维。接着再混合石灰，用一个长柄的锤子敲打，捣碎成浆糊状。一个月以后再放到锅里煮；然后装入包袱里并浸在流水中，直到冲刷掉里面的石灰。不久后就有成效，将其暴露在阳光下，直到彻底漂白。接着捣出木浆，并着梧桐树、桐油树的果实壳的粉末，等量混合，加入开水。全部放到一起直到变成厚的粘稠的液体，再进一步加入水的混合物进行稀释，然后再转移到一个大缸中。最好的造纸厂里，在这个大缸附近至少会有一个屋脊形状的用于干燥的炉子，其两面都很光滑；最差的工厂，纸张的质量很普通，只需一张光滑的桌子就可达到干燥的目的。工人们把模具或筛子浸入缸中，然后再将它提起，这些模具是用切成条的芦苇制成的框架。模具过滤了水分，留下纸浆。移除模具的框架后，将底部按压在炉子的侧面或者是光滑的桌子上。当筛子移走时，纸张依附在表面。在纸张变干之前，用米浆在最上面刷一遍；然后剥下来最终完成。因此,这些纸张只有一面是光滑的,中国人习惯只用纸张的一面来进行书写或印刷。"

这十年间,粗细纸张的出口情况如下:

年份	细纸(担)	粗纸(担)
1892	27312	98852
1893	26935	86157
1894	23510	79601
1895	15048	70090
1896	20639	109365
1897	26224	90750
1898	30129	131013
1899	30009	87509
1900	12926	62949
1901	18665	81500
总数	231406	897786

上述出口价值为6973391关平两,比1882—1891年高出1912221关平两。不过,可以看出,虽然价值有了大幅度的增长,但是从港口运出的总数却比上一个十年少了62299担,(上一个十年的)出口总数为1191491担。

关于瓷器,包罗先生曾写道:

"尽管许多昔日的辉煌已经不复存在,但景德镇仍然是中国的瓷器生产中心。它的名字起源于北宋的真宗皇帝,他的统治时期为公元998年至1023年,他在位时的第二个年号就叫景德。他可能被认为是瓷器的始祖。对景德镇瓷器作的最全面最充分的描述要数殷弘绪。这一描述完全适用于今天,唯一需要记录的变化是瓷器的加工质量普遍变差。今天的瓷器工艺和一百多年前相比也有很大的不同。很遗憾,它们的质量大幅下滑。郎费罗曾经诗意地描述,这里有三千瓷窑,上百万的工人;而今最新的数据显示,已经减少到120个瓷窑和16万工人。太平天国运动时期,他们占领了长江流域以及本省,并多次来到景德镇,给这里的制瓷业造成了毁灭性的打击。"

"如今景德镇唯一的优质瓷器是'贡品'瓷器,每年都有大量的贡瓷运到北京供皇帝使用。这些瓷器会在专门的炉窑中烧制,称为御窑或官窑,也就是用来供应皇家或官府的瓷窑,以此来区别外窑或民窑,也就是用于外销的大众瓷窑。但是由于太平军的破坏，御窑已经成了一堆废墟，所有的瓷器都是在外窑中烧制的。只有十分精细完美的瓷器才会被送往朝廷；因此，很多为皇家烧制的瓷器中，有许多从上等瓷器中落选的或者是存在缺点和瑕疵的瓷器，都流入了九江的市场。这些都是普通民众能购买到的最好的瓷器。如今的贡瓷上的许多图案与1528年进贡给嘉靖皇帝时的图案一模一样。"

"从九江出口的瓷器质量低劣。本地人对精致昂贵的瓷器需求很少。除了皇家瓷器外，景德镇现在是一个大型的廉价家用瓷器生产地。过去的精美瓷器已经不再生产；但是这些陶器保证了人们对廉价器皿和装饰的巨大需求。这些陶器可能存在大量的瑕疵，缺乏光洁、装饰和色彩，但它们质量坚固，具有很强的实用性。"

"殷弘绪时期的瓷器生产方式在如今同样盛行。瓷器所用的原料有两种土：一种叫白不子，坚硬、白色、可熔的石英；另一种叫高岭，花岗岩风化的长石。景德镇并不出产这些原料；它们都是从江西其他地方或安徽进口的。其他的原料也时不时地尝试，主要还是以皂石为主。瓷器的釉料是由景德镇附近生长的一种蕨类植物的灰末与捣碎的白不子混合而成，从而形成一种含有火石和碱的硅酸盐。瓷器的绘画和装饰缺乏发展和改进，在很大程度是由于艺术家和工匠在中国的认可度很低；在陶器厂，他们被当作普通工人对待。瓷器装饰图案的画作中，每一个人都局限在一个小环节，例如，一个人画圆圈，另一个人画花朵，还有一个人画动物。每个工人各尽其职，不仅重复着固定的任务，还遵循着老旧的模式。这导致的结果是扼杀了工匠的个性，也制约了瓷器的发展。"

"要想弄清景德镇每年的瓷器产量可能是困难的。根据当地政府的说法，在如今一个好的年成里，瓷器产量的总价值可以超过三百万两；而过去繁荣的年景，常常可以达到五百万两。1898年，通过外国船只从九江出口的瓷器约有48000担，价值510326关平两。因此，只有六分之一的瓷器贸易经过了通商口岸；其余的都是通过民船运往了全国各地。据说，从上海来到鄱阳湖的帆船装满了煤油，返回时又载满了瓷器。海关报表并不能表示轮船所运货物的全部数量，本地乘客离开或经过九江时难免会在其行李中捎上几件瓷器，这些可能是在其他地方销售的。"

如下是本十年间通过外国商船从九江出口的瓷器数量：

年份	细瓷（担）	粗瓷（担）
1892	11609	20602
1893	12582	21011
1894	16367	22622
1895	11777	22848
1896	15525	30790
1897	16722	32552
1898	18203	30443
1899	18493	35074
1900	9947	18089
1901	10068	15355
总计	141293	249386

因此，本十年间，粗细瓷器的出口量为390679担，价值3219464关平两——与1882—1891年相比，数量增加了179938担，价值增长了2269788关平两。

本省烟草的种植量相当大，主要以烟丝和烟叶两种类型出口——然而，烟叶的需求量远远高于烟丝。烟草的主要产区有南昌、饶州、赣州、广信以及九江辖区。烟草的需求量不断增长，有必要看一下如下数据，其涵盖了1872—1901年间：

年份	数量（担）	价值（两）
1872—1881	163657	701332
1882—1892	437282	1535666
1892—1901	747501	3697713

烟叶主要出口到日本。但是由于进口关税太高，直接出口是不可能的；因此，要先运到厦门，在那里由日本商人买下，并经过台湾运往日本。

苎麻的产地主要在袁州、抚州、瑞州、建昌以及九江辖区。直到最近，这些货物大多都运往了天津；然而，在本十年末，苎麻大多都由德国公司购买并运往欧洲。可以看出，相比1882—1891年，本十年苎麻的出口数量增加了一倍：

年份	数量（担）	价值（两）
1882—1891	276676	2057206
1892—1901	555541	4481895

靛青产自乐平、彭泽以及九江周边，出口量达290925担，价值1682775关平两。江西的靛青种植在很大程度上也是最近才兴起的，因此没有可作对比的数字。

长江学术研究
2023

夏布的产地有袁州府、抚州府、瑞州府、建昌府以及九江辖区，尽管质量上不如广东出产的好，但也有着相当的需求量。过去的二十年间，优劣夏布的出口量如下：

年份	数量（担）	价值（两）
1882—1891	58162	2090538
1892—1901	92406	2641845

本报告的末尾附有一张这十年间主要出口商品的对比表。

国内进口货物中，最引人注目的商品有棉纱、各种袋子、纸扇、桑树以及赤白糖。

棉纱首次进口是在 1895 年，当时有 2310 担运达港口。该商品自进口以来就有着相当的需求量，1899 年进口 41578 担，1901 年进口了 31229 担。这种产自上海的棉纱受到了各方的支持和鼓励，应该能与印度和日本的棉纱一争高下。棉纱只需缴纳出口关税，进口税和内地半税都免除了。这七年间进口总量达 159059 担。

1881—1882 年首次尝试养蚕，但收效甚微，1896 年又重新开始养蚕，进口桑树 42140 株；第二年进口了桑树 440700 株，之后又大量进口了桑树，直到 1901 年才停止进口。我们的贸易报告中并没有涉及到这个问题。然而，1896 年英国领事的贸易报告中，约翰斯顿先生曾提到"这一年的年中，一项促进桑蚕业发展的税收同意在本省以自愿捐税的名义缴纳，而表面上则是以土烟的名义征税，所有的鸦片经销商，包括烟馆，都被迫缴税。"这对丝绸的生产是否会造成影响还有待商榷。从我得到的信息来看，江西省的财政部长方汝翼正是这项计划的推动者，并得到了总督德寿的支持，对桑蚕业的征税会因鸦片商规模而异，每年从 3.4 到 34 美元不等。然而，不幸的是，大部分桑树都死了，要么是土壤不好，要么是种植技术不行。无论是出于什么样的原因，这项事业算是彻底失败了，产出的丝绸数量少、质量差、价格还昂贵。

本埠进口赤白糖的数量相当可观，直到 1899 年进口几乎停止，它们的地位被外国商品取代。

总体而言，国内进口贸易并不明显，不值得作过多评论；然而，本报告的末尾提供了一份这十年来主要货物的比较表。（见附表二）

国外进口方面，布匹的价格和需求波动相当大，这一点从以下这二十年的数字就可以得出：

年份	粗布		洋漂		粗斜纹布		细布		细斜纹布	
	匹	关平两	匹	关平两	匹	关平两	匹	关平两	匹	关平两
1882	244823	434941	95317	128178	8632	20459	8980	19963	3016	6184
1883	211251	382191	85922	103263	5252	12638	9185	18543	1510	3328
1884	213642	342727	64828	82987	1845	3584	6675	17529	979	1805
1885	265639	437393	64389	81343	3768	7548	16813	40100	589	1143
1886	231296	383894	55533	71432	3305	6130	22785	53722	881	1370
1887	198995	353820	49170	67813	4880	10605	28209	66087	200	462
1888	230844	391893	50836	73363	1835	3844	32910	73963		
1889	240392	410577	50283	74597	2395	5195	41627	97809		
1890	257946	438826	41987	62301	1560	3507	37380	85775		
1891	321531	548069	47268	69676	4320	10015	37470	80756		
总计	2416359	4124331	605533	814953	37792	83525	242034	554247	7175	14292

年份	印花布		素红布		素剪绒和花剪绒		棉羽绫		棉法绒和棉粗粗哆囉呢	
	匹	关平两	匹	关平两	匹	关平两	匹	关平两	匹	关平两
1882	4435	6894	1073	2043	2811	15966				
1883	3735	5272	1593	2259	2386	13678				
1884	4057	5284	2660	4353	1592	9348	750	2050		
1885	5815	7057	3647	4797	2964	17784	1787	5168		

年份	印花布		素红布		素剪绒和花剪绒		棉洞绒		棉法绒和棉粗哆囉呢	
	匹	关平两	匹	关平两	匹	关平两	匹	关平两	匹	关平两
1886	5143	6679	6894	9654	2738	16026	1434	5961		
1887	9366	14758	9988	16932	2422	14185	1753	7820		
1888	10013	15236	13310	19533	2089	12299	2060	10592		
1889	12183	18969	19731	30256	2796	17818	2675	14319	1376	3235
1890	11827	18629	26685	39698	3032	18584	3887	19951	2197	4173
1891	17006	30644	32172	51631	2848	18736	7896	30158	3179	5033
总计	83580	129422	117753	181156	25678	154424	22242	96019	6752	12441

年份	粗布		洋漂		粗斜纹布		细布		细斜纹布	
	匹	关平两	匹	关平两	匹	关平两	匹	关平两	匹	关平两
1892	307995	529146	42205	60029	5319	12098	38881	76207	870	1560
1893	214452	378600	28164	41705	3840	8364	26330	47018	640	1190
1894	171389	348072	15490	26043	4215	11365	23928	50029	865	1714
1895	205417	418498	19973	29653	4816	14648	26443	73008	1010	2391
1896	263708	733207	27955	62824	7315	23476	59177	179184	2060	5338
1897	282280	834775	28704	69068	9820	33816	58608	179554	2520	7504
1898	270246	858278	27162	65188	9220	30468	69516	219923	2600	6973
1899	264824	858788	30710	75703	11760	40820	86008	281223	4924	12999

年份	粗布		洋漂		粗斜纹布		细布		细斜纹布	
	匹	关平两	匹	关平两	匹	关平两	匹	关平两	匹	关平两
1900	194322	741914	18520	51774	12895	46744	53249	201443	4020	10654
1901	243620	938450	17971	50488	13390	50258	60472	230028	6240	16740
总计	2368253	6639728	256854	532475	82410	272057	502612	1537389	25749	67069

年份	印花布		素红布		素剪绒和花剪绒		意大利棉羽绫		棉法绒和利棉粗哆囉呢	
	匹	关平两	匹	关平两	匹	关平两	匹	关平两	匹	关平两
1892	21494	39941	33345	55126	3163	20374	9118	31057	4113	6490
1893	20355	38083	22689	37139	2675	17359	10338	37661	5389	9257
1894	13669	27317	11772	21483	2231	14168	6806	29775	3585	7377
1895	13843	27410	10758	21912	2867	17202	10193	43980	2604	5736
1896	18220	32711	13206	32379	2598	17391	14772	76980	5741	12742
1897	24245	41252	14477	30744	2870	18269	21969	130856	7688	18383
1898	20204	31577	13615	30168	2234	13551	25272	154692	7608	19721
1899	18961	28481	12452	27998	2632	16231	31911	188292	9926	24310
1900	13055	22497	10728	25333	2312	15873	27789	172356	7696	20184
1901	15474	25167	12129	25391	2328	16368	40825	243502	14687	38115
总计	179520	314436	155171	307673	25910	166786	198993	1100151	69037	162315

毛织品仍然呈稳步的下降趋势,过去这二十年的进口情况如下:

年份	数量(匹)	价值(关平两)	年份	数量(匹)	价值(关平两)
1882	37534	376169	1892	32225	271361
1883	33600	316378	1893	24536	208102
1884	36877	303884	1894	19733	171375
1885	37805	291056	1895	21010	183331
1886	39242	315073	1896	24364	254649
1887	36836	299776	1897	23285	264664
1888	31547	263874	1898	19354	221353
1889	35148	300460	1899	25995	181882
1890	36546	296066	1900	12890	143389
1891	39742	319116	1901	13979	165462
总计	364877	3081852	总计	217371	2065568

金属类,1882—1891 年出现大幅度下滑;尽管本十年间经济有复苏的迹象,但仍未能达到 1872—1981 年的总数,当时的总价值为 2481914 关平两。过去这二十年金属类进口情况如下:

年份	关平两	年份	关平两
1882	253372	1892	155837
1883	158325	1893	129037
1884	167789	1894	176842
1885	189852	1895	196664
1886	183206	1896	207286
1887	148616	1897	232269
1888	170087	1898	233765
1889	187184	1899	240248
1890	153205	1900	237172
1891	163316	1901	305298
总计	1774952	总计	2114418

棉纱需求量越来越大,印度棉纱轻而易举地占据了首位。1888 年印度棉纱首次进口,当时九江进口数量达到 19123 担;1901 年,本十年的最后一年,进口不少于 87033 担。

1895 年,日本棉纱上市,这一年的进口量为 3328 担。1896 年进口仅有 1333 担,但从那以后一直到 1899 年进口量分别跃升到了 11788 担、32060 担、51881 担,这看起来几乎是要垄断市场。但也就从那时起,它的下滑速度跟增长速度一样快,1901 年进口仅有 14647 担。

英国棉纱没有什么可值得关注的，印度棉纱和日本棉纱已经完全取代了它。

以下是这二十年来棉纱进口情况的对比表：

年份	棉纱种类	数量（担）	价值（关平两）
1882	英国	4343	105120
1883	英国	5708	142360
1884	英国	5225	110993
1885	英国	7346	146217
1886	英国	14890	306912
1887	英国	19683	433541
1888	英国 印度	4473 19123	547152
1889	英国 印度	4608 14741	482859
1890	英国 印度	3741 29918	759162
1891	英国 印度	2739 35472	787962
总计		172010	3822278

年份	棉纱种类	数量（担）	价值（关平两）
1892	英国 印度	1854 50382	37511 1022134
1893	英国 印度	789 24474	16290 498514
1894	英国 印度	1210 31148	27073 627734
1895	英国 印度 日本	1956 45463 3328	47598 848136 61719
1896	英国 印度 日本	1194 58561 1333	31050 1289032 28059
1897	英国 印度 日本	1250 52381 11788	36388 1329147 291960
1898	英国 印度 日本	1291 46058 32060	38523 1181971 778105

年份	棉纱种类	数量（担）	价值（关平两）
1899	英国	1083	30727
	印度	49127	1135534
	日本	51881	1149310
1900	英国	451	15431
	印度	43045	1092217
	日本	39023	948377
1901	英国	159	6144
	印度	87033	2260882
	日本	14647	341769
总计		652969	15161335

上一个十年报告中并没有提到煤油,尽管有 1814272 加仑的煤油通过子口税单进入了内地。由于这种商品的进口数量不断增长,下表所示的是这二十年来煤油的进口情况,可能也会存在不当的地方:

年份	1882	1883	1884	1885	1886	1887	1888	1889	1890	1891
单位	加仑	加仑	加仑	加仑	加仑	加仑	加仑	加仑	加仑	加仑
美国	48510	134740	271430	557280	470190	316130	259960	322176	396950	514800

年份	1892	1893	1894	1895	1896	1897	1898	1899	1900	1901
单位	加仑	加仑	加仑	加仑	加仑	加仑	加仑	加仑	加仑	加仑
美国	782020	2315490	1537850	1184904	1542626	2162532	2302920	1937826	1183810	1652280
俄罗斯	16100	11700	43900	189000	613300	725716	513500	926900	1173420	1307020
苏门答腊							200600	7500	37800	85500

相比于 1882—1891 年,我们的内地子口贸易呈现明显的增长趋势,上一个十年的贸易价值总额为 12681536 关平两,本十年的总额为 33465207 关平两。证明子口税单制度越来越受欢迎的另一个表现是子口税单的申请数量越来越多。1891 年,也就是上一个十年结束时,发放子口税单 5385 张,到了 1901 年发放了 41572 张。因此尽管子口税单的贸易数量大幅增长,但是货物在内地消费地仍然与 1882—1891 年报告中的相同。

下表显示了这二十年来通过子口税单运往内地的主要进口货物:

物品种类	数量单位	1882	1883	1884	1885	1886	1887	1888	1889	1890	1891
原色布	匹	176756	145614	128160	152050	132863	124087	129818	130178	152907	173266
白色布	匹	19578	20571	25418	28653	30071	28196	34271	34170	38028	46596

物品种类	数量单位	1882	1883	1884	1885	1886	1887	1888	1889	1890	1891
洋漂	匹	87285	75756	59862	55892	47545	43020	45470	44077	36807	39053
原粗布	匹	8120	8599	11465	14604	17090	23105	29940	33512	22560	26120
粗斜纹布	匹	6660	4620	1600	2359	2130	2390	1085	1620	1220	3145
印花红布印染锦缎，等	匹	6211	6532	6729	7590	10914	16612	19573	22783	29968	38011
素剪绒	匹	1692	1369	912	1818	1688	1512	1222	1565	1944	1825
棉羽绫	匹					1080	1834	1690	2341	3443	4945
棉纱（英）	担	4014	5127	4890	6723	14476	19446	4071	4584	3447	2319
棉纱（印度）	担							18507	14558	30359	34971
毛织品	匹	28838	23340	27155	23881	24746	24434	21758	19687	24769	25545
铅块	担	22936	14808	18003	17765	17023	9120	12432	19929	10754	16774
煤油	加仑		23502	93820	287620	309790	198140	150260	197630	231690	321820
海带，海带丝	担	3694	4336	3623	4827	5637	5034	5545	6068	4450	6378
赤糖，白糖	担	9077	16224	5000	3303	2556	4379	5985	8295	8841	4081
发行的子口税票	张数				2284	2962	2945	3023	3246	4260	5385

物品种类	数量单位	1892	1893	1894	1895	1896	1897	1898	1899	1901	1901
原色布	匹	170692	113417	78975	96103	123831	134748	129050	110788	77005	84699
白色布	匹	45735	31522	25186	29646	41077	50394	51537	56808	45104	64021
洋漂布	匹	35972	23374	11560	13638	23040	22923	21162	25440	14257	13081
原粗布	匹	28068	19509	16935	15993	36520	34855	37802	53010	21419	36290
粗细斜纹布	匹	4519	2940	3070	3203	3410	6340	5570	10011	9335	13223
印花红布印染锦缎，等	匹	42203	26610	16555	19381	24439	29786	25437	21788	15433	21819
素剪绒	匹	1973	1449	1376	1746	1728	1900	1680	1666	1798	2018
意大利棉羽绫	匹	4795	5883	4976	6501	9184	12516	16532	20885	16747	27940
棉小呢棉绒布	匹	2224	3287	2549	1262	2965	5222	4752	5886	5200	8791
棉纱（英）	担	1251	609	1035	1763	1046	1125	935	837	303	147
棉纱（印度）	担	50073	24726	29867	45182	60965	53227	44832	47484	39582	78393

物品种类	数量单位	1892	1893	1894	1895	1896	1897	1898	1899	1901	1901
棉纱（日本）	担				2589	1200	10422	32082	49662	36288	14696
毛织品	匹	21250	13593	12844	12602	14741	16453	11719	9105	8694	8936
铅块	担	10755	12018	9410	13613	10780	11172	5685	8980	9187	10339
煤油	加仑	599550	1946480	1253422	1073960	1639070	2226580	2497727	2279040	1953900	2592280
海带，海带丝	担	4989	3342	4011	2872	3135	2635	4787	23943	34846	48040
赤糖，白糖	担	2825	3531	2708	3993	3015	3179	3279	14447	22774	52764
发行的子口税票	张数	8107	7231	6523	7388	10612	14742	19384	26922	28875	41572

关于九江的轮船吨位，有大幅度的增长。1892 年有 16 艘船在港口定期往返，吨位达 17721 吨，本十年末有 24 艘船，吨位达 30654 吨。九江轮船贸易公司轮船及其总吨位如下所示：

公司名称	吨位	公司名称	吨位
怡和洋行	5186	麦克贝恩	1324
太古公司	5493	轮船招商局	5854
格里夫斯公司	2669	梅尔彻斯公司	3451
安霍尔德卡伯格公司	2290	大阪商船会社	4387
总计		30654	

除了上述的船只外，还有 13 艘汽船在鄱阳湖往返，其吨位达 308.25 吨。它们的业务仅限于搭载乘客和拖运客船。到了夏天，这些汽船可远达南昌府；但是到了冬天，由于水位较浅，它们最远只能达到鄱阳湖上的吴城镇，在那里乘客可以转搭吃水浅的帆船。

三、税收

（c.）税收——回顾这十年的税收情况，与上一个十年相比，本十年间增长了 161670 关平两。这看似小幅的税收增长实际上是下降了，因为必须知道，上一个十年中的前五年并没有征收鸦片的厘金税；如果把这些也算进去，我们在本十年间的税收将会减少五十多万关平两。

下表列出了本十年间我们税收的主要来源：

年份	进口 （洋药除外） HK. Tls. m.c.c	出口 （洋药除外） HK. Tls. m.c.c	沿岸贸易 （洋药除外） HK. Tls. m.c.c	鸦片 （进口、出口 和沿岸贸易） HK. Tls. m.c.c	吨位 HK. Tls. m.c.c	子口税 HK. Tls. m.c.c	鸦片厘金 HK. Tls. m.c.c	总计 HK. Tls. m.c.c
1892	239.8.6.9	598733.8.8.8	23292.2.0.6	103761.3.0.0	229.2.0.0	44779.4.9.2	276696.8.0.0	1047732.7.5.5
1893	398.1.9.6	604823.3.0.3	27293.6.6.1	98028.0.0.0	452.0.0.0	34344.9.4.9	261408.0.0.0	1026748.1.0.9
1894	157.2.9.6	597921.8.3.9	17903.6.5.3	96618.0.0.0	225.5.0.0	30779.5.8.1	257648.0.0.0	1001255.8.6.9
1895	327.6.9.0	711273.4.0.8	7795.1.0.4	86496.0.0.0	533.5.0.0	39397.1.0.6	230656.0.0.0	1076478.8.0.8
1896	124.4.2.9	629416.2.9.4	27807.0.4.5	79282.5.0.0	385.3.0.0	49453.1.2.1	211420.0.0.0	997888.6.8.9
1897	69.0.5.5	561600.2.3.1	29615.4.1.7	74513.8.8.8	1364.6.0.0	55989.1.4.3	198698.4.0.0	921850.7.3.4
1898	149.4.5.5	616954.1.7.8	35074.2.2.8	67113.0.0.0	839.0.0.0	60536.8.7.6	178968.0.0.0	959634.7.3.7
1899	4990.6.5.1	643574.9.5.6	5011.2.6.3	77636.6.0.0	1319.3.0.0	71078.0.4.2	206641.6.0.0	1010252.4.1.2
1900	6090.9.3.3	564538.5.5.8	5679.2.7.5	66687.0.0.0	1040.8.0.0	58313.3.0.6	177832.0.0.0	880181.8.7.2
1901	8726.7.0.6	499912.3.4.6	4762.6.0.2	63594.5.6.0	2786.0.0.0	79115.2.5.1	169304.0.0.0	828201.4.6.5

四、鸦片贸易

(d.)鸦片贸易——

洋药——"鸦片贸易的状况表明对外国毒品的需求与日俱增",这是 1882—1891 年报告的编纂者在写到这个话题时的开场白。洋药贸易在当时达到了顶峰。从那时起,除了 1899 年所作的间歇性努力外,洋药的进口数量出现稳步下跌;这似乎只是一个时间问题,洋药将完全从我们的报表中消失,它的地位将会被土药所取代,年轻一代认为土药更适合他们的口味,而且也更便宜。如下表格显示了这二十年来的进口情况,比任何文字都能更有力的说明港口鸦片贸易的衰落:

年份	白皮土(担)	公班土(担)	喇庄土(担)	新山土(担)	总价值(关平两)
1882	1597.47	7.20		57.64	857890
1883	1574			42.03	645526
1884	1541.62	4.80	0.18	1	680814
1885	1860.52	9.60			882516
1886	2467.02	16.80		9	1226623
1887	3003.54	13.20			1475075
1888	3057	18		2	1592355
1889	3145.50	27.60			1717440
1890	3304	21.60			1725405
1891	3597.56	16.80	6	1	1839769
总计	25148.23	135.60	6.18	112.67	12643413
1892	3436	20.40	1.20	3	1786209
1893	3246	21.60			1745432
1894	3199	21.60			1847300
1895	2871	13.20		1	1803096
1896	2630	12		1	1750736
1897	2463.50	19.20	1.20		1668355
1898	2215.50	21.60			1524438
1899	2565.22	16.18		1	1718096
1900	2214.50	8.40			1588699
1901	2105.50	10.80			1488477
总计	26946.22	164.98	2.40	6	16920838

土药——关于土药,很难获得真实可靠的数据。本省似乎没有罂粟种植,据说这些土药主要都是从四川流入本省,途经三个地方,九江、瑞昌县、萍乡县。九江土药局每年的税收可达 24000 库平两。土药的税收会因送达目的地不同

而异。如果是包括瑞昌县在内的九江辖区的土药消费（该县所缴的关税上报并计入九江的税收中），则需要缴纳的税收为每担（75 斤）6 库平两；如果通过子口税单进入内地，则只需缴纳每担 3 库平两的关税。据说九江地区消费了一千担，另外还有一千担据说是以其他方式运往了安徽。因此我们已经征收了 9000 两的关税，还有 15000 两有待计算。后者的数据除以三（内地子口税按每担 3 两征收），就相当于对进入内地的 5000 担土药征税。除了上述数据，据说还有 2000 担洋药通过萍乡县运来，这就使江西省对四川土药的消费量达到了 8000 担。本省的东部可能消费一定数量的福建土药，而在本省南部，广东和云南的土药都可以找到市场；但是，我非常怀疑，把各种土药包括在内，全省的消费是否超过了一万担。这一说法与上一个十年报告中所说的大相径庭；但是，如今土药消费量并不少的时候，都很难获得相关的信息，放在十年前肯定不可能获得相关信息，当时几乎没有人能知道。

鸦片的价格——过去的十年里，洋药的价格大幅上涨，而汇率的下跌可能就是造成价格上涨的主要原因。与 1891 年相比，1901 年已完税厘后的洋药市价，如下表所示：

1891 年	
类别	每担
白皮土，三年	库平两 495
白皮土，两年	485
白皮土，新的	470
1901 年	
类别	每担
白皮土，三年	库平两 789
白皮土，两年	785
白皮土，新的	782

公班土、喇庄土和新山土几乎没有消费，所以无法获得报价。1901 年土药的价格如下：

类别	每担 75 斤
四川土，旧的	（九江两）248
四川土，新的	238
云南土，旧的	283
云南土，新的	273

五、金融市场情形

(e.)金融市场情形——"从外国人的立场来看,九江几乎没有自己的金融市场"(详见 1882—1891 年报告),这种说法充满了误导性。当然九江并不是贸易的中心,仅仅只是这个省贸易的中心的一个出口,并且非常不方便;但是,事实上九江是货运分销中心,外国公司和本地公司与本省的贸易利益相关,并且这里还建有五家银行,与许多省份都有业务往来,这些都足以证明,我可以说,九江确实拥有一个金融市场,只不过并不大。在其他省份购买货物的汇款问题上,汇率主要是由大型金融市场中心控制,主要是大量的汇款以及从其他省份兑换大量现金,这些都造成了九江本地市场的现金和白银的波动。事实上,就像其他地方那样,九江金融市场自行解决了供需问题。本港口没有英镑交易。本十年间,白银对现金的购买力大幅下降。

下表中列出了关平两或关平两,库平两或金银两,漕平两或九江两:

	1892	1893	1894	1895	1896	1897	1898	1899	1900	1901
	文	文	文	文	文	文	文	文	文	文
关平两	1660	1628	1595	1524	1399	1320	1354	1409	1387	1367
库平两	1647	1616	1583	1513	1388	1310	1344	1399	1377	1357
漕平两	1590	1560	1528	1460	1340	1264	1297	1350	1329	1310

至于港口使用的白银和流通的制钱,与之有利益相关的人会说几句话。

九江使用的银锭分为六种,纯度标准各不相同。分别如下:

镜面是由本省财政发行的。它有四个印章,重达 6 到 10 两(盎司);据说这是市场上纯度最高的白银,纯度达到 99%。

刻有两个印章的镜面。这种通常都在本省使用;重量与省财政发行的一样,但没有固定的纯度。

元宝。重量约 50 两;没有固定的纯度。

兵饷银。纯度 98.8% 的元宝;这种银锭都是士兵在使用,通过他们进入市场上流通。

关料。常关从收取关税的碎银中制成的;重量约 10 两;纯度应该为 99%。

川北锭。来自四川;据说纯度为 99%,重达 6 到 10 两;很少在九江使用。

荆沙锭。来自湖北的荆州府;没有固定的纯度,重达 4 到 5 两。

九江也有一个专门检验纯度的机构。这个机构是由官员和士绅于同治年间创办的,主要的目的是检验来自其他省份的且九江商人没有见过的碎银锭,以及解决长期使用中有关白银纯度标准的争议。该机构的收费是每检验 50 两就收取 30 文。银锭一旦经过该机构检验，就会被九江所有的商人所认可。该机构会为它认定错误的白银买单，但是这种情况几乎不会发生。

九江港口流通的铜钱有七种，分别为大钱、中等钱、大钞、中钞、小钞、红钱、光片。这七种里面，只有前两种是官方认可的，后面五种都是伪造的，并用于欺诈目的，也就是为了不被发现而混在好的钱币里面。然而，令人好奇的是，就算这些假钱币没有混在好钱币里，也不能用来作为购买商品的媒介，哪怕它们在某种程度上是具有价值的钱币，但是钱庄可以自由地交易这种非法货币，尽管这是一种不会轻判的罪行，当然，虽然这种行为没有铸假币的罪罚重，但在某种程度上还是可以判死刑的。

在九江使用成串的铜钱，分两种类型："厘金"串和"商业"串。准确地说，"厘金"串包含一千文，并且都是所谓的大钱。尽管"厘金"串只包含一千文，但在钱庄交易时需要 1014 到 1030"商业"文；正如已经解释的那样，其中还包含一定数量的中等钱和假币。每吊"厘金"串在 6 到 6.5 斤不等。

一串"商业"文也就是所谓的"吊"，按规定应该有 1000 文，实际上仅有 974 文，但是大多数都会缩减到 970 文，这是由于钱庄压榨了 4 文。然而，如果购买者选择把这一串钱全部数一遍，那么所缺的钱就会补还，这是一项枯燥冗长的工作，很少有人会这么做。这些成吊的铜钱中，平均有 60 个中等钱——略低于大钱，但是这并不能用来交关税和厘金，尽管仍可以普遍使用。大多数情况下，钱庄会注重自己的利益，不会把假钱币混入这些吊钱中；但是买家会在好钱币里面掺入少量的假钱币，从而为自己挣得少量的铜钱。钱庄会接受这样的钱，似乎有些奇怪；但是，对大量的钱币进行分拣是一件繁琐的工作，几乎没有人会这样做。一般来说，季度结算日是自由使用假币的主要时机，店家仅仅是太过兴奋而不愿意使用他们的账户。这些吊钱重量为 5 到 5.5 斤。

对于有些人来说，"厘金"串和"商业"串的重量相差一斤，但是前者都是又厚又大的铜钱，后者则是由大小不一的铜钱组成，大多都很薄；因此，在钱庄看到这种两吊钱并排放着并不少见，虽然"厘金"串仅仅只有 30 多文，但却还长个几英寸。

六、贸易净值

（f.）以下两个表格给出了这十年来进口货物的起岸价值（减去进口关税和各种费用），出口货物的离岸价值（加上出口关税和各种费用）；可以看出，除了1901 年爆发义和团运动之外，出口远远超过进口：

进口

	1892	1893	1894	1895	1896	1897	1898	1899	1900	1901
	关平两	关平两	关平两	关平两	关平两	关平两	关平两	关平两	关平两	关平两
国外净进口·市价	4755579	4073202	4296233	4733820	5835876	6563311	6852783	7924471	7020101	8396856
国内净进口·市价	866683	835178	615764	465535	809104	1221676	2020129	1584362	1317285	1407703
净进口	5622262	4908380	4911997	5199355	6644980	7784987	8872912	9508833	8337386	9804559
扣除在九江缴纳的税厘	380698	359834	355557	318523	291592	335099	246836	294134	256289	246388
净进口,减去正税	5241564	4548546	4556440	4880832	6353388	7449888	8626076	9214699	8081097	9558171
进口商的利润扣除 7%	366909	318398	318950	341658	444737	521492	603825	645029	565677	699071
进口,起岸价值	4874655	4230148	4237490	4539174	5908651	6928396	8022251	8569670	7515420	8889100

出口

	1892	1893	1894	1895	1896	1897	1898	1899	1900	1901
	关平两	关平两	关平两	关平两	关平两	关平两	关平两	关平两	关平两	关平两
原出口·市价	6216557	6429035	6705479	9032999	7605123	7080576	8627640	9054108	8019161	7058652
加上在九江缴纳的正税	598734	604823	614693	711273	629416	558321	616954	643721	564539	499912
出口,加上正税	6815291	7033858	7320172	9744272	8234539	7638897	9244594	9697829	8583700	7558564
出口商的利润加上 8% 的市价	545223	562708	536438	722640	608410	566446	690211	724329	641533	564692
出口,离岸价值	7360514	7596566	7856610	10466912	8842949	8203343	9934805	10422158	9225233	8123256
出超	2485859	3366418	3619120	5928738	2934298	1274947	1914554	1852488	1709813	
入超										765844

七、港口与城市

(g.)九江港口与城市——过去这十年里,港口的本地人口数量、构成、特征、职业等方面,几乎没有发生重要的变化。城市和郊区的人口记为53000;但我非常怀疑这个数字是否准确。起初,只有城市的西边角落有建筑,周围除了零星的几间农舍,其余的地方都是耕地。根据中国人的估算,这个数字可能会过于夸大,我站在城墙上粗略一瞥,这个城市包含3000间屋子,我应该可以做出这样一个合理的估测:每间屋子有八个住户,尽管我认为这也有些夸大,那么人口数量将近24000。除此之外,还必须加上租界后面的郊区人口,我得说,那里还有1500间屋子;每间屋子的住户按同样的数量算,这还要加上12000,那么城市和郊区的总人数为36000——我认为这个数字比53000要更接近。

居民的构成、特征、职业与中国的城镇普遍差不多。商店会出售各式各样的常见的洋货,比如洋布、灯具、香水、肥皂、小玩意、西药,这些都可以在路边的店铺找到,其中混杂售卖的还有肉铺、鱼店、铁匠、绸缎商、烟馆,等等,等等。(郊区有很多很好的瓷器店,售卖了成千上万的具有实用价值的瓷器,而不是那些能受到瓷器鉴赏家青睐的装饰精美的瓷器)仍然也有少数精美的瓷器作品被人们收藏起来,作为曾经闻名遐迩的景德镇瓷器工业的美好纪念——人们希望瓷器产业有朝一日能复兴起来。郊区还有两家银器店,几乎都是欧洲的居民或游客在光顾;然而,通常的观点是,银器的光洁度是无法跟广州或上海所产的相比。这些商店库存里现成的瓷器,式样简单,毫无价值,这导致许多想要来购买瓷器的人们最终空手而去。

外国人的社区发生了一些变化。下面表格显示了1901年英国租界和本地城市的外国居民数量,并与上一个十年的最后一年作对比:

国家 \ 年份	1891	1901
英国	56	75
法国	18	16
美国	11	6
日本	6	—
丹麦	3	14
德国	2	6
澳大利亚	2	

年份\国家	1891	1901
俄罗斯	2	5
意大利	1	1
荷兰		1
葡萄牙		1
总计	101	125

八、改进之处

(h.)本地的改进——港口的状况在几个方面得到了改善。1895年，工部局开始着手填埋租界南面的那个发臭的池塘，这个池塘被称为溢浦港，这笔费用是从当地邮局的利润中支出的（这项费用的支出始于1895年，以补充工部局的经费，1897年帝国邮政局开放时才取消），之后则是通过债券贷款了2500两。海关和拉扎尔教会也资助了这项工作，从而使这项工程于1898年初完成。这块改造后的土地原本打算用来建造一个公共休闲场所；但是，迄今为此，人们发现实行起来一点都不切实际，尽管后来又把地面抬高了四英尺，但仍然很低——实际上，大雨过后，这就是一片沼泽。我希望有关事宜能够重新得到处理，目前的休闲娱乐场地太小，无法满足社区的需要。

1900—1901年冬天铺设了新的排水渠，对原有的排水系统进行了改善；然而，令人遗憾的是，这样一项重要的工作没有得到彻底的实行，大量的资金花费在了加深沟渠上，尽管租界有足够的落差能让水流到河里，因此可以在地面铺设排水渠，而不是像现在这样，水渠比租界的地面还低四英尺。

至于警察、道路、照明，几乎没什么可说的，除非能有很大的改善。

九、水道

(i.)水道——长江河道的变动令人困惑不安，这也是它许久以来的花招惯例，因此常常会出现这样的情况，今年使用的河道明年就禁止航行了，直到重新开放第三条，港口的水道并没有发生任何明显的变化。

下表给出了这十年间九江的最高和最低水位：

年份	最低水位			最高水位		
	发生的时间	记录的水量		发生的时间	记录的水量	
		英尺	英寸		英尺	英寸
1892	1月1日	3	11	7月20日	40	10
1893	2月19日	4	2	8月30日	40	8
1894	1月24日	4	0	6月24日	41	6
1895	3月5日	2	7	8月27日	36	5
1896	1月29日	2	0	10月14日	41	5
1897	2月2日	7	5	8月19日	42	4
1898	12月31日	5	4	10月7日	36	5
1899	2月13日	2	3	10月5日	37	8
1900	12月31日	2	0	7月31日	30	0
1901	3月12日和13日	0	7	7月16日	45	0

十、照明设施

(j.)照明设施——本十年间,航行助航设备的变动如下:

1893—磨盘洲灯塔停止使用

花鱼峡灯塔建立

1894—九江岩灯船建立

1900—莲花洲灯船停止使用

1901—花鱼峡灯船建立

成得洲灯塔建立

长沙洲灯船建立

姚家洲灯船建立

莲花洲口沙石埂灯塔建立

东流口灯船建立

奥利芬特灯船建立

(DovePoint 磨盘洲　九龙关[①]　彭泽县)

(Two-fathomCreek 花鱼峡或太阳洲南水道　九江关　无为州)

(SpencerRock 莲花洲或沙石埂　灯船　九江关　东流县;天心洲　灯桩

---

①此处翻译参考陈诗启主编:《中国近代海关常用词语英汉对照宝典》,中国海关出版社2002年版,第460页。

九江关　东流县）

（Buckminster 成得洲　九江关　无为州）

（FitzroyIsland 长沙洲或桂家坝或崇文洲　灯桩　九江关　桐城县）

（ChristmasIsland 姚家洲或官洲　灯桩　九江关　东流县）

（TungliuIsland 莲花洲口沙石埂　九江关　东流县）

（TungliuReach 东流口　九江关　望江县）

十一、不幸事件

（k.）不幸事件——好在上一个十年报告中,几乎没有任何不幸事件的记录,直到1898年,似乎可能还会经历一段更为平和的时期;然而,随后的事件,恰恰与之相反。幸运的是,除了一场严重的洪水所带来的灾难外,港口躲过了其他省份所经历的暴动和骚乱。

以下是江西内地动乱的简述,由英国领事、新教徒和天主教会所提供的内容汇编而成。

民众对外国人普遍怀有敌意,本十年结束之前,这种郁积已久的情绪终于爆发,1899年7月,广信府鹰潭的一座天主教堂被摧毁,其中一个神父被暴徒抓获并遭到了毒打;尽管这件事发生后并没有产生很大影响,但是反观过去的全部事件,这似乎预示着从1900年6月开始的那段更为严峻和可怕的时期。

1898年9月,松寿阁下被任命为江西巡抚,随着他的到任,谣言立刻传播开来(尤其是在南昌府),松寿是端王的姻亲,他派任到江西的目的是为了控制这里的外国人,摧毁他们的宗教遗迹,并广泛地废除一切与西方有关的事物。

义和团运动爆发的前一年,松寿的支持者们组织起来召开会议,集中进行了训练和指导,并作了准备,列出了所有外国人的名字和地址,同时也列出了所有本地的基督信徒和他们的亲戚朋友。这次会议中应征入伍的新兵,只要给出一个信号,就会在全省范围内同时行动去消灭外国人;但是,正如之后所看到的那样,对他们而言,事态的发展太快了,起义还没准备好就爆发了,虽然欧洲人的宗教体系及信徒都遭到了沉重的打击,但就消灭欧洲人而言,以彻底失败而告终。

1900年,义和团的动乱之初,一伙军队到达了景德镇,那里的天主教房屋立刻就被摧毁。他们又从这里到了饶州府,在那里,圣·文森特姐妹负责的孤儿院被焚毁,受此遭遇的还有天主教的房屋和中国内地会的建筑。这对姐妹俩很幸运,她们刚好在前一天去了九江;但是,其中一个叫多韦尔钦的神父,在试图登船的时候遭到了袭击,头部被石头严重砸伤。然而,他还是成功地逃脱了。骚乱暴动逐渐从饶州扩大到广信、抚州、建昌、吉安、赣州。教堂、孤儿院、学校、外国人的住宅,都遭到了抢劫和焚毁;信徒们受到了严重的惩罚和残酷的殴打,他们的房屋被洗劫焚毁,牲口被盗。天主教徒声称,在他们的北部教区,一座教堂被焚毁,15座小礼拜堂被破坏,27名信徒被残忍杀害;在东部和南部教区,所有的教堂、小礼拜堂、学校、私人房屋等,都被夷为平地,25名信徒被处死——抚州和万安的建筑除外。除了上述之外,还有许多人遭到无情的鞭打和折磨,据估计,约有2000户家庭因抢劫焚烧而陷入贫困。

美以美会失去了在建昌府和李家渡的全部建筑;但是,据目前所知,他们没有一个皈依的信徒被杀害。

中国内地会有两座小礼拜堂焚毁,一座在饶州,另一座在赣州辖区的风冈墟。似乎没有皈依的信徒死亡。

自从镇压义和团叛乱后,一切已经平息了。遭受的损失已经得到了赔偿,并且不久后,教会的工作将再次全面展开。

1901年7月和8月间,侵袭九江港口的那场严重的洪灾将被人们永远铭记。那年的6月16日,全省都下起了暴雨。那段时间,河流水位上涨越来越快,涨满的河水从鄱阳湖的湖口奔涌出来,形成了一道阻止长江江水流入鄱阳湖的大坝。7月16日,水位的记录为45英尺,之后缓慢下落——这比1896年的特大洪水还要高出3英寸。洪水最为严重时期,整个租界以及城市和郊区的大部分地区都被洪水淹没了,我们许多房子的低层都淹没了。不用说,这种感觉非常难受,唯一出行的方式只有船或木板。相比于本省的其他地区,租界社区的这点痛苦不算什么。距离鄱阳湖口7英里的大姑塘,每天都有人和动物的尸体被冲上岸来,四处漂浮的大量残骸说明,整个湖区受到了极其严重的破坏。或许,长江以北地区遭受的灾难是最为严重的。二套口的堤坝被冲毁后,洪水迅速漫延,在这之前洪水把一切都横扫一空,在庐山上用肉眼看这个地区,就像一片汪洋大海。随之而来的饥荒,几乎伴随着可怕的灾难、饥馑热,使人们的痛苦雪上加霜,这可能比洪水造成更多的生命损失。到底有多少人死于洪水、饥荒和疾病,我们永远也不知道,但毋庸置疑这个数字一定很高。

为了救助灾民,全国各地纷纷捐款,其他的国家也伸出援助之手。九江的英国领事收到了上海筹集的八千美元;但是如何很好地分配这笔资金,使最需要救济的慈善机构得到这笔钱,这是一项非常艰巨的任务。各种各样的提议方案,如筑路、修建堤坝,但是这些最终都没有采纳,部分是因为无法在外国人的监管下实施这些工作,还有部分原因是地方当局的反对,他们不愿意将大批饥民从一个地区迁移到另一个地区制造麻烦。最后,主要通过传教士的援助,以大米的形式发放救济,极其贫困的还有粮食和钱。在这方面,令人遗憾的是,一些被派到外国慈善机构中去协助救援的官员表现出的热情如此之低。有一次,当满载大米的货船抵达离九江不远的地方时,发现委派的官员代表已经准备好了所有等待救援的人员名单。然而,幸运的是,及时查明了这些名单是假的,他们仅仅是想以牺牲饥民的利益为代价来谋取私利。无疑,这样的例子还有很多;遗憾的是,这样的"欺诈"很少会被记录在册。许多富裕阶层的中国人也捐赠了救援工作。

发放救济并不是一件容易的事,听到本地分发大米,成千上万的乞丐纷纷涌向租界,对于这些肮脏可恶的人们,分发救济就是一个稍纵即逝的信号,大多数情况下,他们会催促着硬挤进来并企图撕下别人手中的票券。在任何情况下,这些人都是乞丐阶层,并不是洪水中的穷人,他们的行为非常有秩序,因此很多情况下都没有得到救济。

第二年,当稻苗开始播种时,饥荒最为严重的时候就要到来。目前依靠慈善救济为生的人们,几乎没有人能有财力去购买水牛以及耕作工具,这些东西都是为了满足饥荒的迫切需要而处理掉了。据说,有些官员购买了很多牲口,目的是让主人以同样的价格买回去,并不收取在此期间的饲养费。

十二、重大事件

(l.)重大事件——1896 年 4 月,普鲁士海军上将亨利王子殿下访问了九江港口。这次访问并没有什么特别之处。王子参观了银器和瓷器店,但据说,他对所看的东西没有留下深刻的印象。除了这次访问,本标题下没有其他值得注意的事件。

十三、北京科举

(m.)北京科举——本十年间,那些极受赞誉的头衔"状元""榜眼""探花"都没有落入江西。但是,有 54 个读书人获得了"进士"。

十四、文学运动

（n.）文学运动——这十年间，本省没有任何文学运动。

上一个十年报告中提到，白鹿洞书院有着本省最大的藏书文库。这种说法有一点误导性，因为这里并没有书，事实上，这只是庐山上一个僻静的地方，读书人免费居住在这，尽管为了生活和学习的需要，学生不得不照看好自己。白鹿洞最早出名是在唐代，当时李渤和李涉两兄弟，厌倦了世俗的浮华和虚荣，选择在这个安静的地方度过余生。他们带着一只白鹿，因此石洞就以此命名。之后，宋代的儒学思想家朱熹在此居住，主要是通过他的著作和言论，使这个地方著名。他走后，文人在此建了一所书院来纪念他。书院在一定程度上会捐助那些在秀才选拔考试中脱颖而出的"高材生"，如果想去白鹿洞书院学习，经过考官举荐，就有资格获得每月 4 两的资助。同时拥有高材生头衔的人数限制在 20 人，出现空缺情况仅有死亡、退学或无故缺席考试，由南康府知府（白鹿洞所在的辖区）和书院负责人轮流主持的每月两次的考试。后来，这个头衔的要求必须是翰林或者进士，并由知府任命。

上一个十年报告中提到省会（南昌府）有三大藏书文库，但只有豫章书院才能算真正意义上的藏书库，另外两个书院，即经训书院和友教书院，仅仅是为了方便读书人在那学习而建的地方。

1882—1891 年的报告中并没有提及九江的莲溪书院。这所书院原先位于庐山脚下的莲花洞，后来被太平军摧毁，并由官员和士绅在九江重建。这里没有藏书，仅仅是供九江的读书人学习的地方，因此它不同于白鹿洞书院是对全省开放。这里每个月有三次考试；但据说，文章都是在家写的，纸是书院提供的。在这些考试中成功的考生可以获得小额的奖金。这些奖励来自书院的捐赠，该书院拥有一定数量的农田和若干店铺。书院主管的级别从来都不会低于大城市的毕业生。

十五、本省科举

（o.）本省科举——本省每三年两次的考试中，选拔的秀才有 2116 人；在省会举办的三年一次的乡试中，举人有 104 人。本十年间，六次秀才的选拔考试中，一共出了 12696 人。由于战乱，十年间只举办了两次乡试，仅出了 208 位举人。

上个十年报告中有一个错误，其中说到"这十年间出了 21220 名秀才，考试每年一次，出了十批"，如上所述，应该是三年两次。

至于本省的人口问题，一直争论不休，只要目前获取人口普查的原始方法仍然有效就行。关于这个话题，许多官方机构都有很多见解，并且可以用已经得到的原始数据去推断出一个优于官方的其他结果；但是，在先有观点的基础上再加上另一个看法，或许是情有可原的。

据说江西省面积有 72000 平方英里，其中约有一半是山区，人烟稀少。人口最稠密的地区是在赣江及其支流的河谷，这为江西省划分的 13 个辖区中的 9 个府和 1 个独立的城市提供了出口。我一直无法确定各个府的人口是多少，这在九江没有任何记录。因此，我不得不想别的办法；我突然想到，盐作为每个家庭的日常消费品，如果能得到盐的相关数据，就有可能从中推断出一些人口的信息。幸运的是，通过作家金滨铭的帮助，我得到了这些数据，并且我有足够的理由相信这些数字相当准确。江西不产盐，主要是从江苏进口的，以及淮南和淮北地区。这些地方为江西省的 9 个府区提供了盐，统称为"淮盐（Hsi-an）"。另外四府一州的食盐分别来自镇江、福建、广东。每年官方统计淮盐的数量达 105000 引，相当于 6300 万斤；但是必须还要加上走私的盐，据说可达到正常合法数量的十分之三。另外的四府一州，我不得不在淮盐的基础上来计算平均消费量，因为无法获得具体的数据。据中国人估计，每人每天的食盐消耗量在 4—5 钱，或者说每年大概 10 斤。因此，我们有如下数据：

类别	斤
淮盐，合法	63000000
淮盐，走私	18900000
盐，四府一州	35000000
盐，四府一州，走私	10500000
总计	127400000

如果把这个总数除以 10（每人每年的食盐消费量是十斤），我们可以得到一个总人口数，约为 1250 万，我认为这是对江西省人口总数的一个非常合理的估计。然而，为了显示在人数问题上的不同意见，如下的官方数据可能并不合适：

威廉("TheMiddleKingdom")	23000000
COLQUHOUN("ChinainTransformation")	26000000
中国内地会("Listof Missionaries and their Stations")	24534118
"Statesman's Year Book,1883"	23046999
麦卡特尼阁下,1792	19000000
1882—1891 九江十年报告	9510000

文盲的比例降到了 60%。社会地位较高的家庭中的少数女性受过教育,除了教会之外,受过教育的女性数量太少,不值得关注。

十六、地理

(p.)本省地形——1882—1891 年的报告中进行过全面的描述。这十年的气象如下表:

1892—1901 年的月平均值

月份	温度		气压		降雨		水位涨落			
	最高 (华氏度)	最低 (华氏度)	最高 (英寸)	最低 (英寸)	降雨 天数	雨量 (英寸)	最高 (英寸)		最低 (英寸)	
一月	55	31	30735	30023	58	2.24	8	4	4	0
二月	58	31	30604	29718	53	3.16	9	7	4	1
三月	69	45	30534	29810	83	4.97	15	6	7	6
四月	80	58	30368	29726	85	6.30	23	7	13	1
五月	86	58	30224	29701	86	5.10	30	1	22	0
六月	90	63	30016	29633	70	8.32	35	5	27	4
七月	95	75	29960	29578	42	6.11	37	1	31	4
八月	95	74	30021	29567	26	3.37	37	3	33	3
九月	87	65	30233	29454	46	3.98	35	6	32	2
十月	78	54	30453	29428	43	3.10	34	5	29	0
十一月	70	43	30605	29956	31	1.55	29	2	15	7
十二月	59	33	30695	30047	26	1.22	17	3	6	4

十七、本地航运

(q.)本地航运——每年约有两万到三万只帆船来到九江。这些船主要来自湖南、湖北、江苏、安徽、江西内地,运载着各省生产的商品货物。这些产品主要有:煤、铁、铁器、陶器、石羔、各种油、地蓆、饼肥、白蜡和黄蜡、油纸、伞、竹器、锡、棕榈,这些出自湖南;药材、苎麻、土布、柿子、葡萄酒、棉花、棕榈,出自湖北;纸、夏布、烟草、靛青、瓷器、茶叶、各种油、土布、药材、木材、苎麻、谷物,出自江西;茶叶、土药、墨、砚台、黄铜、明矾,出自安徽;米、土布、绉布、丝绸、棉、地蓆、锡、梳子,出自江苏。

所有的帆船都必须在常关报告,并缴纳船料,以取代海关的船钞。应对四种货物征收关税,即盐、茶叶、竹子、木材;然而,事实上,关税仅征收后三种货物,盐税是由南昌府盐务局定期缴付。除了要缴纳船钞和关税外,帆船还要缴纳其他的费用,虽然这些费用没有列入户部的税则中,但也被官方承认,因为员工的工资少得离谱,完全不能满足他们的需要。这些费用有

	文
购买记录(没有的话就拒绝测量)	362
测量证明	50
注册费	24
总计	436

帆船的船料是根据测量的体积大小来征收的,长度是从船头的第一块可移动木板到舵柱的距离,以及主桅的深度和宽度。帆船分为大小两类来缴纳船料。较小一类的帆船税收在 0.2～16.9 两,较大一类的帆船税收为 27～48.5 两,拖在后面的舢板则是另外收费。小类别中最大的帆船和大类别中最小的帆船,两者在税收上的差异如此之大,我们很容易看出,过多的测量一英寸会使小类别的帆船处于极大的劣势。海关雇员经常会过度测量,帆船船主一般会害怕举报,即使有勇气举报了,也常常会因为捏造的罪名而进一步吃亏。那些附属的分支机构也是如此,他们的任务是提高通行门槛,在允许帆船通过之前常常会勒索一小笔费用。

帆船的船员数量会因大小不同而异,最大的船不超过 15 人,最小的船不少于 3 人。小帆船的船员通常由船主和其家人组成。

运费通常代表投资资金的利息数额,船主和船长的少量贸易,就是全部的利润。贫穷的船主和船长很少能致富;但是他们过着舒适的生活,船只航行的工作也很轻松。除了沉船之外,几乎不会存在亏损,而失事往往会结束他们的职业生涯。这里也没有任何形式的意外保险。

下表列出了进出九江港口的 18 个主要的帆船种类、来自的省份、船容量以及船员数量;然而,每种船只的大小各异,但是为了简明起见,表格给出了每种船的最大和最小的规格:

船只种类	省份	容量,担	船员数量
钓钩	湖南	3000 1000	15~18 11~14
小驳	湖南	2000 700	14~16 7~12
辰船	湖南	1000 700	12~14 6~9
巴干	湖南	1000 700	12~14 6~9
扒船	湖南	800 400	7~10 4~7
红船	湖北	3000 1000	17~20 12~15
鸦箱	湖北	800 300	7~10 3~6
扁子	湖北	700 300	7~9 2~5
三官舱	湖北	500 250	4~7 3~6
划子	湖北	150 50	3~6 1~4
槽子	江苏	2000 1000	14~16 10~12
舢板	江苏	2000 1000	14~16 10~12
斗船	江苏	650 200	7~9 3~6
白沙洲	江苏	400 200	5~8 3~5
赣船	江西	1000 500	12~14 6~9
洛安	江西	700 350	7~10 4~6
抚船	江西	3000 1000	15~18 11~14

船只种类	省份	容量,担	船员数量
罗滩	江西	900 350	11～13 4～6
巴斗	江西	700 200	7～9 3～5
刁子	江西	900 400	11～13 5～8

十八、银行

（r.）银行——本港口有五家大型银行,其主要的工作是发行和兑换汇款以及开设私人账户。他们和大部分省份都有业务往来。普通的借贷每月收取0.8%～1.5%的利息,对于透支的账户也是如此。至于定期存款,每月利率为0.5%～0.8%;而活期账户,就像是每天的平均利率。然而,在收取或给予利息时,没有固定的规则,客户会尽可能地做出最好的安排。

十九、邮政

（s.）本地邮政代理机构——1897年2月帝国邮政局开放时,还存在16家本地邮政代理机构,相继进行了注册,它们承诺通过帝国邮政局发送所有的对外邮件,作为回报,所有的内地邮件则由它们来送发。这些本地邮行组成了庞大的邮政系统,它们的邮政代理机构分布在全省的各个地方,反过来这些邮行又成为帝国邮政的代理。这些邮行的收费不同于帝国邮政局,它规定了每一笔的邮费和额外的运费;节俭的中国人似乎更喜欢这种运作模式,即邮资由寄件人和收件人分摊,而不是由寄件人支付全部的邮费。在某些情况下,为了方便商人和庄家,他们与邮行还签订了协议,按年来缴纳一定的费用,在没有邮票的情况下,这显然有着很大的优势。

目前,九江有19个本地邮政代理机构,其中有18个在帝国邮政局注册了。未注册的邮行的业务几乎完全限于内陆,茶季时期,由于信件和包裹通常都是紧急性质,会有专门的信使到义宁州,在规定的日期运送。下表给出了这些邮行的费率:

目的地	普通信件和小包裹	附有美元的信件	附有支票的信件
上海			
镇江			
南京	20~50 文	每 1 美元,10~12 文	每 1000 两,400 文
芜湖	20~40 文	每 1 美元,5~6 文	每 1000 两,200 文
汉口			
苏州			
宁波			
杭州	50~100 文	每 1 美元,10~20 文	每 1000 两,约 600 文
温州			
岳州			
山西			
宜昌			
重庆			
胶州			
烟台			
天津			
牛庄			
北京	200 文	每 1 美元,20~40 文	每 1000 两,约 1000 文
福州			
厦门			
汕头			
广州			
三水			
梧州			

寄往上海和长江港口的信件,可按寄件人的意愿,预先付款或交货时再付。货物从运往内陆的海港出发,在那里预付一半的邮费。如果地址不是表格中提到的地方,货物就会被送到最近的港口分运,但是运输价格不定。

二十、九江海关

(t.)九江海关——至于九江关税务司,主要变化是发生在 1898 年 4 月的海关办公程序的改变,当时的《修改长江通商章程》开始实施生效。在这种情况下,同时征收出口税和土货复进口半税(Coast Trade Duty)的旧办法被废除了,跟沿海港口一样,只征收出口关税。这些规定的出台极大地促进了海关办事处的工作,通过废除必要的茶叶债券,倘若在一年内茶叶不再复出口到国外的情况下,作为缴纳土货复进口半税的保证,这一时间后来被延长到三年,甚至还远远不够,因为这些公司从中国官府衙门那里获取复出口证明的过程通常会被延搁。就目前的情况来看,所有的事情都应该在 1901 年 4 月之前全部解决;但是,很多债券尚未取消或强制兑付,因为在义和团动乱时期,当时天津衙门里大量的复出口凭单被焚毁。

在工作的分工上,发生了两个值得注意的变化:一是帝国邮政官局的设立,海关税务司自然是其邮政局长;二是将常关移交给外国人。这两项额外的事情必然增加了工作量,这需要更多的员工,目前有职员 183 人,划分如下:

室内:1 名税务司,4 个助理,7 个中国供事,3 个文案,8 个书办。

室外:1 个头等总巡,1 个副头等总巡,1 个二等验货,5 个三等验货,8 个钤字手,7 个中国司秤,9 个巡役,52 个其他的。

灯塔:40 个灯塔值事人和灯塔补给船上的 6 个水手。

邮局:2 个邮政局司事,11 个信使等。

厘金收税员:1 个副税务司,1 个中国供事,1 个文案,1 个书办,8 个水手。

二十一、特别发展之处

（u.）特别发展之处——过去的这十年里,无论是在军事、海军、工业、金融或行政事务上,九江都没有特别的发展。

二十二、教会

（v.）教会——

中国内地会——从教会的 1 名成员向我提供的情况来看,本十年间,这项工作似乎取得了稳步的进展。目前外籍员工有 79 人,其中包括来自澳大利亚、加拿大、丹麦、芬兰、德国、英国、新西兰、瑞典、瑞士和美国的代表。随着皈依的信徒增加,有必要开办学校为年轻人提供教育。目前,这里有大量的走读学校和几所寄宿学校,有 80 到 100 名学生。1 名医务人员居住在饶州府;但是,由于义和团运动,迄今为止,他无法建立起自己的医院。教会总人数约有 800 人,来询问的有近 2500 人。

拉扎尔教会——上一份十年报告中,写了很多关于教会的内容,但有一些评论并不恰当。以下描述是由江西北部教区的副主教费朗先生提供给我的笔记汇编而成,

江西省的天主教会被托付给圣文森特·保罗创立的、称为拉扎尔会的兄弟教会。本省由三个"信徒教区"构成,分别是江西北部、江西东部、江西南部。

江西北部的主教是布雷先生和费朗先生,前者是教区牧师,后者是副主教,是宗教的主要负责人。此外,还有 13 个外国教士和 5 个中国教士、5500 个皈依的信徒和 3000 个询问者。这里有 7 座教堂(其中包括九江的大教堂),约 30 个小礼拜堂和大量的宣讲演说。姐妹慈善会在九江有两个机构——其中一个位于英租界,包括药房诊所、老人收容所、男婴孤儿院、男孩学校和问询学校;另一个位于城市,包括一所孤儿院和女子学校、老年妇女避难所和问询学校。

江西东部的主教是维克先生,15 个外国教士和 9 个中国教士,有 7 个姐妹慈善会的机构,14000 个皈依的信徒,约 6000 个问询者。这里有 9 座教堂 49 个小礼拜堂和众多的宣讲演说。

江西南部的主教是科西嘉先生 ,10 个外国教士和 5 个中国教士,6000 个皈依的信徒,约 4000 个询问者。这里有 11 座教堂、20 个小礼拜堂和一些宣讲演说。

每个教区都有大量的学校提供给男孩和女孩上学;三个地区的学生总数超过 4000。在各个药房诊所,每年有 8 万到 10 万人得到了免费治疗。天主教的主要中心有:江西北部,九江、南昌、瑞州;江西东部,抚州、饶州、建昌;江西南部,吉安、赣州。

美以美会在九江、瑞昌、南昌、新城、丰城、瑞州、金县、临川、南城、南丰有分支机构。其成员及考验中的成员有 2254 人。教会有 14 个走读学校、103 个学生和 9 个老师;两所高中有 121 个学生和 12 个老师。

美国教会最近在一位本地教士的带领下开始在九江工作,据说取得了良好的进展。

英国和外国的圣经公会在港口和本身的代表是 Mr. L. J. DAY。

除此之外,还有一些没有联系到的传教士,大多都是普利茅斯兄弟会的,男女老少约有 52 人。

二十三、会馆

(w.)会馆——1882—1891 年的报告中,据说这个港口有四个会馆;然而,

这里似乎总共有八个，即：

洪都会馆，代表的是江西省会南昌府。

盱南公所，代表的是建昌。

新安会馆，代表的是安徽的徽州。

浙绍会馆，代表的是浙江的绍兴。

江宁会馆，代表的是江苏的江宁。

江南丹阳会馆，代表的是江苏的丹阳。

岭南会馆，代表的是广东省。

天后宫，代表的是福建。

九江在任何省份都没有代表性的会馆，尽管江西在很大程度上是这样的，来自九江的人们自然而然地可以进入其他省份的江西会馆。

港口的会馆没有会员制度；会馆的建设和修缮都来源于自愿捐款，以及他们拥有或租赁的田产。

二十四、官员

（x.）著名的官员——本报告所述的十年间，没有任何知名的官员在本省上任或离职。

二十五、著作

（y.）著作——这十年间没有任何著作问世。

二十六、未来前景

（z.）未来前景——从目前的状况来看，九江当前的繁荣不会出现多大的改善——事实上，作为一个重要港口，它可能会比其他地方更糟糕。湖口，位于鄱阳湖的入口，是全省真正的出入口；尽管湖口的开放可能会遭到九江资本家的抵制，对他们来说，这将意味着严重的损失，但也有一些人，他们利益并没有完全集中在九江，他们会表现出欢迎和支持。

九江海关

1901 年 12 月 31 日

《李修善：传教士与圣徒》[①]节译

W. T. A. Barber 著　　陈雅颀译　陈新立校[②]

李修善（David Hill），1840 年出生在英格兰约克郡（York）的一个基督徒家庭。1865 年，李修善受英国循道公会（Wesleyan Methodist Missionary Society）派遣，前往中国湖北省武汉传教。李修善在华 31 年，其中大部分时间都在湖北省度过，19 世纪 60 至 90 年代，曾先后在汉口、武昌、武穴、广济等地从事传教工作。1888 年，李修善创办汉口训盲书院，是武汉市最早的盲童救济与职业培训学校。1895 年，李修善在汉口病逝，享年 56 岁。1903 年英国剑桥雷斯中学校长鲍伯所著《李修善：传教士与圣徒》一书中，保留了大量李修善对 19 世纪晚期湖北城乡的风物景观、民生经济、社会风俗、日常生活等多方面的历史记忆，为研究近代湖北日常生活史提供了丰富且珍贵的史料。本节译稿旨在为近代湖北社会生活史研究提供素材，因此，主要选译原著中反映 19 世纪晚期长江中游湖北城乡社会生活的内容。

第五章　武昌

为了寻到一处合适的房子，每种可能的方式都被尝试过，但是这并非易事。外国人在中国内陆的居留权也是一个棘手的问题。条约保护了在开放港口的权利，但在法国的条约中有一条条款允许了外国人在其他地区租赁和购买财产的权利。这是唯一可以补充的一项条款，并被罩上一种神秘的氛围，也曾引起了巨大的争议。这个条款总的来说对法国做出了实际让步，也因享受最惠国条

[①] W. T. A. Barber, M. A. , B. D. , London Charles H. Kelly 2, Castle ST. , City RD. , and 26, Paternoster Row, E. C. 1903.

[②] 陈雅颀（湖北省社会科学院文史研究所 2023 级硕士研究生）译；陈新立（湖北省社会科学院文史研究所副研究员）校订注释。

款,其他缔约国可以声索同样的权利。① 中国当局总是不愿让这些外国居民入境。中国法律制度的独特之处在于制造各种难以预料的障碍:比如说,不仅坚持买主要征得不动产卖主同意,还要让卖主的关系人,即他的叔伯姑姨、侄子外甥等不同层级的血亲许可,甚至还要让他的邻居首肯。② 在契约签订之前,这种托词总是被人提出,并通知给"满大人"。因为这种知识很明显地在阻挠一切签订租约的机会。很自然的,这些托词自然不能为那些索取条约权利的国家所接受。还有更进一步要求,卖契必须钤印并在地方法庭和领事档案中被登记。然而在每个阶段,"满大人"都有无穷无尽的机会干涉交易。大体上看,普通人并不反对外国人进入,几乎在所有情况下,困难都可追溯到衙门——俗称为父母官。然而在大部分情况下,外国人的"执拗"和金钱总会取得最后的胜利。

武昌自然比汉口更排外。汉口是一个巨大的贸易集市,对外交流已习以为常,并相应地具有开阔的视野。武昌是省会城市,总督驻节地,是 50 多个地方官决策的中心,两千多个"满大人"理想的办公之所。这两个城市的对比,在某种程度上有点类似英格兰古老的郡县或天主教小镇与繁忙的制造业中心之间一样强烈的反差。整个立法和行政系统内的腐败集中在武昌,这种腐败支撑了"满大人"们雇佣大批无俸禄的随从,进一步加剧了"满大人"们对这些公然宣称诚实信条的传教士要求进城的反感。

武昌的城堞周长大约八英里,拥有十座城门。蛇山的走势与长江垂直,被分成了两个不等的部分。Ts. angKai 或长街自蛇山边发端,从隧道穿过山体,连接交通主干道,和扬子江保持一英里的平行。街尾有一条安静的小巷子,叫做火星堂(HoShinTang),得名于"火星"的到访,或许往昔曾有陨石坠此。

在经过多次协商后,大卫·希尔(DavidHill)最终决定踏上征途,并在华中省会租到了自己的房子。

那时候,我住在两个中国人的房子里,但事实表明我的住所比大卫·希尔的奢侈。我的笔记如下:"向我们展示的房间很阴冷 中间的隔墙是木制的,也没有粘牢固。有些地方,即使开了门窗,阳光也照不进来。家具简陋至极,只有

---

① 1844 年 10 月清朝钦差大臣耆英和法国公使拉萼尼分别代表两国政府在广州黄埔的法国兵船上签订了中法《五口贸易章程:海关税则》,又称《黄埔条约》。法国通过中法《黄浦条约》,获得协定关税、五口通商、领事裁判权、片面最惠国待遇等特权,还规定准许法国在通商口岸建教堂,中国有保护教堂的义务,为利用传教权利进行公开侵华活动提供了便利。

② 在清代土地房屋买卖交易活动中,亲邻拥有优先购买权,称为"先尽亲邻"的民间习惯法。

两对桌椅。有时候他只能拿箱子凑合着当椅子。地板上罩着席子。有三幅肖像挂在墙上，但是杉板门、昏暗的灯光、缺乏火炉令房间看起来潮湿而不舒适。我希望他赶紧把这个地方改造成一个舒适的住所，然而，房间的现状很可能影响他的健康状况。"

他和布莱森(Bryson)过去常常一同在城里漫步，和人群混杂一处。但有时他们的相貌会刺激兴奋的暴徒，暴徒向他们身上扔石头，尾随他们进入佛寺。他们不得不寻求庇护，等着地方官员派军人护送他们离开。

七月份，因收到退租通知，火星堂的小房子再次面临租赁的问题。为了避免横生枝节，他花 70 英镑买下了房子(这样节省了一年 20 英镑的租金)，尽管这个位置处在一条安静的小巷子内，不适于作为公众的布道所。

一个多月后某天早晨，希尔正巧在汉口，整个武昌城都因为巨大的爆炸而颤抖了。据说，这声爆炸在几百英里外都能被听见。炸药库爆炸了，房子被全方位地毁坏了。在爆炸中，子弹和弹片在空中横飞，20 多个人因此丧生。[①] 一部分弹壳和残片正掉落在使团定居的地方，但他的房子只是部分受损。许多流着鲜血的，被弹片击中的人很快被抬到传教所来，波特·史密斯医生(Dr. Porter. Smith)匆忙被召来，尽力减轻伤者们的痛苦。

在 11 月，期待已久的纳皮尔(Napier)终于到了。他很好地描述了他在武昌布道团内外各方面的生活：

> 这座房子，在直立的墙体之间支撑着屋顶的填充物是泥土；一夜暴雨过后，前墙倒塌了，院子等敞开，暴露在民众的视野下。最初这里的房间没有天花板，地上没有地板，墙上没有护墙板；但在我到之前，这些东西都粗略地准备好了。在一间已足够小的房间里，布置出小教堂，当医生每月来一次的时候，要预备出一个诊所。还有一间客厅、一间卧室、一间小厨房，仆人的房间等，这对我们每个人来说都是种学问。这里有不少老鼠，每天晚上，我们都能看到它们贼亮的眼睛从天花板上的厚板缝里窥视我们，我们也常听到它们三三两两疾跑的声音，或在午夜时醒来的时候，曾时常见过两三只老鼠在卧室里乱窜，企图偷灯里的油，结果差点把房子点着。

①同治六年(1867)十月二十五日，省城火药局失火，大小洋炮数百尊，火药火器同时爆炸，附近民房被摧毁，居民伤亡惨重。

在这一年春季,单调的城市生活最终被斯卡伯勒先生陪伴下的乡村传福音之旅打破。正如所描述的那样,它将作为数年以后希尔经历的数百个类似的旅程的样本。

在一个周四,4月22号,我们从汉口上船,这种小船叫做鸦梢(Yah Sow),载荷三人。我们准备去金牛镇(Chin Ox),直译过来就是金牛的意思。船费总计八千八百文,相当于2.2英镑。

在船上,我们有一些国外的储藏品,比如一些大块的面包,等等。一个人是厨子兼苦力,另一个是汉阳教堂管理人,也是助手。

这样,有了口粮和掌舵的人,我们改为溯江而下,经过了叫青山(Chin San)的小山,山顶上有军队驻扎。顺流而下二十英里,三点的时候,我们到了第一站:阳逻(Yang Lo),河岸边长街绵延。我们在这里免费传教,并以10文和20文的价格兜售圣经,相当于二分之一先令(d)或四分之三先令。在村尾的低地,我们再次上船。又航行了10英里,我们到了葛店(Ko Tien)对面的白浒镇(Anchoring Town)我们的船去年便是在这里损毁了。我们在这里歇了一个晚上,传教,又卖了一些书,打算明天早上过河造访葛店(Ko Tien)。这里的河面宽阔,中间有一个很大的岛,正如我们的船夫所言,这个河段流速很快,给渡河带来了挑战。他们告诉我们,在乾隆年间,这个岛上有1000人定居,土地广阔又富饶,但到了道光年间,这个岛几乎无人居住了。

4月23日,太阳在白雾中升起,这引起了我们水手的恐慌,他担心不能渡河了,于是我们租了小舢板。一个小时后,我们带着一大筐书上岸了,出发去镇子上,正在这时,我们很快被码头上的人认出来了。镇上离码头有一两英里远,要穿过波浪似的玉米地。玉米地被道路横贯,忙碌的苦力在路上挑着米、豌豆,和一种圆蛋糕状的专用肥料①,等等。到了镇上,我们像往常一样在街上来来回回传教、卖书。传教的观众中,有些面孔是我去年见过了的。从武昌到这里的距离来看,这里是个容易经营的地方,有成立一个重要的布道会分所的潜力。

4月24号,我们到了黄州府(Hwang Chow Fu),一个郡县(departmental)城市。这座城市在中国人的观念中,级别仅次于省会城

---

①笔者注:用种子榨油后剩下的残渣处理后做成的饼肥。

市。有他们的地方行政长官和地区法官。这里有考场和夫子庙。地方行政长官使他们掌管所有叫县(hsien)的城镇，这些城镇上所有考文举或武举的人，在赴省会考试前，都要先在这个府考试。你可能记得，去年因为这些考试，我们在这里遇到了群情激愤的学生。今年，这拨人就没那么多了，镇上安静多了。我们平平安安地经过了石拱门。拱门屹立在叛乱者留下的一片废墟中，尚能见证这座城镇逝去的荣光。我们呆在这里传教，与人们交谈，几乎跑遍了整个镇子，才终于回到船上，又划过江到了武昌县，它离汉口60英里远。这座城镇似乎比往日更繁忙，但还是像过去一样，对福音无动于衷，所以我们也离开了这里。我们转到了一段小河，它蜿蜒深入到一片开阔的波浪似的玉米地，这不止一点地让我想起了我亲爱的老乌斯河(约克郡的河)。这片玉米地需要赶紧收割，然后，嗯，然后是什么呢？是的，过后，这个村子就会被淹没，变成一片浩瀚的湖泊，只剩下零星的农舍群散落在各处。这里的水会涨到周围村子的石基以上，这里会变得像一片污水中的孤岛，柳条飘扬的柳树也会弯折。一点钟的时候，我们到了保安湖(Lake of Peace and Rest)。我觉得这湖比任何英格兰人夸耀的大湖都要大，我们逆风对抗了六七个小时才终于到了它最南端的岸上，我们可能划了十多英里。小岛和岩石旁边有水位标记，我们所在的地方水深10到15英尺，最奇妙的是这里可以见底。晚上7点的时候，我们到了保安(Paungan)，这座小镇和湖同名。4月26号，一个周一的早上，我们上了岸。这个小镇有一条长街，就像所有小村镇一样，遍布小商铺。我们找到一片空白的地基处上岸，身后有一面墙。我们将行头安置在我们能找到的一处至高点，等待人群围住我们，我们便售出了一些书，也吸引了一群体面的观众，然后我们就开始传教了。有时候，人们实在太喧闹，我们不得不停下来卖书，好让他们安静一些。有时候，镇子上一些有声望的人嫌太喧闹，出面要求我们离开小镇，回船上传教。有时候，一些小店主怕吵闹的人群把货摊掀翻，恳求我们去别处传教，只要我们不麻烦他就好了。保安(Paungan)镇是一个相当新的地方，这里的居民有点喧闹，我们在船上商量过，不要直接穿过这座镇子，最后我们环绕着湖，划了一个半小时的船。然后我们又转到姚河(Yau)，溯流而上行了2至3英里，进入了更大的梁子湖。在梁子湖中央的岛上，坐落着一个古老的小镇，距河口大概十英里。我们走在崎岖不平的梁子街上，偶尔停下来去各处传教，背后跟着一群人。由于风向与航向相反，我们只能就近在一处河湾泊船休息。我们又在这里待了几天，期待着一丝微风的到来，但它仍不来。我们的船夫跟我们自己一样对此地一无所知，尽管船长明确告诉我们，他以前曾来过这里，而且在某些水域是公认的难行和危险，水贼的传说仍萦绕在这片水域。瓢泼大雨降落时，我们决定也"苦干与等待"。在临近的山上，我们看到了此生最美的风景。水域横无际涯，小岛郁郁苍苍，水面横亘着几尾渔舟，渔船舷边的渔网上吊着成排渔钩待晾干。满是鹅卵石的河岸、零星突出的石矶、远处的名山也为这里的风光增添了静谧之美。我最好的朋友斯卡伯勒（Scarborough）曾经评论到，"每个地方的风景都能悦人，只有人是粗鄙的"，因为他听到怒骂声，它不断浮现在城市和乡镇，在陆地和湖泊，弥散各处，几乎在每一个地方，"洋鬼子，洋鬼子！"的声音随时随地响起。

在 4 月 28 号，星期三，风终于让船尾转向了一点点，在下午的时候，我们快速越过了湖。几小时后我们驶出了薄雾，发现船还是在往南边行驶，仅在四英尺深的浅水上行驶。我们四周的渔民，一个说"往南"，另一个说"往东"，还有一个说"向西走"。最后，我们觉得最好还是照我们自己的计划来。我们驶进了一大片长满灯心草的水域，但水域中央只有一条没有灯心草生长的小溪流。我们顺溪流而上，并在那里等着别的船超过我们，也好带我们一程。第二天约 9 点钟，我们就到了金牛镇①的港口，也是此行的最后一站。上帝指引我们平安顺遂地抵达了这里。我很想来这个镇子看看，因为我的传道员②老罗，已经在这里服务了四年，他是我在武昌的第一个同事。张先生同样来自这个城区，我们武昌的牧师也来了，我们过去常常一起在城里祈祷。而现在到达这个地方后，我的心里感到些许忧伤和沉重，对自己的工作有点力不从心。最近这几个月人们的否定和反对给了我很大的压力，之前原有的感受再次向我袭来。但我们还是出发了，在一条长街的末

①金牛镇，清代隶属于武昌县，北邻梁子湖，商贾云集，素有"五县通衢"和"小汉口"之称。
②基督教会中未受神职，在神父或牧师指导下从事传道、向新入教者讲解经文教义的人，又称为教经先生。

端,我们转弯了。我们在路上停留了一次,但人太多,街道过于狭窄了。我们听从了人们的建议,直接前往街道最高处。找到一片乡村绿地,在这趟旅程中,我们最后一次在枝繁叶茂的栗树下站定。一个曾跟随我们的好伙伴给我们带了一条高脚凳,使我们可以陆续登高,并向不断涌来的观众发表演说。

在一位绅士邀请我们喝了茶后,我们又回到了船上。我们在船上又卖了一点东西。打包好行李后,我们把一部分放在我们的助手那儿,他回到船边保管这些东西。我们把另一部分行李交给了两个男人手中,他们会把行李搬到镇上我们去参观制茶的地方。这一部分行李里有一套睡衣、三四条毛毯,及一些中国本地生产的必需品。因此,整理好装备后我们出发了,穿过稻田的狭窄田埂,路上只能容纳单人鱼贯行进,否则我们会摔倒在泥水里。泥水覆盖下的四方形围田称为粮田。我们路过的平房既没有窗格玻璃,也没有烟囱,因此当我们路过时,这里的男人、女人、孩子只能出门看我们这些外国人。我们跨越的石桥非常坚固,见证了昔日的盛景。同时,因为栏壁坚固,仅用长条石灰石砌成拱门。在一小块麦田里还有一条非常狭窄的人行小路,在这里竟叫做"大路"。这些中国人无论是在城市还是在农村,都没有想过要修一条宽阔的好路。我们就此向前行进,逐渐靠近的一列覆盖着葱茏松树的群山,时而跨过小山中泥泞又湍急的小溪。

直到太阳落山时,我们才发现自己已经置身于一个叫范家桥(Fan Chia Ch'iao)的小村落中。天色已晚,我们只得在这里的第一个小客栈里落脚。让我来描述一下这个场景:首先,我们来到了客栈的下层,称之为酒馆,这里向街道敞开,本地的商店都没有前门,只有一块木板,每天白天放下来,晚上罩住入口。这里没有铺砖或木地板,但在右侧有个小小的柜台,另一侧连着一个有炉子的房间,里面可能有两三个炉子。有两三个男人在这里制造滚滚浓烟和阵阵臭味——除了我们进来的地方,这个房间没有别的出口了。在柜台外边,放着一张桌子,桌子两边有两张窄凳。这里是客居者的公寓,我们坐在这里时,有一群人进了房间,并在街道两旁观看舞狮表演。天黑了,我们打算睡觉。在角落处,我们看到了一架梯子,梯腿下方有两只哼哼叽叽的猪。跨过猪,我们爬上了楼梯,回我们的旅馆。楼梯的上端是我们的房间。

但是房间里充满了烟雾,是的,楼下有人生火,这都是因为这里的孔洞和缝隙太多了。没关系,烟一会儿就会散开,因为我们没有玻璃窗阻挡烟雾的消散。房顶的三四个开口极好地充当了烟囱。房间里堆放着干草,无疑曾接待过很多疲惫的旅客,这就是旅店的上房所提供的唯一家具。我们躺下了,但外面太喧闹了,邻近的街道也是这样,尽管我们很疲惫,却仍难立刻入睡。更别提那些急切想来看老外的人,跟着我们爬上了楼梯,我们最后只好再上一层,去楼上的房间休息了一晚。

第二天早上是四月的最后一天,因为昨天晚上太累,我们雇了轿子。因为没有在烈日下行走,我们对这个村缺乏适当的了解。我们走着走着,发现这座村子变美了,因为我们左边的山岭越来越高,比我们此前看过的山更加宏伟。我们在山里的某处发现了一条奇怪的裂缝,我打听后,得知这是一个叫圣贤洞的山洞。我停下轿子,冲到山上,山上枝繁叶茂,直到最后我能看到山洞的洞门。在山洞里,我看到了一块此生所见的最美的石头,一块透明晶石。洞里很黑,还有点滴水,我在这里逛了一圈,但又看不到钟乳石,所以这座山不可能有石灰岩。这里山顶的风景让我想到了里士满台地(Richmond Terrace)。但我不能一直待在山顶,所以我跑下了山,途经了一片有毗邻祖先祠堂的小农庄,又从头至尾跨越木桥。穿过这个安静的小村子,一条道路覆盖着游廊,提供了宜人的荫凉。又经过一处沈(Sen)家和刘(Liu)家合建的宝塔,我猜是一处沈姓和刘姓的夫妻合葬墓,墓修得很体面,用英国报纸广告用词来表达为:"一块嘉许之地",附近地里的烟草叶子还没长出来,被一旁枞木的伸出的枝条严密地遮盖了地面的阳光。附近有条奔流不息的小溪,溪上一架圆形的大水车正在转动,每一个轮辐上都接着一节竹筒,竹筒一倾斜就能排出之前舀的水。这项革命性的工具提高了稻田的生产效率,不用费什么功夫,仅仅靠小溪淙淙的流水就灌溉了土地,福泽一方。这片土地可以生产三种庄稼,4月份产玉米,6月份产早稻,8月份产晚稻。我们又经过一座佛寺,一群慵懒的和尚正在幽静秀丽的果园里休憩。

我们继续向前走，直到最后我们到了马桥(Ma Ch'iao)①，一个繁忙的小乡镇，这里的主建筑是一座俄国洋行，用于生产砖茶②。但什么是砖茶呢？我能确定的是，这不是砖做成的茶，而是茶做成的砖。让我们来看一看：砖茶和中国的砖是一个形状的，10英尺长，4英尺宽，$1\frac{1}{2}$英尺厚，通体漆黑，十分坚硬，表面打上了中文标识。你可能会问，这个砖茶用在哪里呢？无疑，我们知道砖茶，但除了英国人，还有哪里嗜好砖茶呢？来到中国的北部，可以看到通向庞大的西伯利亚路线上的车队，这样你能明白砖茶去向何方了吧？它们会来到一间俄罗斯小屋，房子里的女士会用小刀一层又一层地切下它，将它丢进茶壶，就像一个大口咀嚼浆果的水手一样。然后你就不会对这感到奇怪了：俄罗斯商行的砖茶贸易几乎全部在中国进行，他们赚得盆满钵满。

　　我们从马桥(Ma Ch'iao)出发去柏墩(Peh Ten)③，这个美丽的乡村有另一幢俄罗斯建筑。在广阔的高山脚下，有一条清澈美丽的潺潺溪流，我们已经好几天没有看见这样的美景了。别处的土壤松软又黏稠，让那里的溪流既浓厚又浑浊。我们在这里待了一个晚上，第二天早上，我们穿过乡村，走了30英里，抵达了崇阳(Chung Yang)镇，好客的谢尔克诺夫先生(Mr. Scherkenoff)接待了我们。我对怎么描述我们经过的这个乡村感到困惑：这里的景色超过我所有曾在中国见过的景色，一条狭窄的小径将我们引入了深涧之中，每一边都有壮丽的群山，一层越过一层，溪流在山上流淌，左右蜿蜒，直到把我们引上咸宁隘(Shien Lin Pass)，再往反方向转，将我们引入宏伟又壮丽的胜景！我们身后是刚刚离开的深涧，面前是种着一排排茶树的陡峭而浑圆的山坡。从这个距离看茶树，它们就像低矮的醋栗丛。每排茶树之间有一条极狭窄的土丘，在上面你可以看到男人、女人、男孩、女孩都携着一个筐，摘取树顶上的叶子。这些叶子一会被搬到小屋里，放在门后

①马桥，清末隶属咸宁县金城乡二都，是咸宁茶叶种植的主产区之一。

②砖茶，指以优质黑毛茶或晒青为原料，经蒸压制成砖形茶块。湖北羊楼洞在近代曾是全国最大砖茶加工集散地。汉口开埠后，1861年俄国茶商李凡诺夫到汉口经销羊楼洞茶，并先后在汉口开设顺丰茶栈、顺丰茶栈码头、顺丰砖茶厂。

③柏墩，位于咸宁县西南四十里，清末咸宁县茶叶种植主产区之一，也是砖茶生产的发源地之一。

的大方形垫子上晾干，晾干后他们会被大买家带走。看看这些狭窄土丘，你可能会好奇，他们是怎么做到不从上面掉下深沟的。但看看这一长排巍峨浑圆的群山，绵亘千里，远处长满了扎根岩石的不惧严寒的青松。眼前的景色难以描述，我所见超越了我所能想象的。我们经过茶树，从山上下来，来到了我所见过的最宽阔的山的山脚下。我们在这片壮阔的美景中徜徉了一会儿，然后继续前行，最后来到了有一片平坦稻田的村落。六点钟我们抵达了崇阳县（Chung Yang Hisen），一个小县城，这里有另一家俄罗斯商行。更凑巧的是，洋行领班是英国佬。进去后发现那里另外还有两个英国佬。这大概是在这次漫长、疲惫的旅途中，最让我们感到欣喜的事了。

对这个大商行做了一番调查后，我们和好客的朋友度过了一个愉快的夜晚。之后，我们回到了城外的船上，打算乘船返回汉口。城门已经关了，但商行在小城影响力很大，在我们的朋友沃森先生（Watson）的要求下，他们爽快地为我们打开了城门。第二天，我们顺河而下，经过了一个魅力非凡的村落，划过石滩，船又轻松又迅速地驶过了另一个县城，第二天结束时，我们再次在长江边泊船，靠近第三个县城。

我们顺扬子江流而下，缓缓航行。在过去的两周里，我们穿越了1100华里，350英里，我们坐船、步行，又乘坐肩舆，这也是邻近的中国南方各省地区主要的出行方式，以这种方式到任何分所工作，可能都得耗上一年半载。

最近，湖北有一位新上任的总督李鸿章（Li Hung Chang）由五艘蒸汽船护送至武昌，这是时代的标志。考克斯先生（Cox）记得，曾有一个买了蒸汽拖船的广东人被强制没收了全部财产，仅因为他获得了洋货。这位新总督不是别人，正是当今中国最为炙手可热的政治家，我们最近的来访者——李鸿章（Li Hung Chang）①。尽管足够开明地赞成外国方式，他仍然在某种程度准备对洋人发动攻击。他很早就趁机发布了公告，警告人们提防在当地军队中取得进展的邪恶会社。在公布一两个秘密会社的名字后，他又说，在任何时候，其他要求你去拜

---

①1867年，清廷授李鸿章湖广总督，在军中办理剿捻军务。1868年李鸿章赏加太子太保，并以湖广总督协办大学士。1870年，李鸿章调任直隶总督，在湖北任职共计三年。

神的组织都不同于皇帝钦定的。人们对这个暗示的领会并不迟钝。在中国，一个"满大人"的眼皮一眨，他的子民就能立刻领会。不需要任何言语，他就能表达他的好恶。他笑一笑，这些走狗们便对着路过的外国人摇尾示好。当他一皱眉，就会有肮脏的流言和铺天盖地的粗蛮之举。

　　准备在新建的小教堂里传教的事迟迟没有进展，因为6月这部分城区整个遭到洪水侵袭。大家都记得扬子江在武昌城外流淌，二月水位最低，七八月水位最高。武昌城内有一串的小湖，由深层涵渠通过城墙下的水闸排入河中。通常六月渍水会安全地排入河中。但在1869年，从那以后偶尔因为扬子江涨水很早，早在六月它的水位比城市里最低的地方高了不少。水闸因此不得不关闭，然后六月的倾盆大雨也如期而至了，所有的水都滞留在城里，不可避免地成为洪水，这时纳皮尔先生（Napier）说：

> 这三个星期，雨下得很大，房子边的湖水越涨越高，水蔓延到房子边的道路上。最后在凌晨1点，发现水已经漫到门边了。水涨得猝不及防，我们运来的财产、家具、书等，都得转移到安全的地方去。十个小时的工作足以让我们完成工作了。像这样在水中工作后，我们坐下来吃我们能弄到的早餐，水已漫过我们半截腿。但我们的精神绝没有受挫，因为我现在还能想起当时那里的欢声笑语。我们的物品被搬到了一个新购置的办公地点，它坐落于主干道，地势比我们打算废弃的老房子高得多。这里的房间仓促装好，希尔有时候住在这里，这时他坚持说他的学院将设在汉口，那里更为舒适。

> 在这个避难所里，希尔写信给他的父亲，告诉他，他住的地方的三英尺下就是污浊的洪水。水还在涨，但他最后被迫到汉阳的房子里来避难，这里之前曾被考克斯（Cox）先生占据。

　　150万难民正陷于悲惨的境况之中——由于洪水①，他们不可能捕鱼，在他们毁坏的家园也找不到任何帮助，因此人群聚集在中心城市，这让天性乐善好施的希尔有了用武之地。唉！这个冬天没什么不寻常的景象。归功于中国人的务实想法，这种时候，"满大人"也意识到自己"父母官"的职责了，要让这些死里逃生的难民捱过冬季。每天，价值700两（230英镑）的官方赈粥通常要供给

---

　　①1870年，长江发生了全流域特大洪水。这里记录了1869年秋季长江洪水对汉阳、汉口、武昌的影响。

12 万难民。

现实中的困难在每一步的工作中不停涌现了。

你是清楚商户在商业领域的作用的，它们在中国机构里强有力。但你在家是很难意识到他们对权力的支配和专横。打个最相近的比方，它就像英格兰的贸易公会，但在中国，不仅工人组织在一起，各种各样的小老板和小商人也组织了他们自己的同业公会。想要脱离他们的行会就如逆潮游水、逆风行舟一般艰难——如果他真的可以做到的话。当然，要获得这样的会员身份还需要遵循行会的法规，人是喜欢崇拜的动物（worshipping animal），所以同业公会的成员们不仅像约克郡商会一样，每年在城门（Fossgate）边讲话，各种各样的行会在一年一度的节日上还要虔诚地拜祭他们的"祖师爷"。不同行会的商人也有自己的神祇，大体上来说，是他们负责着各行的贸易。所以可以很自然地预料到，每年他们都会带晚餐作为供奉，还会捐一到两个铜板的钱给和尚，再花同样数目的钱买爆竹、香、黄纸、蜡烛等等用来祭祀，以庆祝这个盛大的节日。

这种习俗现在也不难见到，它一代又一代流传了下来，有偏见又习于盲从的人顽固地举行这些仪式。德米特里厄斯和商行（Demetrius and Co.）也对这些仪式产生了兴趣，这个真正的基督徒与行会有了直接冲突，这样做也使他只能以一己之力抗衡整个行会。

此外，这些行会还是中国贪官受贿的主要来源，他们得到了不少收益，我们可以声明公理，可万一将此事提交给本地的地方官讨论，他会看到一个基督徒对抗整个行会，他也不愿为我们在此案件中的权益劳心费神。

这只是这段时间内中国动乱的一个表象。在南京的暴力骚乱中，罗马天主教的教堂和新教的传教所被毁坏。① 这让女王的大使出访了扬子江流域，勉强给了他一点安慰。由于大使的出访，之前一直被搁置的武昌的土地，终于及时地在地契上盖县印了。希尔不得不开始为纳皮尔（napier）先生和太太设计、建造适合他们的新居。他雇佣的承包者对建造外国房屋没什么经验，这让希尔这位心灵手巧、富有耐心的业余建筑师非常疲惫。测量房屋的规格多么容易出

---

①1870 年前后，由于帝国主义对华侵略日益加深，民众与外国势力矛盾日趋尖锐，频发的教案正是中外民族矛盾的直接反映。

错,留出位置做楼梯多么难,本应该好看的横梁多么容易一会儿臃肿一会儿细长,没人知道他做出的尝试多么不容易。

当柜台的伙计们对于灰浆的粘度和水泥的稠度含糊不清的时候,希尔这位建筑师就更加悲伤了。这些工人从来都不像他们被要求的那样努力,他们总是弯着腰躺成一排,除非发生什么事阻止他们——耐心是磨练品性的机会。在这件事上,承包人证明了他有多么不称职,他在买材料前就常常过来要钱,之后,他又停工了几个月,最后又被关进了监狱。债主为了确保自己的利益,向承包人的外国雇主施压——我们便不用奇怪,为何希尔在不得不备餐时,深深叹气了。

夏天来临了,像往常一样,洪水又来了。整个乡村都化为泽国,洪水退下,留下了有害的淤泥,也带来了各种各样的疾病。八月又带来了令人震惊的纳皮尔(Napier)夫人的死讯,几个小时的迅猛病情,就让这个年轻人的温馨小家变得阴云密布。

但这一年的悲伤还没有到尽头,纳皮尔先生(Napier)罹患痢疾。即使他有勇气对抗疾病,但越来越明显的是,他不得不回英格兰了。

在护送朋友回英国的路上,希尔尽可能远地把这位染病的朋友一路护送到了九江(Kiu Kiang)。然后,他只身返回了武汉。

第六章　乡村生活

中国整个华南和中部地区,都是溪河密布之地,船成为唯一交通工具,主要的商业线路必须遵循水路。浩淼的扬子江,在中国境内自西向东奔流两千英里①,流经数个内陆省区。仅凭这一点,条约权利就承认轮船有航行权。这些轮船通常停泊在条约通商口岸,除了这些大城市以外,还有一些大大小小的贸易中心,渡船划到中流与轮船汇合,乘客们可以凭借渡船上船下船。

希尔很乐意为他在武昌定居的朋友纳皮尔先生及夫人建造一栋洋房,但在武穴,他希望不要建造任何建筑。他常常住在租来的狭小中式住宅里。现实的困难是,长江流域的房屋大多是平房,而对大多数欧洲人而言,睡在接近地面的一层容易罹患疟疾。但希尔情愿冒这个风险,且这样也无甚损失。

---

①本书作者对长江的长度认知有误,长江全长 6400 余公里

上周五,我到了广济(Kwang Chi),与往常不同的是我带了一顶轿子,这是我非常不喜欢的一种旅行方式,但这也是我认为最能保护我免受阳光辐射的方法。在路上,雨下得很大。

1873年3月,广济开了一所小教堂,武穴需要建一座更大的房子,房子的前厅将被扩建为小教堂。

有必要说明一下,在条约口岸之外,没有一个英国工人能生存下来,因为没有中国人会雇佣他。英国工人的最低工资远远高于中国熟练技术工人的六便士一天。某种程度上来说,在条约口岸为外国人提供劳务服务的工人,也面临这样的困境。当地劳动力的竞争十分激烈,生活成本也更高。

第七章　中国生活的掠影

某天,我看到一个小男孩走到离我家不远的婴儿塔前,从墙上的一个小洞向里面扔了一个篮子和一捆东西,我问他那是什么,他说:"那是我的妹妹,她今早出生后夭折,我被家里派来处理她。"当塔快被填满到窗洞处时,里面的东西,无论是婴儿还是死狗、烂猫,都会被转移走,一起埋到附近的山坡上。

鸦片完全奴役了二三十岁的年轻人,他们太过虚弱,以致无法戒毒,错误的安逸感令他们陷入死亡的绝望。昨天下午,我们停在一个叫龙塘(Lung Tang)的镇上,处理了价值1500文的书。这条街由一片茅草屋构成,三分之一的房子都是鸦片馆,充斥着许多妓女。

在中国,盗窃是门奇怪的生意。两个或者更多的人管理所有小偷,并和所有衙门建立联系,他们对所有的盗窃行为负责。因此,他们要常常与其他小偷打照面,保持良好的关系。一个职业小偷来到新地方,要做的第一件事就是拜访这些中国司法的代表,并赠予礼物,这些代表会反过来向他们提供建议,让他们知道哪些事是他们可以做的,哪些家能偷或不能偷。遇到抢劫案后,这两个人会被叫来,把事情交到他们手里,他们去小偷家,由他们知会小偷是否可以通过回避来拖延控方。如果可以的话,双方可以平分战利品,如果不能,这两人将被官员狠狠训斥一顿,他们再分头将小偷和赃物交出去。如果一个小偷想报复一个衙门的吏员,他就会大肆洗劫,再金盆洗手,这个吏员将被抓住,然后被打得青一块紫一块。

几个月前，我在龙坪（Lung Ping）①一家客栈用餐时，一盆牛肉被端进来。我问这个伙计："这是刚杀的牛的肉还是死牛的肉？"他为我的天真发笑了："你在附近哪里见过刚杀的牛吗？"我现在主要吃的是米饭、豆腐、蔬菜和鸡蛋，还有猪肉。

人们一直在祈雨。附近的寺庙里，人们抬着一尊难看的神像组成游行队伍，一两个男人擎着燃香，一个僧人大声诵念着咒语。组成队伍的主要是农民，每个人手里都拿着一根长长的竹枝，竹枝上贴着一张三角形的纸，上面写着祈祷词："解救苍生，速降甘霖"。这些人甚至去了衙门，大声要求地方官出来祭拜他们带来的偶像。在某一案例中，因地方官拒绝走出衙门，人们拍打他的桌子指控他袖手旁观。事实上，他似乎可能被民众裹挟。现在，他每天都要从一个寺庙走到另一个寺庙，向这些可怜的神像请求下雨。

几天以前，一个小男孩拿着一卷纸来到广济教堂。我问他："你拿着什么呢？"他说："这是做管子的纸。"说着他把卷起的东西展开，里面装着花十二文钱（大约半个便士）能买到的一叠绿纸和一小张金边纸。"这是干什么用的？"我问他。他说："这个纸管是为我家阿姨做的，她快死了。"我问："她快要死了，还那这个纸筒做什么用呢？""她一直很喜欢抽烟，"他说，"我们现在为她备着这个，一旦她死了，我们烧了这个，就能供她在另一个世界享用。"我问他："你认为这能令她满足吗？"他说："是的，这会有极大的满足，因为这样她就可以像在这里一样把烟斗放在身边了。"

一两个坐在身边的人表示，富裕的家庭甚至会准备纸糊的房子、家具和所有日用器具，在他们的朋友去世后为他焚烧，还有大量纸钱，供他们在看不见的世界使用。

"你准备了多少的纸钱？"我问男孩。他说："大概有两三千文（价值八或者十先令）。"

天打雷劈

中国人坚信那些有罪的人会遭天打雷劈，在这种情况下习惯在逝者棺材上安一根长竹竿，这样埋葬后，它就可以从坟墓上的土堆中伸出来，因为死者的罪行虽然没有被人发现，但老天爷可以看到。穿透中空的竹管，人们能看懂罪有应得的报应所造成的致命打击。

---

①龙坪镇，清代隶属广济县，位于今武穴东南，南邻江西九江县。

213

中国的婚姻法

所有的年轻女士,无论贫富都不可嫁给村子里的本地人。奇怪的是,中国所有的已婚女士没有一个在村子里长大,她们每个人都来自其他的镇子。尽管这看起来很怪,但成百上千的中国村庄确实如此。在这种环境下,即使中国的社会经济允许,村子里的两个年轻人也不可结婚。

疫苗接种

在中国的某些地区,乡村医生们在新年的头一个月格外繁忙,孩子们会在此时接种疫苗。根据邰(Tai)医生的叙述,诊疗的程序是这样的:医生要找到经历过这个病程的孩子,从他那里获取干燥的物质或者麻点上的结痂。医生将麝香、烧酒以及水混合在一起。经过浸泡或沾染后,把蘸好的棉絮粘在婴儿的鼻子上。如果接种成功,疫苗生效所需的时间与英国差不多。结痂的时间不能超过二十天,否则就会失去效力。如果是男婴,那棉絮就要粘在左鼻孔,如果是女婴就粘在右鼻孔。

客死异乡

蔡(Tsai)先生是武穴的客栈老板,他昨天在我的书房里讲述上帝对他的仁慈。除此之外,他还给我讲了些别的事,这件事对英国人来说听起来或许奇怪,却深深感召了他。我以前在别的场合也听说过这件事,他的口吻与道德与此前无异。去年年初,有个来自九江的男人住在他的旅店里。几天后,他离开了,因为没有足够的钱结账,他给蔡(Tsai)先生留下了1000文,保证会在年底付给蔡(Tsai)先生。11月份的时候,他再次来到武穴,但没有带钱,自陈已病(他的脸色证实了这一点),表示无法结清账目。他说:"但是我给你带来了两张当票,当铺里的衣服价格远超我当时花的钱,这样问题就能解决了。"最后,其他客人过来和蔡(Tsai)先生说:"你最好不要再收留那个男人了,他病得很重,身无分文。"于是店主告诉他留在这里很不方便,他最好回到他九江的朋友处,又给了他80文做船费。第二天,有人告诉老板,那个九江人离开你的店后,死在了附近的一个河边小寺庙附近。蔡(Tsai)先生对我说:"现在,他没有死在我房子里。感谢上帝,他没这么做。"他又告诉我他是怎么去看尸体,又是怎么花了40文买了席子把这个人裹起来(因为没有人买棺材)埋葬了。当然,我告诉他,我以另一种视角看待他,这是基督教给我们的教育。但了解中国风俗习惯的人,都觉得他的行为足够坦荡。对蔡(Tsai)老板来说,如果有人死在他的房子里,死者的家人会告他,要求赔偿。如果死者家人筹到足够的钱买通衙门,他们的胜诉概率很大。这样,他不得不接受他们的条件,以防诉讼,或许他还得花上四五万文,使他陷入困境。

中国人的迷信

在距离广济两三英里的地方,有一座建在矮山上的宝塔。前几天坐独轮车时,车夫告诉我,这座佛塔是地区繁荣的障碍。多年前,这个地区来了一位了解风水的地方官,在视察这座山时,他发现除非在那里修建一座佛塔,否则广济将出现一批被上天赋予非凡能力的人,对国家造成严重威胁。地方官向皇帝报告了此事,塔便建成了,这也导致广济自此英雄无出。

葬仪

今天晚上,我听到敲锣打鼓的声音,就跑到门口去看是什么游行队伍,发现领头是两个小男孩,中间抬着一面锣和一面鼓,用力地敲着。然后又跟着两个男孩,每个男孩拿着一张白纸糊的灯笼挂在杆上,再后面跟着两三个青年,手持燃香,迅速地把香插在街两边的地上。正是子夜时分。询问后得知,他们是开路人,一条为逝者开辟的道路,即明天要埋葬的逝者。这时,在棺材两侧,或棺材前面,一个满手攥着纸钱的男子,边走边沿路抛撒纸钱,为亡灵铺平通往九泉安息之路。在某些地方,死后三天,他们会召唤死者的灵魂回家,并邀请他喝茶。人们普遍相信,灵魂在三天的无意识之后,会再次醒来,知道自己已进入了看不见的世界。或者正如中国人所表达,灵魂达到往世岸,即回家的看台,从而回忆起他的前尘往事。然后,当他回忆起过去时,他可能听到他兄弟的呼唤"兄弟,回来吧,茶备好了。"他的灵魂应得到喝彩,为他未被遗忘而感到欣慰。

敬父母

"现任地方官受欢迎吗?"另一天,我询问一位广济县当地的朋友。"不,"他回答,"当然不。"还有一天,他被派往那条迎接他的母亲的道路。当然,他坐着官轿去,在回程中,他却没有紧随母亲的轿子后,而是坐着自己的轿子上抢居队列的前面。现在所有人立刻视他为不知轻重,忘记了生养他的人的慈爱。

孝父母

当我行走在乡下,有人指给我看一间草棚,那是一个孝顺的儿子的住处。儿子在母亲的坟墓上盖起草屋,他在那里度过了三年丧期。① 他是一个富人,他家本住在一所体面的房屋里,而他暂时弃居那所房子。

---

① 守孝三年是儒家的丧葬礼仪,源于孔子曰:"子生三年,然后免于父母之怀。夫三年之丧,天下之通丧也。"

第八章　慈善、困惑和协商

1876 年下半年,过去发生在东部的超自然的神秘恐慌蔓延到整个长江流域。① 人们悄声传着这样的话:一些人辫子突然被不知道是什么的东西带走了,一阵风呼地吹过来,那辫子便躺在了地上。放学回家的小男孩转了下头,就发现自己的辫子不见了。甚至有地方的家禽失去了尾羽。

辫子不仅是中国着装的一部分,还是臣服于皇权的象征。近三百年来,中国的王位始终被来自北方的满族占据,他们接受了宗教、政治与礼仪,学习被征服民族的语言与文学,却把他们的穿着方式强加给被征服民族。一部分着装习俗便是剃掉前面的头发,把剩下的部分编成长辫子,这就成了西方人眼中的中国特征。许多人为不向侵略者效忠而死,但现在广大人民已经习惯了这种习俗,好像征服者强加着装给他们正如他们把文学强加给征服者。

中国仍充斥着秘密组织,这些组织或多或少旨在废黜外人。公开反叛的一个象征就是剪掉辫子,让前额的头发长出来。前面提到的太平天国叛军发动了革命,几乎推翻了满人政权,他们最广为人知的外号就是"长毛"。

第十三章　新计划和发展

近年来,一些务实的中国人在大城市里兴办了不少慈善机构,从事慈善事业。

这种表现形式的慈善事业源于中国人的务实天性,来世佛教理论良好地适应了这种天性,他们提出来世福报同现世功德是成正比的。那些以这种正义为目标的人习惯于在天堂维持一个定期借贷账户,评分的好坏由善行或恶行所定。人们经常在新年初始到慈善机构做善事,希望在天堂建立良好的信誉。尽管动机不纯,但我们禁不住为如此丰富的良知与如此丰硕的实际善行感到欣喜。崇德堂(Virtue Hall)有许多项慈善事业:免费学校,接种疫苗,收尸供棺,开设粥房,供船救生。不幸的是,机构腐败现象猖獗。慈善基金必须向各级官员支付通行费,穷人只能得到很少的钱。尽管利己是中国人的根本动机,但中

---

①1876 年在南京、杭州等地出现所谓剪辫风波,传说这些辫子是被一种看不见的未知妖术剪去的。

国人建立了一个实用普世的道德标准，这值得我们关注。

1883 年初夏，传教士们看到了中国貌似坚如磐石的社会政治生活下隐藏的熊熊烈火。等希尔返回武昌时，发现武昌也陷入恐慌。一群阴谋者与亡命徒通过秘密会社组织了一场阴谋。这群阴谋者全副武装，训练有素，一部分来自乡村，计划夜晚奇袭总督衙门，杀死或是监禁长官，杀死所有的外国人，以此扰乱与外国势力勾结的政府，最后掠夺汉口外国人的定居点。就这样，一场起义开始了。在关键时刻，官方侦察到了此事，并抓住了已经集合的主谋。政府采取的措施迅速而简单：让刽子手在一个下午砍下 36 颗人头。后续又有不少人倒下。希尔遇到了一些流血的无头尸体，这些尸体是从总督的衙门里抬出来的，每个路人的脸都因为恐惧而变得苍白，因为没人知道这场袭击会何时突发。城门迅速地关了好几天。

疾病在这个省的某些地区肆虐。就在三天前，一个来自荆州（Chin Chow）的男子告诉我一场流行病在乡邻间肆虐，事态最严重时一天带走了 800 人的生命，总共有两万人病死。病情高峰时，鞑靼将军做了一个梦——他看见瘟神站在他的帐篷口，告诉他直到新年才会离开那个地区。于是，人们决定在过完新年第七个月后就庆祝新年。如果你问他们，他们会说他们已经进入了新的一年，并且像庆祝新年那样关店三天，提前五个月就完成了新年的仪式，以此欺骗瘟神，让它提前五个月离开人们。

不幸的是，乡试开始了。这个通常只有两万五千人的小城市突然接待了一万秀才同他们的朋友。这些人中，许多人都极其狂野，不守规矩，普遍对外国人有种出于无知的蔑视。州牧是一个阴险的人，他以《圣谕广训》（SacredEdict）为典故，让学生们以"毁淫祀"为主题创作文章。这一暗示已经足够明显了，学生冲进教士们的房间。希尔冷静的解释工作让他们平息了一段时间；但当希尔不在的时候，学生又回来了，他们冲进门，砸坏窗户，打坏家具。

第十四章　荣誉与责任

1885 年秋天，三年一次的乡试到来了。贡院共有一万个小房间，荒凉无比，三年来杂草丛生。突然，工役们就得把房间恢复到要求的整洁面貌，以迎接这个重大时刻。才华横溢的学子们拥有秀才资格，他们来自全省各地，共一万五千人。城市街道上簇拥着古铜色的脸颊，到处回响着乡音。随着应试考生们的到来，他们的朋友与随从也来到这里，商人们涌向有潜力的市场，城里比平日多了五万人。与此同时，学历最高的大考官们从北京出发，顺利地经过陆路到达一座又一座城市，城市打开大门，向学界表率们献礼。揭幕的日子到来，街道两边都是期望见到主考官的人群。五十名官员组成了护送的队伍，在今天来看，他们显得微不足道，喧闹的人群突然陷入死一般寂静，原来是了不起的人们正在通过这里。他们进入贡院，随行的官员紧随其后，因为害怕潜藏在门口的邪灵，他们贿赂轿夫让他们赶紧进去。贡院里挤满上千人，有考官、作家、工人、厨师，甚至还有刽子手。整整一天里，各色各样的考生蜂拥而至，找到分配给他们的位置，大门就紧闭了。

文章的主题被公布、印刷、分发下来，第一次考试持续两天一晚。在休息二十四小时后，又有一场类似的考试。之后，像这样将进行第三场，大考才结束。

足够多的学子完成考试后，随着一声突然的号角与齐发的炮火，大门打开，疲惫的文生们出来了。他们的朋友在门口接他们，送他们回家，度过一个舒服的假期。

两周后，名单发布，六十名中举的考生终身扬名，城市人潮消退，在各自家乡最有影响力的人回到了自己家。

希尔成功地买下了汉口教会大院附近的一片地。他保留了一部分土地，用以建造霍奇医生工作需要的医院，剩下土地则用于建造盲校与工业学校。学校的构想逐渐在他脑海里成型。在开始这两项工作之前，他满足自己的心愿，为能找到的贫困老人修建了一所救济院。

中国的盲人数量惊人。无论哪天走到街上都能看到一串破衣烂衫的人，队伍打头的人拿棍子探路，其余的人把手放在前面人的肩膀上。他们是盲人，准备去乞讨或者算命。对于儒家传统而言，人们对生命中的无常负有责任，但对这些可怜的废物却没什么要说的。胡乱接种的天花疫苗，童年环境的肮脏与缺少关照，让儿童致盲人数成倍增长。对于眼盲的男孩来说，生活只能无所事事或是做个无赖，对盲人女孩来说，生活中只有羞辱。这个睁大双眼，穿着蓝色袍子的传教士走在街道上，混迹于这座伟大的城市里，渴望给灰暗的灵魂带来世界的光彩，他能想到的最好的办法就是把这些失明的流浪汉召集到一所学校，教授他们谋生之道。穆雷（W. H. Murray）牧师在北京展开了类似的工作。希尔决定把自己的一栋新房子作此用途，他聘请了穆雷（W. H. Murray）牧师的一个学生——一个有微弱视力的年轻人作为第一位老师，又召集了两三位男孩。

克罗塞特（Crossett）很快教授盲童编织藤椅，他和希尔一起把盲文方法运用到汉口方言中,从而获得了通过声母韵母指示文字的凸点系统,为盲人提供了简单的阅读方法。有些男孩会编织,有些会做吊床,有些会编篮子,有些会演奏音乐。

在 1886 年,苏格登(Sugden)小姐来到中国从事女性医疗工作。1887 年,霍奇(Sydney. R. Hodge)医生恢复了长期中断的汉口医院。古老的废墟上矗立起建造完备的妇女医院。随后,在希尔购买的街边另一片土地上,一家小而齐全的男子医院完工。

这些医院在霍奇(Hodge)医生、苏格登(Sugden)小姐与埃塞尔高夫(Ethel-Gough)医生的管理下,在武昌与汉阳还设立了药房。

其中一项医疗活动,便是治疗抽鸦片的烟鬼。湖北正如中国的其他地区一样,这种邪恶的习惯不断扩散。印度毒品的使用逐渐减少了,但本地的鸦片却被大量输入,在湖北省的某些地区,曾经种植谷物的田地被种上色彩鲜艳的罂粟。有道德观念的人普遍反对这种现象:儿子吸毒时,父亲也会感到同样的痛苦,就像儿子在家酗酒一样——这种罪恶往往与其他常见的罪恶,如赌博,通奸联系在一起。没有人会相信一个鸦片鬼,但道德的力量已经无法抵御这种肆虐的瘟疫了。许多受害者并不情愿,他们很乐意摆脱鸦片的奴役,但他们的意志力完全被削弱了。

武昌总督对工业改进的尝试给传教工作提供了新的机会。在武昌,一家大型棉纺织厂雇佣了成千工人,学徒们成了教堂常客。汉阳大型钢铁厂的工人给了邻近的汉口医院医务人员一个新的机会。军队的骨干由手无寸铁、训练仓促、收入微薄的农民组成;陆军军官指挥下的军人只知道和官员拉关系;他们知道军火库里的枪锈迹斑斑,没有弹药。

1896 年的冬天,许多难民在首府附近扎营。上一年秋天农作物的歉收令数千人挣扎在生死线上,他们在官衙门口领取救济,以草席为屋,以大米为食。直到春天,这些东西能让他们的灵魂与肉体不至于分离。这群人忍受着道德的败坏与极度的贫困,忍受着斑疹伤寒带来的高热,极端贫困的后果悄然而至。

《朱峙三日记》辑录(1931年7月至10月)

朱峙三著　胡香生①点校

朱峙三(1886—1967),原名鼎元,又名继昌,湖北鄂城(今鄂州市)城关人。1906年考入两湖总师范学堂,曾在校传播反清思想,并兼《汉口中西报》主笔。民国时期先后任湖北军政府内务部任书记官、湖北黄安县(今红安县)知事公署第一科科长、湖北省党义训练所国文教习、武昌军事政治学校校级秘书、蒲圻(今赤壁市)县长、黄冈县长等职,兼或在寒溪中学、大冶中学、武汉晴川中学、湖北省立第一师范等多所学校担任教习。抗日战争中后期,改任省参议员后兼任湖北教育学院、国立湖北师范学院等学校教授。新中国成立后,历任湖北省文物整理保管委员会委员、省政府参事。

朱峙三之子胡香生参加黄埔军校建校99周年征文活动

1931年夏秋,江淮大水成灾,汉口灾情最为严重。是年6月初,朱峙三在湖

---

①朱峙三先生之子。

北省财政厅担任帮办秘书,其日记详细记载了当时武汉的天气、灾情及个人对水灾的认知。《朱峙三日记》1931 年 7 月 1 日至 10 月 31 日部分,现由其子胡香生辑录点校成文,以从私人史料视角呈现当时灾情和民情。

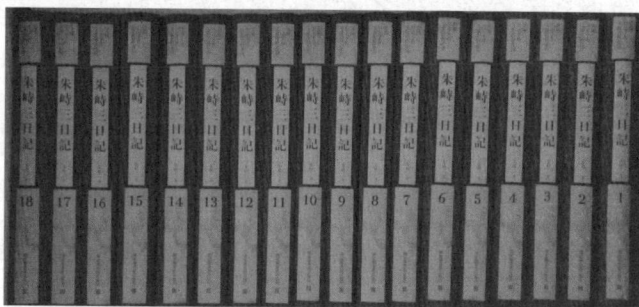

《朱峙三日记》

(1931 年农历五月)

十六日　　　　礼拜三(七月一号)　　　　晴热

七时起,八时到厅,午后一时居停嘱予代见来宾,非所愿也,谋事者人多、应付对答殊以为难,来宾中有一师晴川党训所学生数人,尤难措词也。见三十余人,四时毕,五时厅中发表新入职员、旧被撤者殊为可悯。六时回家饭毕乘凉,十时寝,十一时,周妪引厅中被撤女职员杨某来陈述多事,至十二时方去。

十七日　　　　礼拜四(七月二号)　　　　晴热甚如伏

六时陈赓甫来呼予起,坐至八时始去。予饮茶后到厅,午前信件极多,分交吴、谭二君办理答复。午后居停又欲予见客,闻予出派谭代见九人。五时半回家,陈同如、何养吾来谈甚久去,十一时寝。

十八日　　　　礼拜五(七月三号)　　　　晴热甚如伏

八时起,八时半到厅,今午信件极多,分吴、谭二人办理。午后六时回家,饭后欲外出,天热、足软未果,十一时寝。

十九日　　　　礼拜六(七月四号)　　　　晴热如伏

七时起,八时到厅,阳新钟河岳来谈谋事,予即写函寄应山县署先请方献廷探该县财局事、再写介绍信似觉于彼事有益也。午后一时见客三十余人,敷衍应付约二时毕。五时回家,晚十一时寝。

二十日　　　　礼拜天(七月五号)　　　　早阴午后闷极晚大雨如注

七时起,八时渡江先访,佛波送张莘芳介绍信请佛波转交,再访卢兵城谈片刻,因彼事多未久坐,此次荐韩少荃作书记,彼已留用,荐裴晦公作股长,彼尚在考虑中也。访仲苏、幼平谈片刻出，匆匆渡江回家。饭后小睡一时许，傅汝弼、郭良遂、雷子敬、彭少芳等先后来谈去，纪廷藻来予未晤也。十一时寝。

二十一日　　　礼拜一（七月六号）　　　雨晚雨更大

八时起，九时到厅，午前信件多，午后见客二次，六时回家。来客数次，严姓名庄者谋黄陂局长谈剌剌不休，此真妄想者。饭后即寝，十时醒，起坐一次，十二时再寝，大雨屋漏又起数次。

二十二日　　　礼拜二（七月七号）　　　早大雨街道水深一尺

九时起，九时半雇车到厅，大雨如注，行至火巷府学前水深一尺，至厅则前重水盈六寸矣。今日办信件甚少，见客一次，午后六时回家，饭后复各处信、盖已积压数日矣，十一时寝。

二十三日　　　礼拜三（七月八号）　　　阴晚雨　今日小暑节

八时起，八时半到厅办理信件，午后见客二次，五时半回家。饭后同如、平侯、晦公等先后来谈，十一时寝。

二十四日　　　礼拜四（七月九号）　　　雨午后更大

九时半起，今日厅中放假，予未出门。午后为汪载联写、画扇面已齐全，为吴端伟写扇面一张，晚十时寝。

二十五日　　　礼拜五（七月十号）　　　大雨

八时起，八时半到厅，十一时会客至十二时止，午后六时回家。饭后来客数次，十一时寝。

二十六日　　　礼拜六（七月十一号）　　　阴雨

八时起，八时半到厅，正午见客约一时许，午后五时回家。饭后来客三次，十一时寝。

二十七日　　　礼拜天（七月十二号）　　　雨

九时起，十时剃头一次，饭后来客数次，拟外出未果。晚饭后阅报一时许，十一时寝。

二十八日　　　礼拜一（七月十三号）　　　阴晴不定

八时起，九时到厅清理积件，午正代见客，午饭后办理信件，晚五时半方毕。六时回家后来客数次，饭后小憩，十一时寝。

二十九日　　　礼拜二（七月十四号）　　　晴　今日初伏

八时起，九时到厅整理各事，十一时见客，午饭后整理各事、复各处积压信件。六时回家饭后，来客数次，十一时寝。

六月

初一日　　　礼拜三(七月十五号)　　　晴热

八时起,九时到厅,午正会客约半小时,午饭后整理各事、复各处函。午后五时回家,饭后来客数次,晚十一时寝。

初二日　　　礼拜四(七月十六号)　　　晴热

八时起,八时半到厅,午前十一时见客,饭后办理信件,教厅来函请本厅派员监试,予便求之,因近日会客颇以为苦也。五时半回家,饭后来客二次,十一时寝。

初三日　　　礼拜五(七月十七号)　　　晴热甚

六时半起,七时半到教育厅监试,考留学生应试者仅十二人,十二时毕,午后一时方进午餐,腹饥甚,食毕予即回家。略休息即寝,约二小时起,易子敬之子持函来谋事,自是以后王裕称、陈康弼、万熙等先后来坐谈。熊小堂自县中来又欲另谋事,予甚厌之,此人每患得患失、见异思迁也晚。十一时寝。

初四日　　　礼拜六(七月十八号)　　　晴热甚午后三时大雨如注

六时半起,七时半到厅清理信件,并询谭、吴、王以昨日事如何分配、如何解决。八时半到教厅监考,饭后渡江,天气甚热,在轮渡中遇刘蜀疆谈各事。起岸后至京汉旅馆晤黄、王、何、孟诸生略谈,便为竹战戏,八时半毕。匆匆渡江回家已十时矣,十一时寝。

初五日　　　礼拜天(七月十九号)　　　阴小雨数次

九时起,甚倦,一某姓、一冯兆南之子来谈谋事,刺刺不休予颇厌之。十一时,朱士堪、宋济贤二生来谈,宋乞介绍函与傅端屏、朱则来奉看。便留午餐去,午后一时大椿来谈甚久去,予三时雇车回看章振旅、车行水中卒不能抵其寓而返。至次诚家略坐谈,便与李亮承送行,李此次任建始县长,才具平庸又体弱多病,予决其难应付也。四时半至傅幼虚家略坐,回家晚膳毕,汪浚源及同乡陈姓并斐晦公皆来谈谋事。去后清检各处,十一时寝。

初六日　　　礼拜一(七月二十号)　　　阴

七时起,七时半到厅,九时半纪念周,十时半会客。午饭后写信数件。午后五时回家,晚饭后来客二次,十一时寝。

初七日　　　礼拜二(七月二十一号)　　　雨

八时半起,倦甚,九时到厅,十时半见客,午饭后小憩二时,复各处积压信,五时半回家。饭后写信二件,十一时寝。

初八日　　　礼拜三（七月二十二号）　　大雨竟日

八时半起，昨睡甚恬。九时到厅，上午无事。午饭后见客人数少，为近日所稀事也。午后无多事，大雨未停，晚六时回家。饭后，卫子良来索予写信荐教育厅，不得已写数行与之，又刺刺谈不休约二小时去，十一时寝。

初九日　　　礼拜四（七月二十三号）　　雨

八时起，八时半到厅，午正见客，午后阅文件，晚六时回家。清理各事，十一时寝。

初十日　　　礼拜五（七月二十四号）雨　今日大暑节中伏

八时起，八时半到厅，清理各事，正午见客，午后阅《财政月刊》编稿，晚六时回家，十一时寝。

十一日　　　礼拜六（七月二十五号）　　晴晚见月色

八时起，倦甚。八时半到厅，十一时见客二次，午后阅月刊稿仍未毕。渡江一次，晤石仲章嘱带茶、药等件回家。三时回厅，六时回家。饭后访郑雨平谈一时许，并约其明日到家吃便饭，留字与李荐如约同来也。九时整理书案上积件，十一时寝。

十二日　　　礼拜天（七月二十六号）　　阴雨晚雨更大

八时起，傅端屏来请写大红对一副，谈甚久，便留饭去。午后易泮香来坐谈，四时，郑宇平、郑威甫、李荐如等来，谭少卿亦先单约到家，五时开席，六时半毕，七时客散去。十一时寝。

十三日　　　礼拜一（七月二十七号）　　雨午后晴

八时起，刘海洲来谈谋事，略与敷衍数语出。八时半到厅，十时纪念周，居停报告各事。十二时代见客，午后三时阅编辑股稿已毕，随后阅一科文件，五时半回寓。饭后赵少钦来谈片刻去，十一时寝。

十四日　　　礼拜二（七月二十八号）　　早阴午后三时晴

八时起，八时半到厅，闻保安门外武信闸堤昨夜三时已溃，淹毙人民甚多，各军队已迁入城驻扎矣。十一时会客，饭后二时写信寄皖、又写信寄鄂城请乐峰暂缓愚溪借款也。三时阅文件，五时半回家。来不相干谋事之客三人殊可厌也，陈赓甫、卫子良来谈甚久去，郑万选来谈各事去，十时寝。

十五日　　　礼拜三（七月二十九号）　　早雨晚晴

八时起，八时半到厅，十一时见客，午后阅例行公事，六时回家。来客数次，晚写信二件，十一时寝。

十六日　　　　礼拜四（七月三十号）　　　阴晴不定

七时起，八时到厅，正午见客，午饭后写信四件，晚六时回家，清理各事，十一时寝。

十七日　　　　礼拜五（七月三十一号）　　　晴热

八时起，九时到厅办公，十一时见客，午饭后小憩二时，阅文件、写对二副，六时回家，十一时寝。

十八日　　　　礼拜六（八月一号）　　　晴热

八时起，八时半到厅，十时阅文件，十一时见客。今日陈同如与予谈及欲辞职、多愤慨语，予冷静处之，彼发脾气殊无可取也。午后阅文件、写对联三副，五时回家。饭后乘凉毕，十一时寝。

十九日　　　　礼拜天（八月二号）　　　晴热甚

九时起，十时彭大椿、梅凤山先后来谈，便留早餐。午后为竹战戏、约萃三遂成局矣。午后一时，同如来予遂让之入局，今日天气热甚，晚六时罢局。晚饭毕，陈、彭等散去，予十一时寝。

二十日　　　　礼拜一（八月三号）　　　阴晴

九时起，倦甚，九时半到厅，十时半纪念周毕小憩。正午见客，连日堤防大溃、汉口市水深二尺矣，后患可虞，去腊除夕雷鸣甚久应有此灾。午后阅文件，五时回家，饭后写信二件，十一时寝。

二十一日　　　　礼拜二（八月四号）　　　晴热

八时起，八时半到厅办公，十一时半见客，午后阅文件。连日水涨不已，武兴闸已溃、保安门外明伦街水深尺许，闻各地堤防甚可危也。晚六时回家，饭后与蕙芳谈各事，十一时寝。

二十二日　　　　礼拜三（八月五号）　　　晴热

七时半起，八时到厅，十一时见客，午后阅文件，闻今日江水又涨堤防可虑，汉口又大水迨已成泽国矣。予屡思渡江一看情形，闻舟车辗转极不便、以至李佛波处亦不能探视，六时回家。饭后小憩、身体亦不适，十一时寝。

二十三日　　　　礼拜四（八月六号）　　　晴热

七时起，八时到厅办公，十一时见客，午后阅文件，写信与周淬成、因会计处未取得现款遂未发也。五时半回家，饭毕小憩，晚闻江水又涨、难民甚多，今年天灾如此，后祸犹未已耳。十一时寝。

二十四日　　　　礼拜五(八月七号)　　　　晴热

七时半起,八时到厅办公,十一时半见客,午后阅文件,晚六时回家。写信二件,十一时寝。

二十五日　　　　礼拜六(八月八号)早阴午后晴今日立秋

七时半起,八时步行到厅、因晨风甚凉且一观街市近状也,十二时见客,饭后阅文件。六时回家,饭后补写日记,连日事忙,身体委顿未能秉笔,蕙芳又病心灼无已,十一时寝。

二十六日　　　　礼拜天(八月九号)　　　　晴热甚九十度以上

八时半起,十时以后热甚,终日未出门。连日思渡江看各友以水大不能去,晚六时周知安来谈甚久去,十一时寝。

二十七日　　　　礼拜一(八月十号)　　　　晴大风

八时半起,九时到厅,十时与同事到省政府做纪念周,热甚,听何雪竹演说无精采,十二时回厅。饭后见客,午后三时阅文件,六时回家。饭后小憩阅报一小时,十一时寝。

二十八日　　　　礼拜二(八月十一号)　　　　时雨时晴大北风

八时起,八时半到厅,大风闻堤防甚危险,今日居停未到厅无多事,午后六时回家。饭后阅报,十一时寝。

二十九日　　　　礼拜三(八月十二号)　　　　晴热

七时半起,八时到厅办公,饭后见客一小时,午后三时写信二件,晚五时回家。闻圻水匪仍未退,今午省城拉夫甚急,不知军队开何处也。十一时寝。

三十日　　　　礼拜四(八月十三号)　　　　晴

七时半起,八时到厅,正午见客,饭后小憩,阅文件一小时,写信二件。晚六时回家,十一时寝。

七月

初一日　　　　礼拜五(八月十四号)　　　　晴热甚九十七度上

七时起,昨夕蕙芳病略减,与谈片刻出。八时到厅办公,正午见客,饭后写信一件,得县中信闻水涨未已、殊为可虑。晚六时回家知蕙芳今午小产矣,蕙芳不信予言、前五日误服药致有此事,殊为悯也。晚热甚,宿堂屋中辗转不寐。

初二日　　　　礼拜六(八月十五号)　　　　晴热甚九十八度

八时起,八时半到厅,连日江水有增无已,堤防可危,厅中办事员司俱呈焦灼之状,我县江水日增。蕙芳病似甚重,予则焦灼状不能以笔宣也。正午来宾已设词拒之而已，晚六时回家，十一时露宿，天热甚、手不停扇，转钟三时犹未成寐。

初三日　　　　礼拜天（八月十六号）　　　酷热九十八度上

八时起，天气即热，饭后尤甚。梅凤山送金库券来，坐片刻去。午后五时半予往平湖门各处看水势渐涨、人心惶惶矣。晚间蕙芳又病，甚可虑，十时状转佳。十二时予宿庭中。

初四日　　　　礼拜一（八月十七号）　　　晴酷热九十八度上

八时起，九时到厅办公，闻江水又涨，城内横街、新街等处水盈尺矣。搬家者络绎于途，厥状甚惨，天气尤酷热不可耐。蕲水有土匪警报日亟，军队亦未闻往，鄂城亦颇可危也，耳之所闻殊为烦恼。今日来宾，居停与予均托词拒之，时局如此竟有不通人情之来宾，殊为可恨。六时回家，饭后小憩欲外出未能也，十二时宿庭中手不停扇、辗转不寐。连日闻蕲水匪未退，鄂城水困、洋南湖堤防溃后，水入城甚深，予县居已淹水至三重矣，一念及此焦灼无已。

初五日　　　　礼拜二（八月十八号）　　　晴热异常九十九度上

八时起，八时半到厅办公，饭后酷热异常，晚上六时回家。饭后阅报半时，十二时宿堂屋中。

初六日　　　　礼拜三（八月十九号）　　　晴热异常九十八度以上

七时半起，八时到厅，午后来客二次，晚六时回家。饭后闻水势仍涨殊为可虑，天气酷热手不停扇，十二时宿庭中辗转难寐。

初七日　　　　礼拜四（八月二十号）　　　晴酷热九十九度上

八时起，九时到厅办公，饭后天气酷热，晚六时回家。饭后闻水势未退，山后、横街等处渐涨矣，十二时宿庭中。

初八日　　　　礼拜五（八月二十一号）　　　晴酷热九十八度上

八时起，九时到厅办公，饭后闻水势仍未退，晚六时回家。饭后欲外出以热中止，十二时宿庭中。

初九日　　　　礼拜六（八月二十二号）　　　晴热甚九十九度上

八时起，八时半到厅，饭后闻水仍涨未已，堤防可危。午后阅文件，晚六时回家，天气热甚，蕙芳病逐日减轻，甚慰，十二时寝。辗转不寐仍宿庭中。

初十日　　　　礼拜天（八月二十三号）　　　晴酷热午后百度以上

九时起，闻水势未涨。饭后奇热难受，寒暑表已达百度矣。晚间热尤甚，宿庭中辗转不寐，转钟三时大风忽起。

十一日　　　　礼拜一（八月二十四号）　　大北风今日处暑

八时半起，九时半到厅，昨夜北风天气转凉。十一时纪念周，饭后阅文件，晚六时回家。饭后小憩、阅《劝戒录》二小时，十一时寝。

十二日　　　　礼拜二（八月二十五号）　　晴大风

八时起，八时半到厅，今日天气甚凉，饭后与王小宋登黄鹤楼看水势似已退五寸矣，予本拟今夕搭大轮回县祀祖，以大风搭小大轮船均不便，午后三时写信归家，云暂不能归之理，嘱家中提前祀祖、勿候予归也。晚六时回家，饭后往保安门城上看水势半时许归，饮茶吃点心毕，阅《劝戒录》二小时，十一时寝。

十三日　　　　礼拜三（八月二十六号）　　晴热北风

八时半起，昨夕天气凉、睡甚恬也。九时半到厅阅文件，十一时毕，饭后小睡半时、阅报知江水渐退，晚六时回家。饭后阅《劝戒录》十页，十时寝，十二时伤风鼻塞不可耐，转钟三时犹未睡稳也，时起时坐焦灼无已。

十四日　　　　礼拜四（八月二十七号）　　晴热东北风

九时起，九时半到厅阅文件。饭后剃头一次，午后三时往邮局汇款还孟愚溪利息四十八元、还汪翰章寄皖十五元交其父代收。皖行为予四十五以前恨事，耗去川资、旅费约二百七十元，取得薪水实数不过七十元，至今仍未清偿此款。刘菊坡待人无诚信而又好虚面子，此等人其不可交者也。四时回厅仍阅文件十余起，六时回家，饭后闻汉口江边有一大煤油船失火、黑烟散天，自三时至七时犹未熄，煤油见水火愈烈以故无有救者。今年奇劫毕现于武汉，天实为之谓之何哉？八时登晒台一望，十时半寝。

十五日　　　　礼拜五（八月二十八号）　　晴

八时起，八时半到厅办公，饭后小睡一时许，午后三时阅文件，六时回家饭后小憩，十一时寝。

十六日　　　　礼拜六（八月二十九号）　早阴雨午后晴

七时起，八时到厅办公，午后阅文件，五时半回家。饭后鄂城财政局长蔡文传持萧敦五函，述交代已清事约二小时，尤刺刺不休，初见面如此，其人办事才可知矣。何养吾、曾诚斋来坐谈半时去，十一时寝。

十七日　　　　礼拜天（八月三十号）　　晴热甚寒暑表九十度

八时，闻昨日蔡文传来求谈话，予托病拒之，与内子说数语去。十时予起，饭后欲外出天热未果，午后五时外出至文昌、望山两城门口一阅水势稍退，臭气难闻。途遇夏炳丞送信来：一为周淬成述予县宅四进均被淹状。且知家母并内人、儿辈分居各处，一为夏村、勉之共写信述及鄂城添开典当事，嘱予早由厅发执照事。晚七时归，十一时寝，转钟二时咳嗽频作。

十八日　　　礼拜一（八月三十一号）　　　晴阴不定午后小雨一次

八时起，昨夜睡不安神。九时到厅闻省府函知厅内股长以上人员均须到府做纪念周，蒋介石来鄂、均须往听演说也，正街上沿途戒备严。予以心烦不愿去乃阅文件，并复周、袁等函毕，饭后购零件回家一次。午后三时再往厅得淬成二十九日函，云县宅前重倒塌，详细情形未列也，并请函知汉阳财政局为其本家留补勤务兵事，已专函再说矣。六时回家吃饭，阅《劝戒录》十页。晚间西北风时作天气改凉，再阅《劝戒录》十页，十时寝。

十九日　　　礼拜二（九月一号）　　　晴热

八时起，九时到厅办公。饭后往黄鹤楼看水，途有饿殍二灾民之受病者也，见之殊为可怜。至奥略楼旁见殷耘村，呼与往茶馆同坐谈一小时，并晤冯洁云述近事。二时回厅阅文件，四时卢兵城来谈片刻、便约其往鸿磐楼吃饭，并约陈邦焘同去。席散后往汉阳门江边看水，较昨日又退二寸许，共退尺余矣。遇刘东青立谈片刻，七时半雇车回家，十一时寝。

二十日　　　礼拜三（九月二号）　　　大风雨

三时大风忽起，天气变寒。九时起，九时半大风雨出门，行至望山门始雇就一车到厅小憩、无文可办。饭后阅文件，六时回家。饭食过多胸膈满涨约一小时，饮茶后略坐片刻，与蕙芳谈各事，十一时寝。

二十一日　　　礼拜四（九月三号）　　　阴晴不定

八时半起，九时到厅，饭后阅文件，写信寄鄂城。五时回家，饭后阅《劝戒录》十页，十时寝。

二十二日　　　礼拜五（九月四号）　　　晴午后热

八时半起，九时到厅，饭后小憩。午后一时渡江，在一码头起坡、沿途有跳板颇难行也，久望财政厅所雇定之划子不知在何处。予今日渡江本拟往仲苏、佛波家中一看情形，然水深跳板窄，雇船又不易仍折回渡江，已知汉口滨江街市被水淹大概情形矣。百年未逢之灾，予生今日偏见之，真不幸也。到厅后阅文件六，五时回家。见周淬成所荐之周祥兴来。予恙甚，候彼数日，昨已嘱汉阳财局补人矣。范春芳之妻来述代领款事，已面辞不能为力。淬成来函述及家事、予县宅前重尚未塌，家中寄居各处之老幼均好，汪、孟利息已代还，惟汪星垣催款甚急，颇可恶，势利之徒殊不可与交也。留周兴祥暂住一二日候信，十一时寝。

二十三日　　　　礼拜六（九月五号）　　　　　　晴热

七时起，七时半步行至三一学堂与曾校长谈片刻，雇车至高家巷文华中学，晤冯艺林谈片刻。皆欲为周兴祥另谋一事也。九时半回厅，饭后阅文件。午后三时半蔡爝民约吃饭，与桂竞秋同去，晤毕竞存、湖堂同学也，二十年未见。彼新自荷属南洋群岛回国者，述南洋政治风俗甚悉，盖海外桃源也。不过寄居外人势力下，身体、居位难得安全亦痛心之事。吾国自辛亥革命以后，乱二十年民不聊生使国家得如满清末造之政治，此时侨民回国者必多。何以家资数千万之多数侨民寄居海外为寄生虫哉？听皆君言，令人一恨辛亥苦命，再恨民国五年袁氏称帝、十五年革命军会师武汉国共不和以致酿成今日之局耳。五时开席，六时半客散，予往幼虚家略坐、七时归，何士雄在予家候甚久、周兴祥事已有办法，明日可往汉阳也。十时阅报，十一时寝。

二十四日　　　　礼拜天（九月六号）　　　　晴热甚九十度

九时起，十一时午餐，十二时黄海卿来，命其送周兴祥渡江，付洋一元与之。午后三时乘车往夏赋初寓、因夏昨曾约予过其家吃饭也，至则时早未入门，便访梅先未晤，昨与在蔡爝民家同席，闻述黄陂彭叟看相灵极矣，且举三事为证，而最验如响期应者为刘鼎三出门必归事，予等心焉慕之；梅先允为来日请客便约彭为予等一相。今日往其寓藉探彭叟来，未至其家乃知彼夫妇同出作客矣。予出行至黄龙寺街遇鼎三及李运舫，鼎三则自湘新归者，已奇矣。约予再至张寓小憩，饭茶毕始知彭叟已来，住熊晋槐家，鼎三便约出谈话，一年七十六七之老人也；再谈鼎三相，兼阅运舫相甚验。予便求一看则云危，难俱过，顷已顺利，交冬尤佳，可望升迁然非独立之事，只宜守此不必出门，明年大旺，五十一岁时方于老人不利，细推家母寿可至八十一；又云予将来甚好且可大集其财，子有四子，福泽俱较好。又谓予寿可至八十以上，所说多好语未知其确与否。谈半时许予遂出，便嘱鼎三秘再问之，明日再向鼎三细探；因鼎三约予及彭叟明晨十一时过其寓中便饭也。至夏赋初寓客已毕集，问王小宋及金宝九、范寄沧等均知彭叟，且谓有灵有不灵。小宋举蓝文蔚之妾以为证，赋初着人请彭叟吃饭欲便一相群客，闻彭辞之。七时开席，闻何复洲述相者数事亦均可信，大抵兼江湖气者有灵有不灵耳。九时回家，十一时寝。

二十五日　　　　礼拜一（九月七号）　　　　　　晴热

八时起，九时到厅，十时纪念周后外出一次，午前十一时阅报一时许。今日刘鼎三约午餐仍有彭叟在座也，予到鼎三家先有凌金波等五人在座，于梅先夫妇暨柯竹荪之妻来，彭叟至、予等约其看相次第毕，予个人请其复相之，据说八月大佳，交冬有迁升意，地点似不远，然自上月起入顺境，以后一往顺利云云。午后三时到厅阅文件三，五时至电局晤章晓霞兄弟，问鄂城信、今日电报已通矣。六时回家吃饭，裴明来便留之谈片刻去，十一时寝。

二十六日　　　礼拜二（九月八号）　　　阴晴不定

八时起，八时半到厅阅文件。饭后外出至"三一"堂问曾、万、陈诸人为玉儿升学事，午后三时回厅。得李香荄信，谓明日必来寓为其子谋事也。阅安庆寄来日报，知阜阳县于本年五月间四野无云之际忽降冰雹，大者如拳、如卵，伤禾稼不少。六月初大雨发山洪，七月初连雨倾盆、平地水深及丈，水入城内、陆地行舟者二百九十余里。七月二十三即阴历六月初九日，气候变寒至零度以下、大雪及尺冻死人民不少。八月上旬水势退。高阜之地播种乔麦等，而二次山洪又发、平地水又及丈至今未退，真奇灾也。今年天灾人祸相逼而来，似以该县为第一矣。五时回家，饭后小憩阅各书，十一时寝。

二十七日　　　礼拜三（九月九号）　　　阴晴热午后六时雨白露

七时半起，八时李香荄来取荐信去。八时半步行到厅，午前无多事，饭后雇车至周锐锋处回看，知其已回广济矣，便访蔡季涵，在其家吃点心、坐一时许。访范允师谈片刻去，访周树棠等便晤颖生，与同至曾雨村处坐谈片刻归厅仍无所事。五时出至三一堂，晤陈仁周便托其换银元五十元、以中南钞付之出。步行回家饭毕后，阅《劝戒录》二十页，十一时寝。

二十八日　　　礼拜四（九月十号）　　　阴晴不定

九时起，到厅饭后小憩一时许。午后二时到黄土坡军官学校开治安会议，四时毕。到电报局略坐仍到厅半时出，回家吃饭。六时半阅《劝戒录》，十二时寝。

二十九日　　　礼拜五（九月十一号）　　　阴

八时，次诚、知安同来谈一时许去，九时到厅。饭后外出一次，傅端屏派人请领契纸，便交来人信二件、荐裴晦公、张肖鹄、李香荄之子，不知其均能安置否也。广济纷乱如此，竟有人向该署谋事，时势迫人如此，殊为可怜。五时回家，饭后得"汪同昌"催还借款信。晚九时阅《劝戒录》，十一时寝。

八月

初一日　　　礼拜六（九月十二号）　　　阴晴不定

八时起，九时到厅，饭后外出一次，午后三时阅文件六，五时回家。饭后阅

《劝戒录》，十一时寝。转钟一时醒，伤风鼻塞颇难受、自是辗转不寐。

初二日　　　礼拜天（九月十三号）　　　阴午后一时小雨

八时起，倦甚。九时蕙芳出门进香。九时半周知安夫妇同来，便留其吃早饭。午后养吾、谢映和、立群先后来谈甚久去。四时，清理书室各件毕。鼻塞难愈心灼甚，晚八时阅《劝戒录》十页。与蕙芳谈果报事，十二时寝。

初三日　　　礼拜一（九月十四号）　　　阴

六时起，七时半到厅，十时纪念周。饭后阅文件，午后外出一次，晚五时归。饭后阅《劝戒录》，十一时寝。

初四日　　　礼拜二（九月十五号）　　　阴雨寒甚

七时起，风雨甚寒，身体倦甚，八时到厅无所事。午后阅文件四，晚五时回家。饭后阅《劝戒录》，十一时寝。

初五日　　　礼拜三（九月十六号）　　　阴

八时起，八时半到厅阅文件三。饭后小憩，午后二时阅报及杂书，五时半回家。十一时寝。

初六日　　　礼拜四（九月十七号）　　　晴

七时半起，八时到厅，写信二件，饭后阅文件三。午后至文华初中二部换银元百元、仅以钞票五十付艺林也。五时以洋百元还彭大椿、以五十元还周知安，命夏炳丞送去。今日见客二次，张益吾索政费、刘汉涣为吴丞审讨政费，略与敷衍去。五时半回家，饭后命黄海清送令益回鄂城。六时半阅内政部嘱厅发表意见改日历表及叙论，约二小时。忆去年今夕到安庆向刘复谋事，正此时抵埠，军警检查后抵旅馆终夜未寐也。十一时寝。

初七日　　　礼拜五（九月十八号）　　　晴

八时起，倦甚，九时到厅。连日车行正街中见饿殍一二，见抬棺匣者三四，大水之后大疫。报载汉口灾民日死百余人，武昌亦二十余不等，皖、湘、苏、赣诸省莫不皆然。秋末冬初尚不知作何状态耳。十一时得鄂城家信，知老幼已迁回住宅二重，前重尚未退出，附城近处有抢劫者。时势如此，不怪其然也。午后二时，刘达五自广济回省来厅述乱状，傅端屏自讨苦吃。涂俊源来问字画事。四时阅文件十五，皆例稿也，六时回家。饭后小憩阅《劝戒录》二十页，十二时寝。

初八日　　　礼拜六（九月十九号）　　　晴

八时起，往电局送利息与彭大椿了清手续。九时到厅，十时往建设厅访熊技士谈片刻、与同至省府访余维涛未晤，晤及黄叔通请春转向余说，因省府为查勘象鼻山矿及开采尖山砂矿事，委予与熊、余等同勘也，十一时半归。饭后阅文件，午后六时回家。今日得县信闻王乐峰病重，王与予有借款手续，拟回县与之面谈似为可释疑也。晚九时阅《劝戒录》，十一时寝。

初九日　　　　礼拜天（九月二十号）　　　晴热

十时起，倦甚，饭后访彭大椿兼晤章振旅，述蒲圻事甚详，坐一时许出。渡江访艾潇川问县中有人来否？探乐峰病状如何。晤陈灼涛，云半月以前面晤乐峰系患胃膈症，颇难愈云云，访张渭泉未晤，晤其长子云初五日晤乐峰之子，其家无甚事云云。予步行至后花楼不能行之，跳板中颇危险，复雇人力车行水中。访石仲章知镜卿明日回县，便带一函与厚训问乐峰事。匆匆出又行跳板再坐人力车，汗出如瀋心悬悬也。渡江到家已五时半矣，饭后往访养吾于金台旅馆、因其病遂视之，谈一时许归。写汪声香信，云借彼之十五元已还清。复唐荣培信，此人向予借款实太无聊。写胡剑侯荐石道安充收发，剑侯委黄冈县长，今日渡江时便过其家未晤，留刺出亦为石事也。十一时寝。

初十日　　　　礼拜一（九月二十一号）　　　晴热

七时起，七时半到厅、以时太早各职员尚未到公，小憩半时许。今晨步行由豹头堤至平湖门，途遇刘达五送其母殡殊可惨也。武昌近日时疫大作，衣棺、丧殡事屡途遇之，大水灾之后必有大兵、大疫，倘届初冬尚有不堪设想者矣。十时纪念周范寄沧报告日本迳占据东三省事，吾国力弱十余年，国内战争未已，互相猜忌已类似五代雄群割据、无怪外人乘时而入也。饭后阅文件。午后一时往电报局探鄂城电局信，与谢服初在电话中叙各事，并嘱其呼厚训到鄂城局探问王乐峰病状。知其病重予遂决定明晨搭小轮返里一视，四时半与寄沧说明须回县一次，十四日必来省。五时回家吃饭，晚七时半往厅中寄宿便明晨搭小轮。九时与吴晓云酒后谈各事，至十二时就寝然辗转不寐。

十一日　　　　礼拜二（九月二十二号）　　　晴热甚

四时半起，更衣盥漱毕，五时孙得万送予出厅，至火巷口遇人力车遂乘之。到汉阳门候船至六时半，"福东"轮始开，沿江搭客再至汉口又搭客，拥挤不堪；建设厂负管理轮航之责，对于此等事向不关心，虽屡有人诘责，彼置若罔闻。行李苦之，予近三年往来武汉皆搭大轮间或乘小轮，每次逢人多如鲫真以为苦矣。船开后始觅购一铺位去价一元，未见到汉又来一女客病甚危者，茶房请予搬睡上铺，欲不行，他处无铺位，勉强许之。午后二时半抵县，由凌家河上岸，至小北门上城。沿城下视被淹之家倒屋甚多，抵予家则四重、三重水退湿气仍重。见家母及儿辈均好甚慰，小憩后问各事。饭毕往视乐峰疾精神、消瘦状不堪逼视，虽能认识予然多呓语，殊可怜也。许俊甫在座，予将乐峰去、今两年存予手各款逐一向乐峰妻及其两媳说明，盖其家实不知存予手中款尚有六百元；且乐峰未病时屡嘱予不告其妻、子，谓此款留为自用、自分，虑后其二子不孝、妻亦不能顺其意。乐峰每以家庭实况为予涕泣道之，今彼既垂危、予直宣布以此款留为其妻继续有效，不与其子相涉也。四时回家再往淬成、服初、叔和处略坐谈。傍晚至杨厚安处略坐，嘱便带信约郑宇平明日来会。匆匆回家，淬成等谈至九时半去，予与家母谈各事毕，十二时寝。更生与予同床宿，咳嗽频作实未安寝。

十二日　　　　　礼拜三（九月二十三号）　　　晴热甚

六时起，饭后与家母谈各事。午后一时往乐峰家中，并约厚安、俊甫及乐峰二子、二媳及其妻姊熊夫人，详述乐峰去今两年存款予手情形，并训其二子且代乐峰处理其生后各事也，约二小时毕。乐峰与予于乙卯论交、复为姻娅，戊午夏、长女亡后乐峰与予交情更密，自是凡予在家时总相过从，今日训其子亦分所应尔也。六时回家与家母谈各事，七时宇平、淬成、服初先后来谈，八时予仍往乐峰家视疾，已能进饭食仍呓语。或者回光欤？九时半予归，十一时寝，辗转难寐，拟明晨搭轮向如此也。

十三日　　　　　礼拜四（九月二十四号）　　　晴热甚九十度今日秋分

昨夜不成寐，四时半起，更衣盥洗毕，与老王出后门登城行到小北门口天渐明，已五时矣。汉卿先在城门候，到凌家河搭"安平"轮旋开行，人多如鲗。舱中遇周月亭送其子往省入乡村师范者也。船到葛店，始由殷生友生觅得一铺位睡半时许，汗流浃背。今日天热甚，午后五时抵汉，与汉卿渡江已六时。到家饭毕与蕙芳谈各事毕，十时遂寝。

十四日　　　　　礼拜五（九月二十五号）　　　晴热

八时起，八时半到厅办公。饭后思睡，在吴小云房中小睡一时许。四时半阅文件，五时回家。饭毕清理各事，十一时寝。

十五日　　　　　礼拜六（九月二十六号）　　　晴热

七时半起，八时到厅办公，写信二件。饭后闻蝉声聒耳，秋分已过犹闻此声宁非怪事。气候反常无奇不有、至今年极矣。午后二时见客一次，居停嘱办各事。五时归，六时饭毕，九时进香毕外出，至督署东辕门见月色佳，今岁中秋迥非往昔：一念鄂城近状；一念武汉灾民；而日本近复猖獗，占我国东北三省，盖有不胜感愤者矣。十一时寝。

十六日　　　　礼拜天（九月二十七号）　　　晴热甚九十度上如伏

七时起，身体疲倦，八时仍睡、周知安来呼予起，谈各事皆无常识而又不相干之语，予因其前、去两年曾接济借予以现款，勉与敷衍而已。饭后汉卿来、凤山来谈片刻，予与汉卿同出，嘱带各件去。至电报局访章晓霞，问各事出。今日天热如伏，奇事也，从前秋分节后多御棉，今则街市男女着单纱、夏布之类，此事反常殊为浩叹。晚九时欲看书未能也，与蕙芳谈各事，十一时寝。

十七日　　　　礼拜一（九月二十八号）　　　大风雨寒甚如冬

昨夜甚热，转钟四时半风雨骤至、天气变寒矣。九时起御棉衣，夏炳丞来云厅中今日未办公、阅马厂开反日本大会，各机关均派人去云云。予以天气寒未出门，饭后欲往厅以车难雇、想无多事未去。晚间阅《劝戒录》，十一时寝。

十八日　　　　礼拜二（九月二十九号）　　　阴寒

九时起，九时半到厅阅文件四，饭后黄文彬来谋选举票也。二时开厅务会议："各机关以后薪水七折发放。"今年水灾重、受损失者不少，再以薪水折发，予之状况益窘，奈何？五时归，饭后往金龙巷三号曹蕙村处回看曹昔年在闽同事也，与谈二小时归。阅《劝戒录》。十一时寝。

十九日　　　　礼拜三（九月三十号）　　　晴

八时半起，九时到厅，十时阅文件，十一时见客十余人皆谋事与索款者。饭后写信二件，阅文件甚多。五时得家信知乐峰于十七日晨九时病故、殊可悯也。六时回家吃饭毕，阅《劝戒录》十页，十一时寝。

二十日　　　　礼拜四（十月一号）　　　晴

八时起，八时半到厅，十一时见客十余人皆要事、索款者。曹文锡来见居停、居停嘱予代见，予辞之、恐见后无法应付也。午后剃头一次，阅文件五。三时往刘宅吊菊坡之尊人丧，便晤菊坡、锡侯、昆季谈数语出，仍回厅办公。五时回家饭毕，访易雪忱先生未晤，便访刘子奎谈借款事，渠约明日回信。归后阅《劝戒录》，鼻塞伤风不可耐矣。十时寝，辗转难寐、时热时冷，转钟三时起坐数次。

二十一日　　　　礼拜五（十月二号）　　　晴

七时半起，身体倦甚、足软异常，八时到厅。挽刘瑞卿丈布联付邮寄去，文与书俱情美，小云代作。予近来极不喜刘菊坡、此事仅与敷衍而已。己巳予在蒲署，菊坡为其尊人发征诗文七十启，予赠大联及中堂二件；去岁在皖彼并未补请寿筵，何其悭也！十一时见客二人，午后外出访傅幼虚未晤，偿冯艺林借款五十元出。回厅后写复函五件毕，五时归，便访周锐峰、彭大椿谈片刻，六时回寓吃饭。晚阅《劝戒录》十页，十一时寝。

二十二日　　　　礼拜六（十月三号）　　　　晴热

八时起，八时半到厅，九时半访傅幼虚谈借款事，十一时半回厅。见客十余人，谢武刚、许学源、刘伯阳俱为熟人，另延入予室候细谈也。饭毕匆匆与许、刘同出，访许平甫未晤，访刘子奎值其出，予遂回寓换衣冠、小憩。再往子奎家，幼虚已来，与子奎同访周文百，黄冈人，坐片刻仍回厅写信二件。得汪金门复居停信，请范季纶用电报告知谢服初，嘱厚训来汉就汪处事也。五时回家饭后，彭大椿来谈各事去。九时阅《劝戒录》，十一时寝，转钟一时忽咳嗽不已、伤风鼻塞，起坐整食饮茶后稍愈，盖肺气虚，予历年逢秋必月发数次也。

二十三日　　　　礼拜天（十月四号）　　　　晴热

八时起，九时马子美、韩仲荃、梅凤山、周知安等先后来谈。饭后往访赵宇平便托裴晦公朱幼门之子谋事。下午二时往刘菊坡家探听行礼事，彼昨具柬来约不能不去也，至则无所准备，殊为可笑，晚九时归，十一时寝。

二十四日　　　　礼拜一（十月五号）　　　　晴热甚

七时起，到厅后匆匆仍出，至幼虚寓谈片刻，因予向刘子奎代借周姓款须幼虚、子奎作保也。回厅后办文件，十时往刘宅送葬，迟迟至午后一时始行，行至蛇山洞口予遂乘车。回家略憩再往财厅办公，晚六时归。七时约刘子奎取款毕，便在易雪枕先生处略坐谈，十时归。今晨晤许平甫问甲债事，在许处晤及次诚憔悴甚，亦可怜也。阅《劝戒录》五页，十一时寝。

二十五日　　　　礼拜二（十月六号）　　　　晴热甚

七时半起，倦甚。八时到厅写信二件，并请吴小云代作王乐峰挽词，虽达不惬意，也便请渠写之；见客数次。厚训今晨来，面分咐各语去。午饭后筹借款毕、回家再取款并带挽联，亲送渡江至"汇源"栈晤艾庆川，因无便人，仅带布挽交王宅，还汪款容日再觅人寄。六时渡江回家，饭后裴晦公来，与谈各事去。十一时寝。

二十六日　　　　礼拜三（十月七号）　　　　晴热甚如六月天气

八时起，九时到厅办公，十一时见客，饭后阅文件六，写信二件，晚五时半回家。饭后外出一次，十一时大风忽起天气变寒。十二时寝。

二十七日　　　　礼拜四（十月八号）　　　　大风甚寒

八时半起，九时到厅，今日御棉衣。居停病假，大风无轮渡，闻一码头趸船已为风打坏矣。连日武昌灾民疫死者多,予每晨到厅时途遇买棺抬棺、化纸出殡者多,大水、大兵之后必有时疫,其势然也。午后阅文件七,写信二件,六时回家,饭后阅《劝戒录》十页,十一时寝。

二十八日　　　礼拜五(十月九号)　　　　阴风寒甚

八时半起,九时到厅,九时半阅文件,十一时周树棠之弟来谈谋事,与周旋去。饭后许学源来谈,并交二函欲居停代之谋学校事,其一函则嘱予竭力之意也。觉源为人少诚信以至今日仍坎坷,去岁在皖予深知之;今正于未回鄂之前证明各事,泪同轮船回鄂愈证其为人少诚意;今日之诚或亦有不得已者耳。学源虽屡负予、予今特别为之周旋而去,不念旧恶也。昨日途遇袁星樵亦以此等态度处之,袁于癸亥春曾在晴川中学与予交情决裂者。南国钟于上月避圻水匪灾亦来省访予,丁巳冬予直书寄北京与之绝交,南亦曾负我者也;"人情留一线,久后好相见"谚语殊可味。许、袁、南安知今岁必欲与予见面耶? 四时阅文件,六时回家。饭后阅《劝戒录》二十余页,十二时寝。

二十九日　　　礼拜六(十月十号)　　　　阴小雨数次

九时起,今日为双十节,辛亥起义改用阳历后所谓国庆日也。当时起义为八月十九日夜间推以阳历适为十月十日,二十年来系呼为双十云。尔天气不佳,并闻党部今日为孙中山行铜像落成典礼,各机关、各校齐集阅马场,兼举行反日本大会。饭后闻各校学生有被挤、踏伤手足者,有伤重送往医院调治者,真无意识矣。予今日未出门,大风未熄、渡江仍中止,晚八时即闭门,九时忽来敲门欲谈话者知为监利李冠唐,托词拒之去。十一时寝。

九月

初一日　　　礼拜天(十月十一号)　　　　晴

八时起,倦甚,九时予在房中未盥漱闻李冠唐又来,遂嘱内子代答云予病未便见客。此人前曾来二次,坐久不走,上星期谢武刚函荐居停谋事者,自是见后彼纠缠不休矣,其人格卑下可知。饭后往访彭梓师始知师母病故,师状甚难堪,明日当补奠仪十元送之,因彭师待予甚厚,前虽为其子在蒲署友插一事未及六阅月即回省未去、所余无几耳,谈一时许出。便访朱右庚谈片刻回家,大椿为予代借款颇可感,与谈片刻出。予遂送款二百四十元渡江,交艾潏川请陈灼涛带回县偿急欠。五时回家饭毕,裴晦公来询广济事、太辅来亦谈谋事。晚七时刘子奎请写大联一副,十时寝。

初二日　　　　礼拜一（十月十二号）　　　　晴

八时起，九时到厅。今日纪念周予未到，十一时阅文件后见客六七人，今日与陈鼎卿分见、故甚少也。饭后外出一次，午后阅文件并写信三件，六时回家。饭后阅《劝戒录》，十一时寝。

初三日　　　　礼拜二（十月十三号）　　　　晴

八时半起，九时到厅，十时阅文件，饭后见客最多。今日开厅务会议，午后外出一次，晚五时半归。饭后阅《劝戒录》，十一时寝。

初四日　　　　礼拜三（十月十四号）　　　　晴

七时半起，八时乘车至彭师寓，并送上奠仪十元，彭师待予厚，予虽窘不能不送情也。十时到厅办公，今日陈鼎卿代见客予觉闲矣。饭后渡江访佛波、仲章，并至公安局见汪金门、刘鼎三谈甚久，嘱厚训料理赵茂林带款回县还汪同昌借款，五时回厅清理各事即归。饭后阅《劝戒录》十页，今晨范伯高来晤，询及皖省自予归后近况颇详也。十一时寝。

初五日　　　　礼拜四（十月十五号）　　　　晴

八时起，步行到厅九时方到。阅文件，饭后清理予之借款账颇烦恼，盖予自皖归增债约六百元，至今尚在还此积欠也。刘菊坡待人无诚意，予深恨之。饭后访曾兰友未晤，欲还其挪款也。午后五时往周锐锋家吃便饭，七时毕，步行回家拟签呈黄陂财局文一件，整理私借表一件。十二时寝。

初六日　　　　礼拜五（十月十六号）　　　　晴热

八时起，九时到厅阅文件，饭后外出一次，午后二时会客半时许，今日与陈分见故时间短也。写屏一堂、对联二副不甚惬意，横批二件稍佳，久未写字是以退化矣，凡事不可停滞如此。晚六时回家，饭后阅杂书，十一时寝。

初七日　　　　礼拜六（十月十七号）　　　　晴大风

八时起，倦甚足软，八时半到厅阅文件。饭后渡江送信交厚训，嘱觅便带回鄂城，并约朱幼门之子来充公安局勤务也。晤秉三谈及菊坡各事、狡滑无信，谓之善作官则可、以私德论则不可，总之此等势利无诚信之人不可交也。午后四时归到厅写屏一堂，为华轩所书，较之昨日笔落字佳且有力矣。六时回家吃饭，晚九时写欠款册分别应急还各处，暂清眉目。予自蒲圻交卸后闲二年，其间又赴沪、赴皖至三次，川旅积借至九百余元，此另外借款至今尚未还清；予是以恨刘菊坡也，整理各事毕，十二时寝。

初八日　　　　礼拜天（十月十八号）　　　　晴大北风寒甚

九时起，十时往厅，来人甚少，十一时写屏一堂、为郑宇平亲家所作也。又画石四幅未成，拟明日补之。今日予值星期幸无多事，四时出厂往范伯高处回看，与谈片刻归已六时矣。饭后外出一次，看《劝戒录》十页，十一时寝。

初九日　　　　礼拜一（十月十九号）　　　　晴大风甚寒

八时半起，九时半到厅知各校校长到厅与居停索薪，争论甚久，有声色俱厉者，扰扰至二小时方去。饭后外出一次，旋回厅阅文件。今日为旧历重阳，忆去年今日与肖鹄、伯高等八人登皖之大龙珠山作蓂会，尽一日之乐，且赋四律以记其事；当日予与肖鹄、雪舫等俱在旅馆候事于无聊中以寻乐，盖亦有不得已者；去年登高诸人俱留皖有事就矣，予则归后未去；吴楚相望感慨殊多，且无心再寻旧友在鄂一寻蓂会也。五时喻斌如、向心葵请予与寄沧等往同庆楼晚餐，予托故辞之，六时归。饭后阅《劝戒录》，十一时寝。转钟一时闻望山门外失慎，水龙拖街石声甚厉，起视时伤风鼻塞矣。

初十日　　　　礼拜二（十月二十号）　　　　晴风

八时起，八时半到厅阅文件，饭后二时半见客，三时毕。外出一次，五时回家。饭后阅《劝戒录》，十一时寝。

十一日　　　　礼拜三（十月二十一号）　　　　晴

八时半起，九时到厅阅文件，午后二时半见客，三时渡江至公安局晤刘秉三，四时半回厅，五时回家，饭后阅《劝戒录》约一时许。连日阅报知倭寇在沈阳一带并未撤兵，吾国仅恃国联会议为之主持公道，而不求自振之策，呜呼晚矣。自辛亥革命后民生憔悴更甚，民国四年（1915）日本强迫我国以《二十一条》约国人，始则奋兴一次排日；未久旋及相安无事。丙寅革命军兴以后内战愈烈，六年未止，至酿成今日民不聊生之惨状；大水灾后益以大疫，天灾人祸皆为民上者私心自用，一意孤行乖气致异国欲不亡其可得耶？所望吾民族上下一心或可挽回天心以示，大乱徒呼求于国联大会有何裨益乎？十一时寝。

十二日　　　　礼拜四（十月二十二号）　　　　晴

八时起，倦甚，九时到厅阅文件，写信四件。饭后渡江访渭泉、秉三，候厚训未晤，便至"汇源"晤刘仲明，知其明日回县，便以六十元请其带交家中补做串门缺墙及修理房屋之用也。四时渡江回厅检点各事毕，六时回家。饭后阅《劝戒录》已毕六册矣，十一时寝。

239

胡香生先生在参加会议

　　十三日　　　　　礼拜五（十月二十三号）　　　晴

　　八时半起，九时到厅阅文件，连日一科公事多，饭后来客数次，屡欲外出未能也。午后二时半见客七八人，谋事、索款者俱勉强应付去。中有一陈姓者无聊极，必欲见居停，嘱其候与居停说明，今其见居停亦无若何表示。三时半往上海银行晤其协理陈雪涛，归州人，桂竞秋介绍进见者也。谈片刻，回厅后清理各事，写信三件。回家饭后，裴晦公、周瑞兰、刘质如来谈各事去。八时，予访雪忱师及刘子奎谈各事毕，回家已九时矣。阅杂书，十一时半寝。

　　十四日　　　　　礼拜六（十月二十四号）　　　晴热

　　八时半起，倦甚，九时到厅阅文件。饭后杨衡舟来信谓龚小云请假未归、局中有易人说，予遂命黄海渡江寻之。晚五时予欲渡江访许俊甫，以时晏仍折归。六时吃饭毕，七时访刘子奎、曹蕙村等谈甚久回家。十一时寝。

　　十五日　　　　　礼拜天（十月二十五号）　　　阴晴大北风

　　一时大风忽起，天气变寒。八时半起，九时周知安来谈未久。周淬成自汉口来，便留二人用早饭毕，予与淬成同出访雪师未晤出，与同至人字街张均阶处略坐谈，至财厅、电局曹仲和家各谈片刻出。晚五时回家，八时淬成来消夜，与谈二小时后寝。

　　十六日　　　　　礼拜一（十月二十六号）　　　晴风寒甚

　　八时起，九时到厅办公，饭后外出一次。午后一时来客二次，旋渡江访许俊甫、郑宇平等谈各事，三时回厅，六时回家。饭后阅杂书，十一时寝。今日交纸钞二百五十元、银元五十元请厚安带县。

十七日　　　　礼拜二（十月二十七号）　　　晴

九时起，到厅办公，饭后小憩，午后办公，写信三件。晚六时回家，知安在此相候，约明日午后过其家吃便饭，七时方去。九时写信二件，十一时寝。

十八日　　　　礼拜三（十月二十八号）　　　晴

八时起，倦甚，九时到厅办公，午后阅文件十一。四时半雇车往周知安家吃便饭，酒肴甚佳。宇平在其家，七时与同出。八时到家写信四件，为乐峰之夫人立一折并述缘起于其端，拟三日内付杨厚安带交王四奶收存。十二时寝。

胡香生先生在会议上发言

十九日　　　　礼拜四（十月二十九号）　　　晴

七时起，八时到厅便约曾先生至"鸿磐楼"吃饭、恐昨送请帖未到也。到厅后阅文件四，十时彭大椿来谈片刻，与同至鸿磐楼候至十二时，宇平、厚安、博卿、淬成、知安、锐锋等先后到齐，二时开席。三时半毕仍回厅，五时半回家，十一时寝。

二十日　　　　礼拜五（十月三十号）　　　晴

八时起，九时到厅办公，午后外出一次，写屏一堂不甚得意，晚六时归。饭后阅报一小时，十一时寝。

二十一日　　　礼拜六（十月三十一号）　　　晴

八时起，八时半到厅办公，午后写大对二副，三时阅文件十二件，晚五时回家。饭后阅报，十一时寝。

研究综述

2022 年长江文化研究综述

胡学军①

长江是中国第一大江河,与黄河并称为中华民族的母亲河。长江发源于青藏高原,自西向东,源源流淌,孕育了巴蜀、荆楚、吴越等多种文化类型,是灿烂中华文明的重要创造力量,为人类经济社会的持续发展提供了巨大的动力。近年来习近平总书记在重大谈话中指示,"要保护传承弘扬长江文化""要全面保护好历史文化遗产"。围绕长江历史文化遗迹的保护,深入研究和挖掘长江文化内涵,成果迭出。保护传承弘扬长江文化对坚定文化自信、树立自信自强的文化价值观念具有重要意义。因此,进一步梳理和总结 2022 年度学者关于长江文化研究取得的丰硕成果,有助于加深对长江文化的整体认识。

一、史前长江文明研究进展

(一)中华文明探源与长江文脉的综合研究

中华文明探源工程于 2002 年春启动,20 年来多个单位和多名专家学者持续耕耘,中华文明探源研究成果显著。"习近平总书记强调,经过几代学者接续努力,中华文明探源工程等重大工程的研究成果,实证了我国百万年的人类史、一万年的文化史、五千多年的文明史。"②长江中下游地区良渚等遗址的考古文化深入研究,明确了中华文明形成的关键期,即距今 5500—5000 年,长江中下游及其他地区相继进入文明阶段。③

长江文明发展脉络的深入研究,对于整体上加深中华文明探源研究以及明

---

① 湖北省社会科学院文史研究所 2022 级硕士研究生。
② 习近平:《把中国文明历史研究引向深入增强历史自觉坚定文化自信》,《求是》2022 年第 14 期。
③ 王巍:《中华文明探源研究主要成果及启示》,《求是》2022 年第 14 期。

晰长江流域各区系文化起源、交流、互动、融合等具有重要意义。关于长江上游史前考古研究新进展,唐飞以四川近年史前考古新发现为例,详细介绍了三星堆新二期、登云城址和川西北、川西南的一系列新发现,有助于推进构建四川地区新石器文化谱系及区域文化互动联系,综合展示了长江上游史前考古新发现的贡献。① 陈晓良《长江—澜沧江源区史前人类活动与环境适应研究》博士论文,以长江—澜沧江源区新调查遗址为研究对象,通过石器类型学等方法的综合分析,指出"此区域的史前人类历史活动至少追溯至晚更新世末期阶段"②,以具体研究实证了"万年人类史",有助于进一步推进长江上游及青藏高原东北部人类起源和发展的研究。

长江中游史前文化是中华文明多元一体的重要组成部分,并做出了积极贡献。关于长江中游文明化进程,学者利用近年考古遗址发掘提供的新资料,新见迭出,加深了对长江中游史前文化的认识。屈家岭遗址作为长江中游地区具有代表性新石器遗址。肖芮等《屈家岭遗址史前黑釉蛋壳陶研究》一文,通过对遗址出土的蛋壳黑彩陶的科技分析,详细介绍了此类陶器的成分、生产过程和铸造技艺,对比研究同时期其他文化黑彩制造工艺水平,认为"油子岭文化—屈家岭文化黑彩将我国高温黑釉的烧制历史推前了 1000 年左右",③屈家岭先民体现出较高水平的制陶工艺水平,对深入研究我国制陶发展史和挖掘制陶文化内涵具有重要意义。

近年来运用统计、量化等分析方法开展史前考古文化研究也颇受学者青睐。《史前时期汉水流域农作物结构研究》一文,从量化视角讨论史前时期汉水流域考古遗址农业考古问题,对汉水流域上、中、下游不同区域农业结构的差异性和农业模式得出了更为深入细致的认识。④ 汉水地区作为南北文化交流的重要通道,此区域既可观察南北文化差异,亦可作为研究南北文化融合过程的窗口。随着江汉地区随州庙台子遗址大量植物遗存的发掘,为讨论江汉地区古代农业问题提供了契机,唐丽雅等学者通过对区域植物遗存的量化分析研究,认为"遗址所在的曾国地区是稻旱兼作的农业经济体系",而遗址史前时期为稻作

---

① 《长江文化系列讲座考古学家唐飞主讲——长江上游近年史前考古新发现》,《大众考古》2022 年第 12 期。

② 陈晓良:《长江—澜沧江源区史前人类活动与环境适应研究》,青海师范大学 2022 年博士学位论文。

③ 肖芮等:《屈家岭遗址史前黑釉蛋壳陶研究》,《江汉考古》2022 年第 2 期。

④ 郭林、张博:《史前时期汉水流域农作物结构研究》,《农业考古》2022 年第 4 期。

经营模式,混合农业经济体系的形成则受到了周文化旱作农业影响。① 傅才武对长江文化与黄河文化发展时序、文化差异性特征进行历时性探索,认为正是"长江稻作文化与黄河麦作文化的差异、互补,建构了中华文化生生不息的强大内生力量。"②亦有学者对长江中游地区新石器考古文化进行综合研究,刘礼堂《从新石器考古学文化看长江中游地区的原始宗教》一文,以中游地区原始宗教遗存为研究对象,结合考古类型学,详细梳理了中游地区原始宗教信仰由点状到线状的三个不同发展阶段,认为中游新石器原始宗教信仰完整的发展谱系,不仅凸显了中游文明演进独特性与外部文化的互动,还为论证长江中游文明起源发展提供了重要例证。③

长江下游地区同样作为中华文明重要起源地之一,学界亦较多探讨长江下游文明起源、发展过程及其对中华文明起源的重要贡献。长江下游稻作农业对中华文明做出了重要贡献,其中上山文化的发现在中国历史上具有里程碑意义。上山文化是实证中国"万年文化"的代表,④上山文化是"目前世界上最早的稻作农业起源地",⑤上山文化稻作的栽培也为进一步论证中国先民对人类社会的贡献提供了极为重要的资料。《稻作渔猎文明——从长江文明到弥生文化》一书,则以东西文明比较视角,呈现了长江稻作文明对人类史的重要意义。⑥《长江下游史前文化格局与文化特质的形成》一文,则综合研究了长江下游史前时期文明起源、文明化进程及其对中华文明的贡献。该文全面总结了长江下游区域多元文化从旧石器时代到新石器时代兴衰演替的史前文化格局,重点阐述了下游多元文化特质中稻作农业、制陶业、玉石、礼仪文化、宗教信仰等的产生、发展和广泛传播,认为下游文化特质在不断演化过程中逐渐积淀为文化基因。尤其指出长江下游多元文化经不断演替、融合,到良渚文化发展到顶峰,良渚文

①唐丽雅等:《周、楚之间:湖北随州庙台子遗址农作物遗存研究》,《农业考古》2022年第3期。

②傅才武:《长江:稻作文明与鱼米之乡》,《光明日报》2022年12月28日第11版。

③刘礼堂、周翠云、王远方:《从新石器考古学文化看长江中游地区的原始宗教》,《江汉考古》2022年第1期。

④王巍:《万年上山文化,奠定文明基础》,《自然与文化遗产研究》2022年第6期。

⑤孙瀚龙:《上山文化:长江下游的稻作社会与农业文明》,《自然与文化遗产研究》2022年第6期。

⑥[日]安田喜宪作;牛建科总主编;李国栋、杨敬娜、曹红宇译:《稻作渔猎文明——从长江文明到弥生文化》,中西书局出版社2022年版。

化实为诸文化特质的集大成者。良渚文化因素经不断扩张并与中原文化聚合，成为中华早期文明的重要基因，对中华文明多元一体格局的形成具有十分重要的作用。①

(二)三星堆与古蜀文化的专题研究

川江流域历史文化是唯一持续不断的世界大河上游文明，具有独特的区域特色。② 三星堆遗址的考古成果对于认识古蜀文明的全貌提供了重要论证资料。三星堆遗址考古发掘和三星堆文化研究历来受到学界和公众关注。近年关于三星堆的研究，学者从三星堆文化命名、祭祀礼俗、玉石③、青铜神像④、农业生产⑤、三星堆文化与长江中下游文化关系等探讨三星堆文化发展的谱系和三星堆与其他文明的交流互鉴，成果积淀深厚。许宏《三星堆之惑》一书，以"纪事本末"叙述方式，细致剖析了学者对三星堆文化分期的观念分歧以及三星堆文化的衍化脉络。⑥ 并另撰专文《分与合——关于三星堆文化命名的省思》，根据三星堆遗存的文化特征和价值体系的类比分析，重新检视了不同时期三星堆文化命名和考古学文化的不同划分方法，有助于推进三星堆文化发展谱系的构建。⑦ 三星堆独特的祭祀文化是中华文明多样文化类型的重要组成部分。关于三星堆祭祀遗存的研究，赵殿增通过考察三星堆的神坛、神庙和祭祀坑，侧重探讨了"三星堆文化的成因、特征和意义"，认为"坛、庙、坑是三星堆神权古国文明因素的一套典型组合"⑧；孙华根据三星堆埋藏坑的最新考古发掘成果，考察了埋藏坑的基本情况和年代，分组归类了埋藏坑的出土文物，并初步解读了三星堆埋藏坑的性质和背景，为进一步探讨三星堆文化变动及其与周灭商大历史背景的关联性提供了资料和新思路。⑨

①刘越、吴卫红：《长江下游史前文化格局与文化特质的形成》，《中国文化研究》2022年第3期。

②蓝勇：《试论中国川江历史文化的世界性》，《中华文化论坛》2022年第4期。

③王方：《古蜀玉器玉料分析及矿源产地调查情况综述》，《四川文物》2022年第1期。

④李新伟：《三星堆铜顶尊屈身鸟足人像和中美地区柔术者形象》，《四川文物》2022年第6期。

⑤王倩倩：《三星堆古蜀考古发现与农业变迁》，《农业考古》2022年第6期。

⑥许宏：《考古纪事本末三星堆之惑》，郑州大学出版社2022年版。

⑦许宏：《分与合——关于三星堆文化命名的省思》，《四川文物》2022年第6期。

⑧赵殿增：《三星堆祭祀活动的基本架构：神坛、神庙、祭祀坑》，《四川文物》2022年第5期。

⑨孙华、彭思宇：《三星堆埋藏坑的新发现与新认识》，《中华文化论坛》2022年第6期。

三星堆文化并非封闭一隅，三星堆文明是在交流互鉴中创造的。王仁湘《三星堆：青铜铸成的神话》一书，对新近发掘的三星堆器物、纹饰等进行了细致地考察，展现了古蜀文化与周边其他文化以及中原文化的交融。[①] 赵殿增还通过考察三星堆遗存文物来源、性质，探讨"三星堆文化"与中游古文化的关系，认为"夏商三星堆文化的形成受到长江中游古文化的多次影响"。[②] 当然此论断还需要更深入的论证。王方根据对长江中游石家河出土玉器及其特征的研究，从玉器的工艺水平、造型艺术、表现手法等方面与古蜀青铜文明器物进行对比，研究发现两地玉器在观念、艺术、技术等诸多方面都具有相似性，并认为古蜀青铜文明器物受到长江中游石家河文化的影响，古蜀青铜文明是在上中下游多层次文化互动借鉴中形成的。[③] 长江上中下游不同区系文化的互动、传承以及深层的族群渊源关系，需要从更新考古资料、多层次视角去深入探讨。三星堆文化作为中华文明"多元一体"的重要例证，三星堆内涵独特文化的形成、完整发展谱系的构建等问题，仍值得深入研究。

二、古代长江文化研究

（一）先秦时期长江文化研究概况

先秦时期是长江流域不同区系文化进一步融合、互鉴时期，表现为中原文化与楚文化、楚越文化的交流、融合等。武汉盘龙城王家嘴遗址被评选为2022年"湖北六大考古新发现"之一，该遗址作为夏商时期重要遗存，对于认识中原文化南扩及其对长江流域开发提供了新线索。盛伟通过考察盘龙城遗址的兴废，探究中原文化在江汉地区的历史进退过程，认为盘龙城的兴起与二里头文化向南扩张密切相关，盘龙城建设至二里岗文化时期愈发趋于成熟，并成为中原文化向江汉地区及周边地区进一步扩张的中心据点，直至中原文化撤出江汉平原，盘龙城废弃，两地物质文化交流仍保持着联系。[④] 湘赣地区是古代越人重

---

① 王仁湘：《三星堆：青铜铸成的神话》，巴蜀书社2022年版。

② 赵殿增：《略谈三星堆文化与长江中游古文化的关系》，《江汉考古》2022年第2期。

③ 王方：《从石家河玉器看长江中游玉文化对古蜀青铜文明的影响》，《江汉考古》2022年第4期。

④ 盛伟：《从盘龙城遗址兴废看夏商时期中原文化在江汉平原及周边地区的进退》，《四川文物》2022年第4期。

要居住地,湖南地区也成为探究楚、越融合的重要地区之一。商周至春秋战国时期伴随着楚文化的南渐,楚越文化的不断交融,也助推了越人的华夏化进程。《湖南地区楚、越文化融合过程研究》一文,在辨析湖南地区典型墓葬年代及墓葬文化性质的基础上,从宏观上梳理了春秋早期到战国晚期楚越文化融合过程,并对湘江中上游、湘江下游和资水上游不同区域楚越融合的模式进行对比研究,"认为湘江下游和资水上游楚文化进入较早,越人同化程度较高",湘江中上游进入较晚,越文化保持着较强的文化传统。① 该研究为进一步深入研究楚、越文化融合过程、模式以及统一多民族国家的形成提供了个案参考。文国勋则考察越文化出土的铁器遗存,对出土铁器进行了分期归类和年代辨析,认为"湘赣地区铁器化进程是在楚人铁器推广和楚越文化交融前提下发生的"②。张闻捷等以礼器视角,详细分析浙江地区安吉八亩墩越墓葬出土鼎的形制、纹饰特征等,探讨该地区礼制和礼制渊源问题,认为吴越地区礼器特征及用鼎制度是东周时期楚文化礼制交流、传播影响的结果,为探究东周时期长江中下游地区楚越文化融合的礼制化进程提供了新资料、新视角。③

(二)秦汉、唐宋长江文化研究新进展

秦汉时期学者多利用新近出土的简牍文献等资料研究流域地域整合、商业发展等问题。王子今结合最新宜宾"考古五粮液"考古发掘成就,指出遗址的发掘对于获得中国古代酒业开发史、酒业消费史及交通史提供了新的认知空间,并对于考察汉代酒业考古及酒文化等具有重要借鉴意义。④ 张朝阳利用近年新刊长沙五一广场简 975 探究东汉时期湘江商贸的航运速度,经对简 975 内容的分析推导,认为"东汉湘江航运逆流速度可达 84.25 汉里/天"⑤,当然此估算需要今后更丰富的考古资料去深入论证,但有助于推进东汉时期的湘江商贸活动研究。战国以降,江东地区历来是为大国政治控制、文化交融的重要地区。秦统一后更通过对江东地域统合、政区调整等方式重塑越地社会秩序,以强化当

---

①胡平平:《湖南地区楚、越文化融合过程研究》,《江汉考古》2022 年第 3 期。

②文国勋:《湘赣地区古代越人的铁器化进程》,《农业考古》2022 年第 6 期。

③张闻捷、陈沁菲:《安吉八亩墩越墓用鼎制度初考——兼论春秋晚期楚越礼制文化交流》,《江汉考古》2022 年第 5 期。

④王子今:《"考古五粮液"成就对酒文化研究及汉代酒史考察的启示》,《四川文物》2022 年第 3 期。

⑤张朝阳:《新刊五一广场简牍所见东汉湘江航运速度初探》,《中国农史》2022 年第 1 期。

地控制。郑威等根据新近出版的"岳麓秦简"资料,考证了秦统一后"江湖郡"设立位置及原因,指出秦统一后江湖郡与会稽郡合并为一郡体现了秦对江东地区管理方式的前后变化,并认为其合并的背景是秦"加强对越地、越人的管控,实现对江东的地域整合"。①

唐宋时期蜀学达到极盛,对中华文化及世界做出了突出贡献。舒大刚等通过探究蜀学源流,梳理蜀学的创新发展脉络,认为"蜀学产生巴蜀,而后蜀学与中原学术不断交流互动,吸纳大量正宗中原文化,最终形成一个经子文史并重的综合体"②,并从蜀学的信仰体系、制度创新、经典体系等综合研究了蜀学的地域文化特色和对中原文化的贡献。何平以文化交流视角,阐述了唐宋时期西蜀文化的创造力,尤其论述了当时成都地区音乐创作、西蜀花鸟画派及佛教文化传播等宗教文化兴盛对中华文化和世界的影响。③ 雷玉华等以《蜀版大藏经》的形成、翻译及在国内和周边国家的传播,开展了蜀地佛教文化对世界文化发展影响的专题研究,分析蜀版大藏经的雕刻、传播等对中国佛教的影响,认为大藏经在世界的广泛流布,显示出极高的影响力,对于宋代国人文化自信的重建具有重要意义。④

唐宋时期受北方战乱影响,人口南迁,长江中下游经济社会持续发展。《五代两宋荆湖地区商业城镇发展及其格局演变》一文注意到五代两宋不稳定的政治格局形势,成为荆湖地区商业发展的外部条件。并通过追索五代至两宋时期商业发展进程及主要影响因素,分析商业城镇及公共空间的形成和发展过程,认为荆湖地区商业城镇发育状况和对外贸易空间格局的变化,充分反映了国家政局变动和经济趋势变化对区域商业发展的影响。⑤

(三)明清时期长江历史文化的专题研究

明清时期长江流域政治、经济、社会、法律、环境、文化等议题为学者持续关

①郑威、李威霖:《岳麓简中的江胡郡与秦代江东的地域整合》,《江汉考古》2022年第6期。

②舒大刚、段博雅:《蜀学渊渊历久弥新——论蜀学之源流及其创新发展》,《社会科学研究》2022年第3期。

③何平:《唐宋时期成都与周边地区的文化交流》,《中华文化论坛》2022年第5期。

④雷玉华、李春华:《宋代文化自信的重建:蜀版大藏经的刊刻及影响》,《中华文化论坛》2022年第6期。

⑤袁钰莹:《五代两宋荆湖地区商业城镇发展及其格局演变》,《中国经济史研究》2022年第5期。

注,并利用近年新发掘整理的地方档案、民间文献(契约文书、碑刻、账簿、家谱等)等大量珍贵的第一手资料,采用跨学科相结合等的研究方法,成果突显,研究达到了较为深入的阶段。

明清民变、秩序动乱的发生机制、失败原因、影响以及动乱后秩序重建等问题,在前辈学者研究的基础上,讨论更为深入、细致。近年学者对明末动乱与太平天国时期江南民变等关注较多。《湖广民变与晚明社会阶层的利益诉求》一文关注到晚明矿监税使在各地开矿课税,引发大规模的社会动荡。该文以湖广自发性城市民变为研究中心,详细探究了民变发生原因、民变中的多元参与者,注意到此时期以城市居民为主体的民变,得到地方官府的同情与支持,并在各地成为普遍现象,认为城市"激变"是在明朝社会经济发展背景下,以明皇室为中心、各地矿监税使为代表以及各阶层组成的"利益共同体",开展的对城市"乡官士民"的持续性掠夺,并认为此次掠夺摧毁了"有恒产"者对朝廷的忠心,从而成为明亡的诱因。① 郑宁也关注到明清皖北地区以官方主导的单轨政治的局限性,即缺乏基层力量的支持,而随着明末动乱,社会秩序崩解,最终摧毁了明朝在皖北的统治。同样,清朝以至太平天国在皖北的统治,都证明了单轨政治的不稳定性。②

江南地区作为太平天国时期重要统治区,太平天国时期统治同样对江南社会、经济等产生重要影响。刘晨以量化分析方法连续撰文两篇分别讨论了太平天国时期江南乡村民变的人员构成③与江南地区农村经济秩序状况④,前文通过量化统计区分了乡村民变领导者和参与者的各阶层类型,注意到民变中知识分子比例上升,认为生存环境压力、外界利益诱导及官僚体制下官民矛盾成为民变发生的重要推力;后文以钱粮征收为线索,深入考察了太平天国时期苏浙农村经济秩序的构建及运作状况,认为由于时代和阶级局限,太平天国时期施政者水平有限,推行旧有赋税政策,存在政策混乱、赋税过重两大局限,且并未注意农民利益,军民、官民关系紧张,统治基础薄弱,从根本上导致太平天国的失败。该研究从统治的经济基础出发,加深了对于太平天国失败的经济原因

---

① 方兴:《湖广民变与晚明社会阶层的利益诉求》,《江汉论坛》2022年第10期。
② 郑宁:《明末清初皖北地区的秩序变乱与重建》,《安徽史学》2022年第3期。
③ 刘晨:《太平天国时期江南乡村民变的人员构成及权力结构分析》,《中国农史》2022年第2期。
④ 刘晨:《太平天国辖境苏浙农村社会经济秩序探析》,《历史研究》2022年第5期。

认识。

明清长江流域经济史研究中,近年长江沿线茶叶贸易研究关注增多。长江上游茶叶作为沟通川藏的重要媒介,伴随着川藏间茶叶贸易的发展,推动了两地的交流、融合,促进了川藏民族关系的发展。《明清川藏茶叶贸易模式变迁研究》一文,以制度变迁视角,探讨了川藏清代茶叶贸易模式对明代的继承、变革和创新,认为贸易模式的变迁也推动"川藏茶叶边销由茶马贸易彻底转为茶货贸易",并在两地经贸活动频繁下,渐发展为相互依赖的经济共同体。① 朱英等则以地域性商人集团角度,详细考察了粤商买办在内的汉口茶叶广帮的兴起、发展过程,认为晚清粤商在汉口的发展主要来自对外茶叶贸易,在清末华茶危机下,旅汉粤商也积极应对,竭力保持汉口茶叶在对外贸易中的优势地位,粤商在汉口的多元经营也"成为晚清汉口现代化重要推动者之一"。② 郭孟良则利用近年新发现的晚明茶政碑刻资料,描绘了晚明湖南安化茶区茶叶生产、流通和茶业经济管理的真实图景,为了解明代民间茶叶贸易情况提供了个案参考,有助于拓宽我国茶叶史研究的深度和广度。③

明清社会史研究中,江南地区为研究重镇,社会治理、社会救助、社会纠纷及基层社会运作与地方政府的互动等研究倾向增加。地方秩序的稳定,往往为州县官行政治理的核心。冯贤亮重点考察了清代江南乡村的社会治理,明代江南主要通过设置巡检司加强乡村社会的管理和控制,清代治理进程中巡检司设置减弱,佐贰官分防乡镇加强地方治安增多,保甲制推行进一步完善了乡村社会治安体系。尤其清中后期客民大量进入江南乡村,将棚民按保甲法置入户籍,④更加深了对乡村社会的控制。⑤

基层社会治理中,宗族纠纷、水利纷争等的处置亦为地方治理的重要内容之一。常建华近年立足于刑科题本资料,从日常生活史出发,着重论述了两湖

---

①何强:《明清时期川藏茶叶贸易模式变迁研究》,《江汉论坛》2022年第5期。

②朱英、钟元泽:《旅汉粤商与晚清汉口茶叶贸易》,《江汉论坛》2022年第11期。

③郭孟良:《晚明茶叶流通与管理的个案研究——以湖南安化茶为例》,《农业考古》2022年第2期。

④关于棚民研究,参见黄忠鑫、王玉璐:《清代棚民的置产与入籍——基于徽州周家源文书的考察》,《中国农史》2022年第1期,该文利用家族文书,详细探究了棚民定居、编入保甲体系的过程;卞利:《清代徽州棚民的结构组成与基层社会生态——以清代嘉庆年间休宁县左垄村土棚互控案为例》,《中国农史》2022年第3期,该文利用棚民的族谱文书等资料,进一步探讨了棚民的资金来源、结构组成等问题。

⑤冯贤亮:《清代江南乡村的社会治理及其变化》,《史学集刊》2022年第1期。

地区普通农民的宗族形态和特色,研究发现"两湖地区从事宗族活动的是一般农民",穷困族人往往因经济利益与宗族发生纠纷,并认为户族是两湖地区族权的主要承担者,族长亦成为调解族内纠纷、官府依靠的主要基层社会力量。① 该研究加深了对两湖地区宗族形态的认识。肖启荣则以明清淮扬地区水利纠纷个案,综合考察了基层社会围绕用水权纷争而呈现的水利社会运作实态,并认为淮扬地区水资源利用变迁主要受到地方政府干预程度、水环境、食盐运输等因素影响。② 灾害与社会、社会救助亦为社会史研究的重要内容。黄鸿山研究了 1889 年江苏水灾义赈中形成的"官义合办"的新型赈灾模式,其中江南士绅在灾害救济中发挥了重要作用;③郭睿君则发现"保人"在同乡组织救助中的关键角色,熟人作保是构建救助组织、实现救助目标的最有效方式,且在同乡救助中更看重保人的熟人身份。④ 上述研究综合体现了近年明清社会史研究面向的进一步拓宽、深入。

明清法律史研究中,地方档案利用程度加深,研究取得新进展。毛立平立足巴县档案,尤其注意到其中社会下层的女性史料,重点研究了以往学界关注不足的女性贞洁原因之外的自杀行为,并分别从法律史和性别史视角探讨了此类自杀行为与贞洁原因自杀在司法程序上的区别以及非贞洁自杀行为的原因和隐喻,认为基层女性自杀原因透露出其较低的家庭和社会地位及面临的生存困境,女性自杀行为在道德和司法层面都受到了差别对待。⑤ 该文为法律史、性别史研究提供了新的视角。

三、近现代长江文化研究

长江内河航运发达,独特的交通区位优势便利了国内外间经济、文化等的交融。近现代长江沿线经贸活动繁荣,促进了长江沿线城市的兴起、发展,伴随西方物质、精神、文化等传入,民众生活观念、方式发生变化,也影响了传统——

---

①常建华:《清乾嘉刑科题本所见两湖地区宗族及其纠纷》,《史林》2022 年第 2 期。

②肖启荣:《防洪、水运、环境与水利社会:明清淮扬地区基层水利纷争的个案研究》,《史林》2022 年第 6 期。

③黄鸿山:《谢家福与光绪十五年江苏苏属水灾义赈》,《清史研究》2022 年第 1 期。

④郭睿君:《异乡的"熟人"——清代徽人同乡组织救助体系中的保人》,《史学月刊》2022 年第 4 期。

⑤毛立平:《清代女性自杀案件的司法审理与性别隐喻——以巴县档案为中心》,《浙江大学学报(人文社会科学版)》2022 年第 10 期。

现代化进程。近现代长江文化研究内容广阔，涉及城市史、新闻史、文化史等多个领域。学者对于移民与城市发展、区域文化融合以及城市发展的商人团体史研究取得新的突破。熊月之注意到安徽人在近代上海移民中对于丰富上海城市精神，促进长三角一体化的重要意义；①翟健则进一步关注到移民的定居生活，伴随上海人口扩张及饮食需求变化，也促进了本地农业区域生产的分工化和生产力水平提高；②彭南生以"眼光向下"的独特新视野，研究了上海马路商界联合会的基层商人团体，弥补了以往研究的不足，该研究视角对于促进近代商人团体史研究深入、拓展极具学术意义。③

长江城市公共空间的形塑、市民休闲娱乐及城市文化发展等的研究饱受学界关注，取得了较为丰富的研究成果，且一些研究对当下具有重要参考价值。2000 年以来，新文化史研究理论、方法渐被学者借鉴、运用，长江沿线城市公共空间成为学者观察政治、社会转型和民众观念变迁的重要窗口，公共空间的形成、变迁也折射了现代化进程的多维面向。范瑛将研究立足于成都青阳宫空间视角下，对青阳宫由传统花会改设商业劝工会到现代博览会空间改良的过程作了细致的历时性考察，不同阶段的空间改良规划承载了政治权利扩张、开启民智、移风易俗等不同使命，成都青阳宫空间改良的历程渗透着近代思潮搏动、地方政治诡谲、传统风俗深植等，突显了成都内陆城市传统性和现代性共生、互动的特殊性。④ 该研究提供了传统与现代化之间内生张力的空间明证。

汉口作为南北枢纽，有"东方芝加哥"的美誉，汉口开埠后，在独特的政治、经济、文化环境影响下，相较于内陆的成都，其城市现代化进程也更为深入。荆蕙兰、刘东基于报业史和城市史的双重视角，综合考察了近代汉口报业发展历程与城市空间互动的关系，汉口城市文化的现代化多重形塑了汉口城市空间；⑤汪苑菁以《汉口中西报》为中心，透过报刊本身来考察近代汉口城市文化的嬗变

①熊月之：《安徽人与长三角一体化——以近代上海安徽人为焦点》，《学术界》2022 年第 11 期。

②翟建：《近代上海城市人口扩张与本地农业的变化》，《中国经济史研究》2022 年第 4 期。

③朱英：《"眼光向下"与中国近代商人团体史研究的新突破——兼评〈街区里的商人社会：上海马路商界联合会(1919—1929)〉》，《史学月刊》2022 年第 10 期。

④范瑛：《从传统花会、"腐朽庙舍"到现代博览会：成都青羊宫的地方政治与空间改良(1906—1937)》，《华中师范大学学报(人文社会科学版)》2022 年第 4 期。

⑤荆蕙兰、刘东：《报与城的互动：近代汉口报业发展与城市空间形塑》，《江汉论坛》2022 年第 7 期。

过程,研究认为近代报刊是推动城市现代化的重要力量,汉口现代文化在内外因素的共同作用下,走出了一条推陈出新的道路。^① 该成果提供了近代中国城市现代化变迁过程的新闻史个案研究。在当今融媒体时代,如何实现报业新时代创新、改革与城市空间现代化的深度融合,仍需要深入研究。上海作为近现代受欧风美雨影响最为深入的沿海城市,上海现代性、上海化特质镌刻着中西方的印记。艾萍从政府取缔"奇装异服"行为出发,探讨了上海"摩登"都市特质的建构过程;^②朱英以上海动物园作为市民休闲娱乐、社会教育的新空间视角,缕析了上海动物园创设的历史原因、发展过程及承载意义,动物园这一新事物的诞生、发展,也成为近代中国思想进步、社会发展的一个缩影。^③

上述研究深度描摹了区域传统与现代化变迁过程,揭示了现代化进程中的区域差异,有助于深入认识近现代长江文化的演进状况。但对于区域之间深层次联系以及长江全流域的研究讨论较少,使得区域比较研究和国际比较研究稍显不足。

四、当代保护传承弘扬长江文化研究

继 2020 年习近平总书记在全面推进长江经济发展座谈会上指出,"要把长江文化保护好、传承好、弘扬好,延续历史文脉,坚定文化自信",为深入贯彻落实习近平总书记重要讲话精神"保护好长江文物和文化遗产,大力传承弘扬长江文化,推动优秀传统文化创造性转化、创新性发展"。2021 年国家文化公园建设工作领导小组印发《长江国家文化公园工作安排》,2022 年长江国家文化公园重大文化工程正式启动。长江干流沿线 13 省区市利用此契机,相继编制长江国家文化公园建设方案、开展长江流域文物资源调查工作、召开长江国家文化公园建设主题的学术研讨会,充分挖掘长江文化的时代价值,助力长江国家文化公园建设的高质量推进。

---

① 汪苑菁:《打造"东方芝加哥":〈汉口中西报〉与晚清汉口城市文化的嬗变》,复旦大学出版社 2022 年版。

② 艾萍:《近代上海"摩登"的建构与想象——对"取缔妇女奇装异服"中政府行为的考察》,《厦门大学学报(哲学社会科学版)》2022 年第 5 期。

③ 朱英:《上海动物园:近代中国休闲娱乐与社会教育的新设施》,《史学月刊》2022 年第 1 期。

（一）长江国家文化公园建设的研究论证和规划

长江国家文化公园建设具有重要的历史和现实意义。傅才武等深入论证了长江国家文化公园建设的历史逻辑，长江国家文化公园是"文化再生产装置"，既展示了长江文化"存量"功能，又提供新时代长江文化创新"增量"功能。[①]同时，长江国家文化公园建设对于进一步提升中华文化标识的传播度和影响力，向世界呈现绚烂多彩的中华文明，具有重大而深远的意义。[②] 李后强认为要加强长江国家文化公园建设的研究论证和规划，主张从全面开展长江文化资源调查认定、深入长江学研究、加强长江文化宣传推广等入手。[③]

长江历史文化遗产的充分保护、发掘，是保护传承弘扬长江文化的前提和基础。继长江国家文化公园建设启动后，长江沿线各省区市文博等单位相继开展历史文化资源的调查摸底工作，例如青海省 5 月完成了长江流域（青海段）文物资源专项调查工作，有助于全面摸清青海省长江流域历史文物资源家底、保护现状。[④] 进一步探索长江流域文化遗产保护的现实路径，也是促进长江文化保护的应有之举。蔡武进、刘媛系统性梳理了目前长江流域遗产保护现状，阐述了长江流域历史文化资源保护的价值，强调从"思想共识的提升、创造创新理路的明确、融合发展方式的推动、协同治理机制的建构等多维度着手，全面加强长江流域文化遗产保护。"[⑤]

"长江国家文化公园建设和长江经济带发展战略一脉相传，两者互为依托，两者平行站位。"[⑥]长江学以学术研究对于引领和助推长江经济带高质量发展具有重要意义。[⑦] 深度整合长江文化研究力量，开创长江学研究新境界，建立多学科交流合作平台，同样有助于助推长江国家文化公园的建设。湖北省社会科学院自 20 世纪 80 年代以来一直致力于长江研究，是长江学研究的重要力量。湖

①傅才武、程玉梅：《论长江国家文化公园构建的历史逻辑》，《文化软实力研究》2022 年第 2 期。

②李后强：《"长江学"与长江国家文化公园建设》，《当代县域经济》2022 年第 3 期。

③李后强：《"长江学"与长江国家文化公园建设》，《当代县域经济》2022 年第 3 期。

④耿辉凰：《青海开展长江流域（青海段）文物资源专项调查》，新华网 2022 年 5 月 26 日。

⑤蔡武进、刘媛：《长江流域文化遗产保护的现状、价值及路径》，《决策与信息》2022 年第 1 期。

⑥邢虹、宋广玉：《激活丰厚历史文化资源，深挖长江文化时代价值》，《南京日报》2022 年 11 月 15 日。

⑦张忠家：《开创长江学研究新境界》，《中国社会科学报》2022 年 11 月 30 日第 006 版。

北省社会科学院党组书记、副院长张忠家总结了近三年来湖北省社会科学院聚焦长江学研究,取得的一系列重要成果,包括连续举办三届长江学学术会议、专门反映长江学研究最新成果《长江学研究》集刊的创办、设立重大科研项目"长江研究之研究"等等,并指出了长江学建设和发展的努力方向。① 区域性长江特色文化研究,为助推长江学深入发展,系统阐发长江文化的精神内涵提供了基础。刘玉堂、姜雨微《长江文化与武汉滨江文化空间的互塑》、②钟晟、欧阳婷《长江国家文化公园背景下打造荆楚文化大品牌的思路与建议》、③曹劲松《长江文化与南京城市文化品格》④等文,都是从区域长江文化出发,深度研究和挖掘长江文化内涵。

(二)2022 年长江文化学术会议汇总

2022 年长江沿线各地召开的长江文化学术研讨会,在时间上具有较强的延续性,内容上除了传统长江文化和长江文明主题讨论外,长江国家文化公园建设的理论和实践探索议题增多,学术研讨上百家争鸣、凝聚共识,取得了丰硕成果。

2022 年 1 月 9 日,"南京学"专家研讨会在南京举办,与会专家围绕"现代化典范城市与人类文明新形态"议题,对其内涵和意义、南京独特优势与现代化典范城市建设的实践路径,以及"南京学"深化研究的方向等议题展开了深入讨论。⑤

3 月 25 日,湖北省文化和旅游厅、省中华文化促进会共同举办了以"弘扬荆楚文化,讲好新时代长江故事"为主题的长江国家文化公园建设(湖北段)研讨会,研讨会上与会专家围绕长江国家文化公园建设立足各自领域积极建言献策,旨在推进长江国家文化公园重点建设区建设。⑥

---

①张忠家:《开创长江学研究新境界》,《中国社会科学报》2022 年 11 月 30 日第 006 版。

②刘玉堂、姜雨薇:《长江文化与武汉滨江文化空间的互塑》,《文化发展论丛》2022 总第 20 期。

③钟晟、欧阳婷:《长江国家文化公园背景下打造荆楚文化大品牌的思路与建议》,《决策与信息》2022 年第 11 期。

④曹劲松:《长江文化与南京城市文化品格》,《南京学研究》2022 年第 1 期。

⑤崔龙龙:《发挥独特优势 建设典范城市——"南京学"专家研讨会综述》,《南京学研究》2022 年第五辑。

⑥《长江国家文化公园建设(湖北段)研讨会在汉举行》,湖北日报 2022 年 3 月 27 日。

5月18日，湖北省承办了"5·18国际博物馆日"中国主会场活动，围绕长江文化推出了众多优质展览和文艺活动，包括长江主题展览"龢：音乐的力量——中国早期乐器文化"①"漫步江城——开启长江文明之旅"等系列活动；5月18日南京市博物馆也推出"从秦淮河到扬子江——古代南京段长江文物特展"等展览活动，呈现了长江文化的丰富内容，助力公众全面了解长江文化。②

9月28日，湖北省社会科学院举行了以"长江学研究回顾与展望"为主题的第四届长江学学术研讨会。湖北省社会科学院致力于长江学建设，受到学界广泛响应，并为长江学学术交流与合作搭建了平台。此次研讨会首次去掉了长江学三字上的引号，标志着长江学学科建设取得新进展。与会专家学者从经济、文化、生态等多维度进行热烈讨论，助推长江经济带高质量发展，为长江学学科建设建言献策。③

11月19日，第三届江南文脉论坛在无锡举办。此次会议主题为"长江文化与中华文明"。与会多位专家从多角度解读了长江文化的丰富内涵，探讨了长江文化进一步发展的路径，在长江文化对弘扬中华优秀传统文化、长江文化对丰富中华文明内涵等方面凝聚了广泛共识。④

12月2日，武汉市社科院、武汉市社科联等单位联合举办了第二届长江文化学术研讨会。与会专家学者围绕"长江国家文化公园建设的机遇、挑战与策略"主题广泛讨论，在长江国家文化公园建设的机制和路径等方面积极献策，成果丰硕，"进一步凝聚了长江文化研究的学术共同体，为长江国家文化公园建设贡献了学术力量"。⑤

五、长江文化研究回顾与展望

2022年长江文化研究进一步深入落实贯彻习近平总书记讲话精神，"要把长江文化保护好、传承好、弘扬好，延续历史文脉，坚定文化自信"。这一年度考

①《"龢：音乐的力量——中国早期乐器文化"展亮相武汉》，新华社2022年5月18日。

②《"从秦淮河到扬子江——古代南京段长江文物特展"亮相南京市博物馆》，中国新闻网2022年5月18日。

③朱晓艳：《第四届长江学学术研讨会在武汉召开》，荆楚网(湖北日报网)2022年9月30日。

④顾星欣、陈洁：《长江文化，丰富了中华文明的内涵》，《新华日报》2022年11月22日第011版。

⑤钟晟、夏丹：《新时代长江文化传承与创新：两届长江文化学术研讨会回顾及展望》，《水文化》2022年第11期。

古发掘、学术研究、学术研讨会等取得了丰硕成果,除上述呈现的部分成果外,还有一些政府咨询建议、待刊发论著等均未收录,以上充分显示了长江文化研究在承续中取得的新进展。2022年长江文化研究取得新突破、开创新境界表现在以下三方面:第一,考古和学术研究成果丰硕,2022年以来,长江上游具有代表性的三星堆遗址、长江中游屈家岭、盘龙城等遗址以及长江下游良渚等遗址考古发掘取得的突出性进展,为进一步追溯长江流域史前文化,乃至中华文化史、文明史提供了可能。同时,近年以长江文化为主题的学术成果相继发表、学术研讨会接续召开,为深入阐释长江文化渊源、内涵、时代价值等起到重要作用①;第二,历史学、经济学、社会学、环境学等跨学科交流、对话增多,量化、统计分析等研究手段应用、研究方向持续拓宽,讨论也更为深入、细致,拉近了传统和现代的长江文化体系,助推了长江文化内涵的研究和挖掘;第三,长江学研究取得新进展,长江学学科建设快速发展,长江文化研究体系趋于成熟,尤其更关注到长江历史文化遗产的保护、长江国家文化公园建设等历史和现实问题,以学术贡献助力长江文化的保护、传承和弘扬。

2022年长江文化研究呈现较为繁盛的景象,但未来在以下三个方面可以持续深入:第一,以往学者对区域深描较多,虽区域间的交流、联系论述增多,但从流域整体视角,系统性阐释和研究长江文化的资料和论著仍稍显不足;第二,长江学研究涉及诸多领域,近年跨学科研究方法运用虽增多,但在未来长江学的持续发展中,仍需加强跨学科的交流、合作和对话,综合运用多学科研究知识、方法,推动长江学学科建设;第三,为进一步深入贯彻落实习近平总书记讲话精神,助推长江经济带高质量发展,需要学者更多立足各自领域,回应现实,为当下长江文化遗产保护、长江国家文化公园建设等积极建言献策。

---

① 蔡武进、刘媛:《长江流域文化遗产保护的现状、价值及路径》,《决策与信息》2022年第1期。

新作评介

汉江文化研究的开山之作

——《汉江文化史》述评

李振鹏①

"一方水土养一方人""百里不同风,千里不同俗"等中国俗语皆体现了生态系统孕育地域文明的重要功用。由于古代社会交通不便,人口流动受限,不同的生态环境生成了各具特点的文化圈层,从而造就了极具地方感的文化图景。唐代诗人王维在其诗作《汉江临泛》中写道:"楚塞三湘接,荆门九派通。江流天地外,山色有无中。郡邑浮前浦,波澜动远空。襄阳好风日,留醉与山翁。"他用浓淡相宜、远近结合的描绘手法向世人展示着波澜壮阔的汉江景象。作为中国长江的最大支流,汉江流经陕西、湖北两省,沟通长江、黄河两大水系,自古以来就是区域经济互通、文化交往的重要桥梁,为后世留下了数之不尽的宝贵文化遗产。

2023 年 4 月,由著名文化学者、湖北省社会科学院原副院长刘玉堂和著名文博专家、原武汉博物馆馆长刘庆平联袂主编的大型学术著作《汉江文化史》由人民出版社正式出版。该套丛书共计八卷,由十数位知名学者执笔,分先秦卷、秦汉卷、魏晋卷、隋唐卷、宋元卷、明代卷、清代卷、民国卷,共计约 330 万字。全书以汉江流域空间为论述基点,时空交织、横纵交错是主要亮点,从历时性维度深入而全面地勾勒和复现汉江流域的文化面貌,注重挖掘汉江文化的历史内涵与精神特质,致力于凸显汉江文化在中华民族发展史上的重要地位。这既是打通历史学、哲学、文学、宗教学、民俗学、经济学、教育学、艺术学等诸多学科壁垒,推动汉江文化创造性转化、创新性发展的有益尝试,又是深

---

①华中师范大学国家文化产业研究中心。

化长江流域文化遗产有关研究的新实践、新声音。

一、分则独秀：每个分卷各擅风流

先秦卷由尹弘兵、陈朝霞所撰。该卷为《汉江文化史》首卷，极为重视出土文献、传世文献以及实物资料的综合运用，以流动性视角充分观照汉江在中国古代南北文化交流中的特殊地位，以翔实的历史资料探析了汉江流域兼收并容的文化特征以及多元族群融合发展的历史事实，侧重以旧石器时代、新石器时代、夏商时期、西周时期、东周时期等历史阶段为分论依据，突出中华文明源远流长、生生不息的重要特征。值得一提的是，由于汉江流域绝大部分位于湖北境内，该卷尤为关注汉江流域与荆楚文化之间的关系，追溯了先秦时期楚国起源、茁长、鼎盛、沉沦等演化历程，涵盖政治军事、哲学思想、文学艺术等不同范畴。

秦汉卷由张敏、吴成国所撰。该卷对秦汉王朝四百年内政治、经济、文化、社会等领域的具体情况分而论之。毛泽东同志曾言："百代都行秦政法。"作为中国历史上的首个封建王朝，秦朝建立的中央集权制构建了中国两千余年政治体制的基本框架，影响深远。该卷前五章集中关注汉江流域在秦朝的发展状貌，以出土于湖北睡虎地的《云梦秦简》为基础资料，深刻剖析了吏治、文学、社会法律、风俗习惯等多元内容。第六到十五章以汉朝为时间限度，对该时代汉江流域的政治、交通、人口、农业、手工业、商业、医学、文学、宗教进行了详细的梳理和介绍。秦汉是华夏多元文化向以汉族为主的统一文化过渡的关键时期，而汉江则是汉族与汉文化形成、演进的重要流域空间，该卷十六章阐明了汉江、汉朝与汉族形成的历史逻辑，并深入浅出地分析了汉江文化与汉族文化的耦合性，这对新时代推进铸牢中华民族共同体意识有着积极意义。

魏晋卷由夏日新所撰。时势造英雄，乱世育新生。魏晋南北朝虽是中国历史上的乱世，却涌现出许多令世人熟知的历史人物和惊人的文化成就。该卷以历史人物和群体为叙事中心，以较多篇幅详述刘表、张鲁、诸葛亮、襄沔大族、荆州都督、新士族、南朝帝王、后梁宗室与汉水的不解之缘，巧妙地呈现魏晋政权交替的历史事实。因此，以人为叙事切口，将宏观与微观相融合是本卷书写的一大特色。魏晋之际文化成就斐然，该卷围绕习凿齿的《汉晋春秋》、范晔的《后汉书》的有关内容及其影响作了全面的介绍，反映了魏晋人才辈出之气象。同时，该卷还注重从民俗宗教、文学艺术等与民间文化有关的内容去让读者领略魏晋之风,体会其中的文化魅力。

隋唐卷由侯国玉等所撰。隋唐是中国古代强盛的历史时期之一,国家统一、经济繁荣、中外交流频繁,兼收并蓄、开放包容是该时期中华民族文化发展的基本特点。除首章与第六章介绍汉江流域在隋唐五代的商贸经济、人口迁移现象外,其余六章基本以汉江流域在彼时的文化成就为研究范畴。一是对陆羽、段成式、王士元、皮日休等生长在汉江流域的历史名人的生平事迹及其作品进行概览;二是回顾汉江本土文人、客居文人及其文学作品,并将之与汉江流域的文化积淀相联系,以凸显他们的历史影响;三是关注到隋唐五代汉江流域的教育事业和科学技术的繁荣发展;四是充分观照彼时宗教文化、民俗文化,尤其是后者,作者以区域史范式为引领,划分为汉中、商洛、南阳、襄阳、荆州等不同地域和范畴,翔实地剖析了隋唐五代汉江流域民俗文化的整体状貌。

宋元卷由雷家宏所撰。陈寅恪先生曾言:"华夏民族之文化,历数千载之演进,造极于赵宋之世。"宋朝是古代中国完成经济重心南移的历史性阶段,亦是文化艺术繁荣发展的重要时期,而汉江作为沟通南北两大水系的桥梁,在宋元时期则具有特殊意义的时代地位。一方面,该卷着力书写宋元之际汉江流域的水利堤防、农业经济、城镇经济、手工业发展等真实状况,以呈现彼时经济之繁荣,为宋元文化繁荣进步提供历史解释;另一方面,该卷通过分析汉江流域的抗金战争、抗蒙战争、农民起义等军事历史,以丰富多彩的史料案例,力求突出汉江自古以来的战略性地位。元朝是首创行省制的王朝,对后世政治体制影响深远,该卷着墨于彼时的政区划分及其对汉江的社会治理,展现元朝为中国多民族统一国家的巩固和发展所做的努力与贡献。

明代卷由潘世东所撰。该卷在借鉴既有研究成果基础上,全面回顾和梳理了明朝汉江流域在生态系统、人口移民、辖制区域、藩王治理、巡抚管制、社会矛盾、经济发展以及水利建设的历史进程,多维度、深层次地探究了明朝汉江流域文化建树的历史背景与时代成因。基于此,作者以八章篇幅,系统地讨论明朝汉水文化繁荣发展的显著功绩。与魏晋卷相似,该卷部分内容同样采用以历史人物(群体)为切口,展现多元文学流派及其文学艺术、朱厚熜及其孝道文化、张居正及其风雷魄力、陈士元及其经世之学、郝敬及其儒学思想、李维桢及其文学诗作等多元文化范畴。值得关注的是,该卷较重视自然生境与地方文化的二元互动,例如,第十二章通过叙述武当山及其政治地位和社会历史影响,以透视汉江流域的文化特质。

清代卷由张笃勤、彭建所撰。该卷将目光投向清朝，此为君主集权时代的末代王朝，许多方面较前代已发生大幅度转变。该卷前两章对清代在汉江流域行政区划变动以及白莲教起义等政治背景和重大历史事件作了详细交代，为读者了解清朝汉江所处的境遇提供帮助。从经济视角看，该卷第三至七章，围绕清朝汉江流域水陆交通、人口增长、农业水利、商品经济、商帮会馆等不同内容进行书写，力求阐明这一时期汉江流域在区域经济发展方面的地理区位和交通优势，从而为汉江文化的繁荣发展奠定了坚实的经济基础。该卷不仅注重从汉江流域传统教育事业演进革新、经世实学的学人学风、作家与文学、戏剧曲艺等方面着手突出清朝文化发展的显著特点，而且着力通过发掘宗教、风俗等民间精神文化，展现彼时移风易俗、文化融合的趋势。例如人口迁移促进地方民俗艺术汇流与嬗变，西方宗教传入汉江流域，等等。

民国卷由徐凯希所撰。该卷的时间限度以 1911 年武昌首义为起点，以1949 年新民主主义革命胜利为终点。由于近代中国处于曲折前进的历史阶段，特殊时局造就了纷繁复杂的思想文化，加之汉江又位于沟通南北的核心地带，因此搜集、整理和分析彼时该地的文化资料具有重要的历史价值，但这也是一项极具挑战性、艰巨性的工作。该卷从文化史视域观照三十八年间的关键时间节点所发生的重大历史事件，全方位透视特殊时空坐标上的文化状貌，以此管窥中国近代化历程，这是难能可贵的。例如，该卷前半部分基于辛亥革命、新文化运动的历史影响，从民主思想传播、农林教育改良、文教事业革新、生活习俗嬗变等诸多方面反映民初汉江文化推陈出新的标志性成就。在后续部分还着重书写了大革命中心时期、抗日战争时期、人民解放战争时期等不同阶段的文化形势，致力于呈现近代中国文明觉醒的历史过程。

二、合则群芳：全套著作特色彰显

综览上述八卷，笔者认为该套丛书至少具有三个方面的显著特色：

第一，该套丛书是新时代长江文化研究的拓新之作。作为中华民族的母亲河、中华文明的发祥地，长江主干自西向东，支流南北贯通，孕育了内容丰富、形式多样、意涵深厚的历史文化遗产，深化有关研究对探源中华文明的历史源头、发展脉络、基本走向有着重要的现实意义。2023 年 7 月，国家有关部委印发《长江文化保护传承弘扬规划》，要求"挖掘弘扬长江文化内涵，深入研究长江文化的起源特质和发展脉络"，标志着长江文化研究迈入新的发展阶段。学界有关长江文化的研究起步较早,至今已在数个领域形成了丰硕成果,但关于长江支流文化源流的探索研究长期未受到学界的足够重视,理论性成果鲜少得见。《汉江文化史》以文化史视域聚焦长江第一大支流——汉江的演化轨迹,挖掘蕴含其中的文化内涵,力求还原汉江流域在历代发展中的文化状貌。不仅是兼具系统性、理论性、创新性的学术巨制,而且在一定程度上填补了既有研究的"空白",有效弥合了长江文化与诸子系统在研究上的"断裂",为新时代保护、传承和发展汉江文化、长江文化提供历史依据和理论遵循。

第二,该套丛书兼具历时性与共时性视野,着力构建跨界互动的多学科研究体系。一方面,丛书基于历史学的研究范式,搜集、整理和运用大量的传世文献、出土文献以及实物资料,以历史性维度追溯汉江文化数千年的演进过程,系统地将汉江文化的历史碎片予以整合,以此凸显中华文明源远流长、一脉相承的基本特点;另一方面,丛书倾向关注汉江流域发展史上的文化"切片",围绕特定时期的某一文化类型进行共时性讨论,探寻汉江在不同历史时期的文化特质及其表现形式。这种历时性与共时性的比较视野为读者全方位地了解汉江文化提供了明晰的逻辑思路,既能在纵向上厘清汉江文化的演进历程,又能从横向上深层次地感知汉江的文化魅力。伴随着不同学科之间的边界性日渐消弭,学科交叉互动成为人文社科研究的重要趋势。丛书虽以历史学的传统方法为指引,但在研究视阈上又不拘泥于此,广泛涉猎文学、艺术学、民俗学、宗教学、教育学等不同学科领域,积极回应了当前人文社科交叉融合的研究取向。例如,历史民俗学是对历史社会民俗事象、文献资料进行研究的民俗学学科分支,它的成长不但要立足民俗学的研究范式,更要依托历史学传统的研究方法。该套丛书中多卷涉及方俗惯习、宗教信仰、戏剧曲艺等研究内容,这是促进历史学与民俗学互促共生的典范。

第三,该套丛书内容安排合理,语言精简而优美,装帧设计独具匠心。除上述所提到每卷的主要内容外,每卷书还设置总序、绪论、参考文献、索引、后记等不同内容,以便读者有针对性地阅读。其中,总序、各卷绪论、后记介绍了该卷成书的时代背景、基本内容、现实意义以及作者认为有必要说明的某些问题;参考文献和索引是每卷书的附加内容,尤其是后者设置关键词索引,极大便利了读者检索信息、把握核心内容的速度和效率。该书虽以历史考古资料为基础,但并非数种史料的堆砌,而是采取述论结合的方式,以精简优美的语言将汉江流域的文化生态予以叙述,尤其该套丛书总序兼具学术性、审美性和趣味性,更为增强了该套丛书的可读性。此外,该套丛书装帧设计独具匠心,采用明代仇英的《江汉揽胜图》作为每卷的封面版式,将之分割为八个部分,每卷运用不同的图景,八卷合一处尽显江汉盛景,极具雅致、美感。

诚如总序所言:"物华与天宝竞辉,地灵与人杰争艳。"作为长江最大支流,汉江的区位交通便利、生态资源丰富,优渥的自然地理条件为其孕育多彩的流域文化提供坚实基础,因而在中华民族发展史上占据重要地位。十数位作者白首穷经,砥志研思,攻坚克难,花费数年之功,方有此八卷问世。它的出版反映了汉江文化研究的最新成果,不仅延续着汉江文化的历史光辉,而且向世人展现着中华文明的独特魅力,势必为中华优秀传统文化的创新性转化、创造性发展发挥重要的推动作用!

《明清汉口商镇的社会变迁(1465—1861)》述评

胡俊清[1]

　　《明清汉口商镇的社会变迁(1465—1861)》是一部关于汉口开埠前之社会变迁的学术专著,作者王惠敏[2]。本书于 2022 年 9 月由中州古籍出版社出版,除绪论和余论,共分六章,考察汉口开埠前长时段下发展成为长江中游最大商镇的跌宕历程,完善前人研究的漏洞,借此更新大众对汉口商镇发展路径的认知。关于汉口路径问题,学界通常认为汉口在传统商业的基础上借助外来因素走向现代化道路。王惠敏对此提出疑问:如果没有外部力量的强势介入,汉口是否可以自为实现工业化?有无自为发生现代化变革的可能?作为清中期长江乃至全国最大的商品集散地之一,这一问题的探讨对理解汉口城市史与中国早期现代化进程有积极作用。

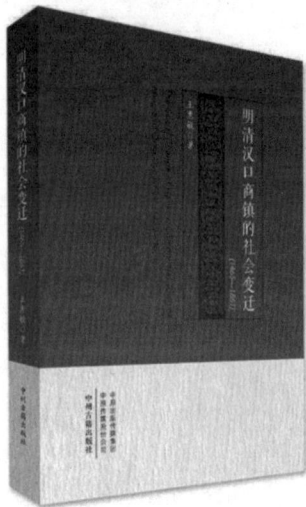

　　全书主要从四个方面展开论述。第一章着重阐明了汉口从军事要地发展成为"四大商镇之首"的客观条件。汉口,汉水入长江之口。成化汉水改道前,"汉口"位置游移不定,长时间作为兵家必争之地记载于官书,似乎不是商贸兴

----

[1] 湖北省社会科学院文史研究所 2022 级硕士研究生。

[2] 王惠敏,湖北罗田人,先后师从曹大为、定宜庄教授,博士毕业后几经辗转重新进入学术圈。王惠敏在孩提时就对汉口心驰神往,研究生期间了解到亲族中的方志学家王葆心先生对汉口多有论著,萌生了运用相关资料研究明清时期汉口社会文化史的想法。此部专著历时数载,由作者 2008 年的硕士学位论文《明清(开埠前)汉口商镇的发展历程和路径特征》和后陆续发表的 4 篇有关汉口社会经济史研究的论文构成其基础。

隆之地,但作者指出,早在明朝之前,汉口所在的"江汉市场"就已经有了长久的商业积淀。"江汉市场"是王惠敏根据王葆心《续汉口丛谈》所考得出的结论:南北朝鹦鹉洲一带成为"商舟之所会",后逐渐发展为集市;宋朝时武昌城外的南市和汉水北岸的市场也先后发迹;至元明时期,汉水北岸市场日渐成为繁荣的江滨贸易地带。早期的江汉市场为汉口提供了深厚的经济活动背景。汉水在成化初年(约1465—1470)大规模改道,由分汊入江变为归一入江。此次改道给汉口带来了无限生机,成为其商业强势兴起的重要地理基础。形成稳定主河道的汉水入江水势渐缓,民众得以在此渔猎农耕、从事商贸活动;汉口和汉阳也有了天然鸿沟,新水口地方开阔,可以停靠大量船只。因此机缘明初的荒滩逐渐演变为规模庞大的商镇,汉口有了"天下四聚之首"的美名。此章对汉口商镇勃兴的条件论述周密,不拘泥于所划定的时空限制,将前期商贸背景、明清全国市场的形成①、明廷对物资运输的重视以及移民涌入后从事的事业等都纳入了讨论范围,但又详略得当,突出了江汉市场与汉水改道等论述重点。

第二、三章分析了"人祸天灾"对汉口前路之阻碍及民众应对之努力。商镇蓬勃表象之下亦有艰辛,藩王的侵害、官吏的盘剥、明清鼎革时的暴乱、太平军的攻占、积年的弊政以及水火灾的频繁,无一不是阻碍汉口发展的因素。作者利用学界之前未曾重视的《汉口地课碑记》,爬疏出了嘉靖朝商民、藩王及官府间博弈的重要历史信息。藩王暴掠使得民众与官府达成一致立场,即使付出血的代价,也不曾停止过反抗。而藩王式微后官府与商民之间也得极力维持平衡,作者对此有细致的论述。水火灾害的破坏力量亦不容小觑。汉阳地区自成化至崇祯年间水灾26起,顺治至道光年间24起②,汉口位于低洼之处,难逃水淹之灾。整体而言汉阳主政官员对堤防工程较为重视,体现出长江沿岸地区的市政面对洪灾的优良防治能力。而在应对火灾上,官府显得没有那么得心应手。汉口建筑较密集,商船又常连绵停靠,木质结构的船屋一旦发生火灾,损失必重,道光塘角大火"毁船只八百余艘"。从竹枝词、县志等材料来看,汉口官府行动力较弱,反而是商民积极参与了市政建设——嘉庆年间汉口商民出资购买江南地区的消防设备、组建专业队伍。此部分史料视角多元,揭示了汉口光彩

---

①李伯重:《中国全国市场的形成,1500—1840》,《清华大学学报(哲学社会科学版)》1999年第4期。

②汤黎:《人口、空间与汉口的城市发展(1460—1930)》,中国社会科学出版社2010年版,第41—42页。

267

夺目的外表下丰富的社会面相，一系列的天灾人祸并未完全遏制其生长，事在人为的精神使汉口得以在重重困境中负重前行。

第四、五章对汉口开埠前的多元经济格局进行了考察。作者认为学界对手工业的长期忽视是汉口路径观点被束缚的原因之一。清朝中期定居汉口人数增幅较大，手工制造业成为服务汉口市民生活的重要渠道，很多街巷以经营的手工业命名，如"打扣巷""剪子街""衣铺街"等。铁器制造业受官府青睐，汉口堪称当时中国中部的铁器制造中心。汉口手工业可以说有长足发展，但由于经营惯性最终影响有限。商品贸易催生金融业，银号、钱庄和票号成为汉口金融市场的三驾马车，至清朝中期，这种传统金融业已自成体系，能够满足汉口社会经济生活的交易日常。这在一定程度上成为汉口开埠后近代中国金融业的现代化转型基础。在公共事业中，本书主要介绍了民用邮政行业。由于汉口有得天独厚的水陆交通条件，民信局以其邮费价格低廉和深夜营业的特点获得民众青睐。道光年间，汉口创立胡万昌民信总局，同年沿着长江在沙市、宜昌、夔州、重庆、成都等地开设分局，为长江流域的民间通信提供极大便利。农业贸易方面，汉口鱼市最为显眼。明朝时期逐渐形成了以江汉平原湖泊群和洞庭湖为中心的渔业生产格局，渔业经济甚至在省经济收入中占重要地位，但明中后期渔课弊政丛生，不少渔户转而从事农业垦种。汉口商镇素有"九分商贾一分农"的说法，但正是少数的农民，用辛勤种植或养殖的农产品支撑起汉口市民的一日三餐。

第六章关注汉口开埠前大众的消费文化特征。作者认为大众消费文化包含物质、精神和环境方面的消费文化，与精英消费文化相对。明清时期的精英主要指士人，汉口的商民和农民皆属于大众范畴。汉口经济格局下商民力量较为强势，建筑、宴饮、服饰豪奢之风可以料想，即使贫穷的市井小民也难免受此风气浸染，年轻姑娘不惜嫁给有钱的白头翁。有学者曾指责过嘉道之际的商人文化生态，但作者认为站在今天的立场苛责商人没有时代责任担当是失之偏颇的，婚丧嫁娶等习俗皆透露着日用而不自知的价值观念，对"趋利""炫富"进行辩证思考，我们更能够把握行为背后社会思潮的流动。就环境消费而言，汉口街头消费可谓是"落俗"又"开放"，茶馆、青楼、曲艺戏台皆是饮食男女所喜爱的声色场所，官府虽欲教化，但收效甚微。作者认为这是由于居民多半是商贾，不曾崇尚风雅典籍造成的——正因为人们对财富的追逐和对商品消费的热衷，汉口地方文化呈现出背离儒家传统的特点，也正因这种对传统的"反叛"，塑造了清代汉口开放、包容的城市性格。

　　本书最大的创新是更新了汉口商镇研究的思维视角,作为汉口城市史新著,其研究成果必将有力助推汉口新名片的打造。汉口城市史研究中较知名的有罗威廉《汉口:一个中国城市的商业和社会(1796—1889)》和水野幸吉《中国中部事情:汉口》,后者为晚清时期日本驻汉口领事对中国中部省市的调查资料。本书将汉口商镇勃兴史往前延伸,追溯到明中期甚至论证了南北朝时期江汉市场的雏形,此时段的选择富有新意与难度,一把视角放在汉口开埠前,二用跨越四个世纪的整体史视角去把握汉口兴盛的路径,回答自为现代化问题,弥补了前人研究的不足。与罗威廉不同,王惠敏作为当代历史学者能够提防“西方现代化范式”陷阱,不预设结论,注意对官府、民众各方力量的考察。限于篇幅,汉口路径特征与传统变奏被放入余论。该书将汉口与长江下游的江南市镇对比考察,认为汉口没有江南缺少燃料的问题——湖南湘潭、邵阳水路输入煤炭,却也没有利用燃料扩大再生产,而是分销给其他各省商人,赚取巨额转运之利。虽有如股份制经营方式兴起、类似市民团体组织的出现、会馆运营走向制度化规范化等新现象,生产方式却几乎滞留在原地,煤炭仅是家庭日用和传统手工业的热源。九省通衢之地因运输而生机蓬勃,却也因运输之利产生了贸易惯性,成为汉口自为现代化最大的阻碍之一。同样的问题,李伯重教授曾将江南道路与英国模式进行对比①,本书在此基础上以区域视角对比两地经济活动特征,论证思路清晰,未来作者可以在此问题上延展论述,或以长江水域为纽带,将上游的四川与下游的江南进行比较分析。

　　该书在史料的选用与解释上兼具胆识与谨慎。明朝相关史料不比清朝充备,在官方史书鲜有记载之处,作者多采用地方志和文人笔记细心发掘,亦有新意:如利用《续汉口丛谈》归纳出“江汉市场”的内涵概念,运用其中陆游和范成大两则相隔八年的笔记,观察到宋朝汉口商镇规模扩大之迅速;在运用万历《汉阳府志》时,调查编纂者秦聚奎的履历与品性,然后才认为此方志有较高的可信度;梳理学界不太重视却是记录早期汉口历史宝贵一手资料的《汉口地课碑记》,阐明各方力量博弈对汉口开拓的影响。作者甄别细致,解读新颖,极大丰富了现有关于汉口商镇论述的真实性与可读性。

　　本书亦有可完善之处。汉口由长江、汉水两大水系孕育而生,作者虽探讨

---

①李伯重:《英国模式、江南道路和资本主义萌芽》,《历史研究》2001 年第 1 期。

了汉水改道给汉口带来的转机,强调汉口转运贸易的重要,却未能结合水路交通运输道出汉口与各省市交易额的变迁,点明汉口商镇在长江流域的经济作用。具体而言,如在分析手工制造业时,作者提到食品加工业汪玉霞"蜚声省外",铁器制造业受市场需求影响十分发达,却没有进一步将汉口放入长江流域和全国转运贸易中心的地位对手工业贸易规模、影响范围等展开分析。笔者以为,作者在绪论和章节前言中都肯定了开埠前汉口手工业的重要性,认为理清手工业发展情况有助于理解汉口路径问题,此部分便值得深入完善。瑕不掩瑜,此部著作补充了汉口城市发展史,也为我们提供了一则优秀的商镇史研究案例。未来学者可以对沿长江流域商镇发展史展开系列研究,拓展研究视野,推进早期现代化解谜工作。

《风展红旗如画》述评

唐嘉伟[①]

红色文化是中国共产党以马克思主义为指导,在团结带领中国人民进行革命、建设、改革的伟大历史实践中创造出来的,极具中国特色的先进文化,是当代中国主流文化的重要组成部分。[②]

2021年2月,习近平总书记在党史学习教育动员大会上强调:"要教育引导全党大力发扬红色传统、传承红色基因,赓续共产党人精神血脉,始终保持革命者的大无畏奋斗精神,鼓起迈进新征程、奋进新时代的精气神。"[③]2022年8月,习近平总书记在辽宁考察时再次指出:"中国式现代化是物质文明和精神文明相协调的现代化,要弘扬中华优秀传统文化,用好红色文化,发展社会主义先进文化,丰富人民精神文化生活。"[④]

在全面建成社会主义现代化强国,实现第二个百年奋斗目标,以中国式现代化全面推进中华民族伟大复兴的中心任务下,保护传承和开发利用好红色文化资源,有助于增强中华民族凝聚力,加深人们对社会主义核心价值观的认同,有助于统筹推进"五位一体"总体布局、协调

---

① 湖北省社会科学院文史研究所2021级硕士研究生。

② 路彩霞、曾成等:《风展红旗如画》,湖北人民出版社2021年版,第1页。

③ 习近平:《在党史学习教育动员大会上的讲话》,《求是》2021年第7期。

④ 《习近平在辽宁考察时强调:在新时代东北振兴上展现更大担当和作为奋力开创辽宁振兴发展新局面》,《人民日报》,2022年08月19日第1版。

推进"四个全面"战略布局,具有重大的现实意义。

湖北省是中国新民主主义革命的发祥地、重要转折的枢纽地和人民军队的开创地之一,具有丰富的红色文化资源。湖北省政府长期致力于红色文化资源的传承保护与红色文化产业的持续健康发展。湖北省社科院作为省委、省政府的思想库、智囊团,有义务也有能力为湖北红色文化的保护、传承与创新贡献方案。在此背景下,湖北省社科院文史研究所路彩霞、曾成等科研人员合作撰写了此书。

《风展红旗如画》一书于2021年由湖北人民出版社出版发行。全书共六章,约25万字,分别梳理了新民主主义革命时期、社会主义革命与建设时期、改革开放以来的中国共产党带领人民开展红色文化建设的历程,并从湖北红色文化建设的实践出发,探讨湖北红色文化资源的挖掘保护、开发利用等问题。总体上看,该书主要有以下几个特点:

第一,资料挖掘整理充分。首先,该书资料来源广泛,搜集了大量的历史资料和政策文件。历史资料方面,既有《毛泽东选集》《周恩来选集》《马克思恩格斯选集》等人物选集,又有《建国以来重要文献选编》《中共中央文件选编》《十八大以来重要文献选编》等文献选编,还有《延安整风运动纪事》《上海革命文化大事记》《陕甘宁边区大事记述》等纪事史料。政策文件方面,有国务院办公厅、湖北省政府、武汉市政府等各级政府规划、意见、通知等文件。其次,该书资料运用深入,充分利用了多种知识检索工具和量化统计方法,分类搜集了大量红色文化相关研究成果,整理了湖北省红色文化资源、重要文化遗址和纪念建筑的分布情况、地址与数量等,并以表格的形式呈现。在此基础上,深入挖掘运用红色文化建设相关的各种资料,意图从多个层面展现中国红色文化建设的丰富成果,以及湖北红色文化资源保护、红色旅游和红色产业发展的宝贵经验。

第二,全书逻辑清晰,形成了"一纵一横"的总体布局。首先,该书前三章以新民主主义革命时期、社会主义革命与建设时期、改革开放以来的时间顺序展开研讨,纵向梳理了中国开展红色文化建设的总体历程,突出了各时期红色文化建设的不同特点,有利于读者观察红色文化建设的延续与发展。其次,该书后三章从湖北的红色文化资源、红色旅游、红色文化产业三个方面,横向阐述了湖北红色文化的保护宣传与发展创新。此外,各章布局"横中有纵,纵中有横"。在纵向布局中,前两章有中共文化事业体系创建和文化建设实践活动的横向叙述,第三章从文化宣传、文化教育、文化产业三个方向横向展开。在横向布局中,第四章分析湖北红色文化资源底蕴、第五和第六章定义红色旅游、红色文化产业概念时都采用纵向的时间顺序。总之,"一纵一横"的总体布局使得该书层次分明、条理清晰,体现出作者的活跃思维和缜密逻辑。

第三,全书立意高远,主题鲜明。该书紧密围绕建设红色文化这一主题,先后阐述了红色文化的建设历程、发展现状以及未来发展趋势。首先,该书前半部分介绍中国红色文化的建设历程,包括新民主主义革命时期红色文化的体系创建与建设实践,社会主义革命与建设时期红色文化研究、宣传、教育的机构建设和活动开展,以及改革开放以来红色文化宣传、文化教育、文化产业建设取得的成果与遇到的问题,生动展现了我国不同时期红色文化的制度建设与宣传、教育、研究等实践活动。同时,这一部分还突出了对马克思主义的传入、普及与中国化的论述,分析了马克思列宁主义、毛泽东思想、邓小平理论、"三个代表"重要思想、科学发展观、习近平新时代中国特色社会主义思想对于中国红色文化建设的指导作用,体现了红色文化立足于马克思主义文化观,扎根于中华历史文化底蕴,是极具中国特色的先进文化,同时也展现了作者对红色文化的深刻理解。其次,该书后半部分重点关注湖北红色文化的发展现状和未来发展趋势,从红色文化资源保护宣传、红色旅游发展路径、红色文化产业发展创新这三个角度,分析湖北红色文化的历史底蕴、发展现状、未来趋势,并提出完善市场调节机制、挖掘红色文化内涵、加强区域联动发展、注重相关人才培养等促进湖北红色文化建设的具体措施建议。

作为一部关于红色文化建设的研究著作,《风展红旗如画》资料挖掘整理充分、逻辑清晰、立意高远,梳理了中国共产党领导人民开展红色文化建设的历程,从多个角度探讨了湖北红色文化的发展和保护利用,并就湖北省红色文化资源、红色旅游和红色文化产业等问题进行了深入研究。该书一方面更加聚焦红色文化的当代发展情况,具有推动湖北红色文化建设与发展的现实意义;另一方面,对中国红色文化的发展历程进行了细致梳理,增强了红色文化发展的历史脉络感。因此,虽然红色文化研究著作此前已出版多部,但该书仍然具有相当丰富的学术价值。[①]

当然,该书也有几处尚待完善的地方。例如该书在对红色文化的概念、特

①参见李水弟主编:《红色文化与传承》,江西人民出版社 2009 年版;孙和平等著:《四川红色文化资源开发与利用研究》,四川大学出版社 2010 年版;李康平著:《江西红色资源开发与教育研究江西红色历史文化研究》,中国社会科学出版社 2011 年版。

征、价值、现状展开分析时,多采用定性的方法,对定量的方法运用不足。全书除第四章描述湖北红色文化资源的区域分布及数量统计时采用了表格的形式,其余各章几乎不涉及定量分析,一定程度上降低了分析的直观性和准确性。

　　总之,该书厘清了中国红色文化的发展历程,对于增强历史自觉、坚定文化自信具有重要理论意义。同时,该书深入探讨了红色文化建设与发展的湖北实践,为未来红色文化的创造性转化、创新性发展提供了可资借鉴的湖北经验。

附　录

第四届长江学学术研讨会简介

一、新闻通讯

第四届长江学学术研讨会在武汉召开

2022 年 9 月 28 日下午,由湖北省社会科学院主办的第四届长江学学术研讨会在湖北武汉召开,本次研讨会的主题为"长江学研究回顾与展望"。

来自武汉大学、西南大学、华中师范大学、湖北大学、江西师范大学等高校,长江科学院、湖北省一带一路研究院、上海长江开发促进会等科研机构的领导专家以及来自《人民日报》、新华社、《光明日报》、《经济日报》、《中国社会科学报》、《湖北日报》、荆楚网等媒体的记者朋友们出席了会议。

第四届长江学学术研讨会现场(廖逢倩　摄)

会议开幕式由湖北省社会科学院党组成员、副院长袁北星研究员主持。院党组副书记、院长刘光远教授致辞。他强调，长江学作为一门以长江流域为研究对象，以生态保护、区域经济、历史文化为研究重点，兼涉交通运输、社会治理、法学、文学、艺术等诸多研究领域的区域性、综合型新兴学科，对于深入学习贯彻落实习近平总书记关于推动长江经济带发展系列重要讲话精神，加快建设具有中国特色、时代特色的哲学社会科学学科体系、学术体系、话语体系具有重要理论价值和现实意义。他指出，从 2019 年始，长江学学术研讨会已历三载，取得了一系列重要成果，创建长江学的重要意义已经得到学界的广泛认同，长江学的概念基本厘清，长江学的"四梁八柱"大体确立。在此基础上，本次研讨会在会议标题中首次去掉了加在长江学三个字上的引号，以标明长江学学科建设所取得的最新进展。他提出，希望本次研讨会能够更好服务于长江学的未来发展，进一步丰富和完善长江学学科体系、学术体系、话语体系。

湖北省社会科学院党组副书记、院长刘光远教授致辞(王萌　摄)

本次会议采用线上、线下相结合的办会模式，分专家演讲和圆桌讨论两部分展开。

专家演讲环节由湖北省社会科学院科研处副处长傅智能副研究员主持。来自华中师范大学中国近代史研究所的严昌洪教授从"武汉学"二十年的发展历程谈起，提出未来长江学的发展，一要明确研究的时空范围；二要明确研究重点，即经济、文化和生态保护；三要建立统筹协调的研究组织；四要有广阔的视野，放眼全国和世界。湖北省政府咨询委员、湖北省一带一路研究院院长秦尊文研究员指出,本次研讨会是长江学发展史上的第二座里程碑。长江学研究应以习近平总书记在三次长江经济带发展座谈会上的讲话精神为指导,坚持生态优先、绿色发展的主线,重点关注落实长江经济带发展战略定位,重点解决长江经济带面临的突出问题,加大推动长江经济带发展的力度,推动长江经济带高质量发展。西南大学历史地理研究所所长蓝勇教授从川江历史文化的世界性出发,提出长江学能得到社会广泛认同,需要具有学科资源的独特性、研究手段的特殊性和研究的世界性。武汉大学长江经济带发展研究院执行院长、经济与管理学院教授吴传清提出,要构建长江学"综合性"的学科理论基础,重视"新文科"的概念。长江学的学科建设任重道远,要始终保持严谨的治学态度,坐得住冷板凳。

圆桌讨论环节由湖北省社会科学院文史研究所副所长曾成助理研究员主持。上海长江开发促进会会长郭爱军着眼于长江经济带流域经济与城市群经济的协同发力创新,认为长江学研究有文化性、经济性和生态性三个研究核心,能够带来巨大的学术研究价值。未来长江学要加强高端智库交流;推进流域大数据开发和共享;增加长江学学术研讨会。湖北大学高等人文研究院副院长、历史文化学院教授吴成国提出应以习近平总书记重要讲话精神为指引,加强深化湖北与长江研究,努力回应时代命题,书写长江学湖北新篇。长江科学院流域水环境研究所所长林莉研究员指出,针对"十四五"生态长江建设面临的新形势和新要求,应以习近平总书记关于长江一系列重要指示精神为指导思想,加快长江有关的国家顶层设计,优化完善总体思路。江西师范大学历史文化与旅游学院院长李平亮教授以长江流域江西会馆文献的利用与明清以来社会经济史研究为例,指出长江学要强调文献的整理,注重比较的视野,实现多学科融合。新华社湖北分社长江报道工作室记者田中全分享了有关长江主题新闻报道的经验,并提出通过多方合作,加强长江国家高端智库建设,为国家战略建言献策。

会议由湖北省社会科学院文史研究所副所长路彩霞副研究员作小结。她认为,各位专家学者的发言表现出了前瞻性的理论思索与现实性的实践指向,并诚邀各位专家今后继续为长江学学科建设建言献策。

湖北省社会科学院长江流域经济研究所、楚文化研究所、文史研究所科研人员参加了本次研讨会。

(通讯员:朱晓艳)

二、专家观点摘编

第四届长江学学术研讨会开幕式致辞

长江是中国第一大河，是中华民族的母亲河、生命河。长江学作为一门以长江流域为研究对象，以生态保护、区域经济、历史文化为研究重点，兼涉交通运输、社会治理、法学、文学、艺术等诸多研究领域的区域性、综合型新兴学科，对于深入学习贯彻落实习近平总书记关于推动长江经济带发展系列重要讲话精神，加快建设具有中国特色、时代特色的哲学社会科学学科体系、学术体系、话语体系具有重要理论价值和现实意义。

在学界同仁们的共同努力下，创建长江学的重要意义已经得到广泛认同，长江学的概念基本厘清，长江学的"四梁八柱"大体确立。我们三年前的设想已基本转化为现实。因此，本次研讨会在会议标题中首次去掉了加在长江学三字上的引号，以标明长江学学科建设所取得的最新进展。

展望未来，我们有充分的理由相信，长江学一定会成长为一门时代显学。鉴往知来，向史而新。为了更好地服务于长江学的未来发展，我们特意将本次研讨会的主题确定为"长江学研究回顾与展望"。

（刘光远　湖北省社会科学院党组副书记、院长、教授）

发言题目："武汉学"的二十年——兼为长江学研究献芹

改革开放以来，受城市化进程及社会史研究的影响，兼受"上海学"的启发，"武汉学"应运而生。"武汉学"具有较高的学术价值和社会价值。江汉大学长期致力于"武汉学"研究，创办了专业学术辑刊《武汉学研究》，举办了武汉学高峰论坛。

从"武汉学"的发展历程看，长江学所包含的内容更为广泛。未来长江学的发展，一要明确长江学研究的时空范围；二要明确长江学研究的三个重点，即经济、文化和生态；三要统筹协调长江学研究的组织，建议建立全国性学会组织；四要有广阔的视野，放眼全国和世界。

（严昌洪　华中师范大学中国近代史研究所教授）

发言题目:从三次推动长江经济带发展座谈会精神看长江学应关注的重点

本次研讨会是长江学发展史上的第二座里程碑。2016年以来,习近平总书记主持召开了三次推动长江经济带发展座谈会,对推动长江学研究发展具有重要指导意义。长江学研究不光要从历史文化和经济社会的角度开展,还要与其他学科进行深度合作。未来,长江学应吸收借鉴生态学、环境经济学、中医学等方面的经验;落实长江经济带发展的新战略目标和新定位;聚焦长江经济带突出问题,明确自我发展定位;重点关注加大推动长江经济带发展力度问题,推动长江经济带高质量发展。

（秦尊文　湖北省政府咨询委员,湖北省"一带一路"研究院院长、研究员）

发言题目:川江历史文化的世界性与长江学学科建构

川江流域历史文化的世界性首先体现在历时性上。川江流域是世界唯一的大河上游文明,具有不可替代性。其显现为多个世界唯一,即世界上最世俗、最闲适的文化区;世界内河航运最繁忙又最危险的河道等。目前,我们需要对一些川江文化遗产进行抢救性保护性研究,这需要我们加强保护,建立相关的研究平台。

对于长江学而言,要想得到社会的广泛认同,需要做到学科资源的独特性、研究手段的特殊性和研究的世界性。期待未来能有更多外国学者关注和参与长江学研讨会,共同打造世界性的长江学学科。

（蓝勇　西南大学历史地理研究所所长、教授）

发言题目:如何推进长江学建设——兼论如何总结、拓展长江流域经济研究

从时间和空间两个维度看,长江在不同语境、不同历史阶段具有不同的空间范围和功能分区。要建设好长江这一生态优先、绿色发展的主战场,就要立足过去、总结现在、展望未来。

长江学研究,一要重视构建"综合性"的学科理论基础和"新文科"的概念术语,涉及内容框架、知识体系、相关维度及具体知识等方面内容;二要做好"数字时代"语境下的长江数据库建设;三要重点关注代表性学术机构、研究团队、学

术期刊、重点研究议题和重点专家。长江学学科建设任重道远,要态度严谨、坐得住冷板凳。

(吴传清　武汉大学长江经济带发展研究院执行院长、经济与管理学院教授)

发言题目:长江经济带流域经济与城市群经济的协同发力创新

长江学是一门基于多个学科交叉融合而成的综合学科,但首先是流域经济研究。未来可以以国家级城市群为切入点,以长江经济带为平台构建国内价值链。长江流域开发的真正含义是形成长江流域全域生态保护和11省市一体化发展新格局。长江经济带的发展动力来自于对经济发展规律的战略运用。以三大城市群的全球城市为节点,培育世界级城市群,集聚创新要素,实现"一轴、两翼、三极、多点"的发展新格局。

长江学研究有文化性、经济性和生态性三个研究核心,能够带来巨大学术研究价值。未来长江学要加强高端智库交流;推进流域大数据开发和共享;助力相关学术研讨会的举办。

(郭爱军　上海长江开发促进会会长、上海市政府发展研究中心原处长)

发言题目:加强湖北与长江研究,书写长江学湖北新篇

长江对湖北、湖北对长江流域都有着重要作用,不研究长江中游荆楚地区,就难以对长江流域乃至全国的社会经济有全面的评价。从历史、哲学、文学三方面来看,长江学研究都有重要价值。从历史的角度看,荆楚儿女治水的历史是人类认识水、利用水、治理水的典范,九八抗洪精神是党和人民宝贵的精神财富;从哲学上看,老子"上善若水"、道法自然的思想对解决当前人类面临的难题具有重要启示;从文学上看,古今诗人为湖北、为长江留下了许多瑰丽诗篇,是长江学研究的重要财富。

湖北针对长江的生态建设取得重要成果,但现在湖北的环境还存在许多问题。应以习近平总书记在全面推动长江经济带发展座谈会上的重要讲话精神为指引,加强深化湖北与长江研究,努力回应时代命题,才能更好地书写长江学的湖北新篇。

(吴成国　湖北大学高等人文研究院副院长、历史文化学院教授)

发言题目:做好长江科技支撑,共同构建生态长江

生态长江是长江学的核心内容之一。生态长江建设是长江流域经济社会文化发展中面临的最为迫切和最为现实的问题之一。长江在生态、资源以及战略地位等方面具有重要作用和地位。但长江生态环境目前问题依然突出,主要表现为《长江保护法》贯彻落实尚需加强、污染防治任务依然艰巨、生态破坏仍旧严重、生态环境治理还有短板等。

针对"十四五"生态长江建设面临的新形势和新要求,应贯彻落实习近平总书记关于长江一系列重要指示精神,加快长江有关的国家顶层设计,优化完善总体思路。共抓长江大保护,功在当代,利在千秋!

(林莉　长江科学院水环境研究所所长、研究员)

发言题目:长江流域江西会馆文献与明清以来社会经济史研究

会馆史研究是透视中国社会变迁的一把钥匙,自上世纪二三十年代以来逐渐被学界关注讨论。改革开放以来,从区域社会史视角研究会馆史的风潮兴起。近年来,区域性人群与会馆、会社组织与会馆秩序、会馆与现代化政权建设等方面的研究方兴未艾。

建立成熟的长江学体系,首先是要强调相关文献的整理。敦煌学、徽州学等学派的形成,就得益于史料的发现和整理。近年来,清水江学这一新概念的形成也得益于清水江文书的整理。其次,要有比较的视野,包括外部比较和内部比较。要把长江学放在中华文明多元一体视野下去考虑,放在中外流域文明发展史的框架下作比较。通过比较,建立起长江学的理论概念和话语体系。其三,要做一些学科融合的研究,组织多学科攻关,利用各学科比较优势,发挥合力,助力长江学的新发展。

(李平亮　江西师范大学历史文化与旅游学院院长、教授)

发言题目:漫谈长江主题新闻报道经验及展望

长江不仅仅是一座学术研究的富矿,也是一座新闻报道的富矿,湖北是长江经济带发展战略的重要支点,也是三峡工程以及南水北调中线工程所在地。新华社湖北分社肩负着党和国家耳目、喉舌、智库的神圣使命,理应在长江经济带高质量发展中发挥应有的作用。

近年来,新华社湖北分社开展了"江源综合科考"报道、"见证长江江豚添丁"的直播报道以及对荆江化工污染的监督报道,有效助力长江流域生态保护与污染整治。

未来,新华社湖北分社一方面要多向学界借智借脑,加强合作,形成常态化交流机制,积极转化理论研究,助力长江经济带发展,同时要与学界形成良性互动,将更多长江的故事讲给海外受众听,传播生态文明思想,向世界推广江河治理的"长江模式"。

（田中全　新华社湖北分社记者）

会议总结

与会专家从不同视角,围绕"长江学研究回顾与展望"这一主题,对长江学发展进行了前瞻性的理论思考和可操作性的路径指导,给我们以极大的启发,专家们的智慧成果必将成为长江学走向成熟的强大助力！子曰"三年有成",长江学草创三年,阶段性成效的取得,得益于不同学科、不同领域一大批专家学者的大力支持。三年来,湖北省社会科学院和长江流域各界同仁一起完成了学科草创阶段的使命,长江学学科发展史上,大家将共享"筚路蓝缕"之功！长江学成为时代显学任重道远,未来我们还有很多工作可以做,期待第五届研讨会上思想火花的再碰撞！

（路彩霞　湖北省社会科学院文史研究所副所长、副研究员）

（整理者:唐嘉伟,万梦迪,鲍宇婷,胡俊清,田梦梦,赵丹妮,许恒瑞,胡学军,孟臣洋,王迅,王文静）

《长江学研究》征稿启事

湖北地处长江的"龙腰"位置,是拥有长江岸线最长的省份。湖北省社会科学院数十年来一直致力于长江相关研究,取得了丰硕成果。

2019年12月,湖北省社会科学院主办了第一届"长江学"学术研讨会,正式向学界发出了创建"长江学"的倡议。以此为契机,湖北省社会科学院决定创办一份专门刊布长江学最新研究成果的专业性学术文集——《长江学研究》。

《长江学研究》每年出版一辑,主要刊载以长江流域的历史文化、区域经济、生态保护及交通运输、城市规划、管理、法学、文学、艺术等为研究对象的专题论文、研究综述和学术书评。

为提高《长江学研究》的学术质量,特面向国内外公开征稿。所需稿件,除特约稿件外,均须是未公开发表的原创文章。文章字数以8000至15000字为宜,重点稿件不拘此例。来稿文责自负。欢迎国内外有志于"长江学"研究的同仁惠赐大作,并请注明作者信息。

投稿信箱:changjiangxueyj@126.com 或 wenshisuo@163.com

联系电话:027—86792406(路老师、曾老师)

《长江学研究》编辑部

图书在版编目（CIP）数据

长江学研究 . 2023 / 张忠家主编 .
—武汉：长江出版社，2023.12
ISBN 978-7-5492-9311-7

Ⅰ . ①长… Ⅱ . ①张… Ⅲ . ①社会科学 - 文集 Ⅳ . ① C53

中国国家版本馆 CIP 数据核字（2024）第 020115 号

长江学研究 . 2023
CHANGJIANGXUEYANJIU.2023
张忠家 主编

责任编辑： 张琼 刘依龙
装帧设计： 刘斯佳
出版发行： 长江出版社
地　　址： 武汉市江岸区解放大道 1863 号
邮　　编： 430010
网　　址： https://www.cjpress.cn
电　　话： 027-82926557（总编室）
　　　　　　027-82926806（市场营销部）
经　　销： 各地新华书店
印　　刷： 武汉市首壹印务有限公司
规　　格： 787mm×1092mm
开　　本： 16
印　　张： 18
字　　数： 315 千字
版　　次： 2023 年 12 月第 1 版
印　　次： 2024 年 2 月第 1 次
书　　号： ISBN 978-7-5492-9311-7
定　　价： 56.00 元